新时代版

上下五千年

总 主 编　张海鹏

执行主编　王育济　于化民

⑥

宋辽夏金元

少年儿童出版社

［宋］张择端《清明上河图》（局部）

出版工作委员会

主　任
冯　杰

副主任
洪星范 林　斌

编辑组成员
孙浩伟 马淑艳 曹　燕 王浩浩 王弃惑

美术总监
赵晓音

整体设计
施喆菁

技术编辑
吴轶伟 许　辉 陈钦春

责任校对
石玲凤 沈丽蓉 陶立新 黄亚承 黄　岚

特约编审
沈　岩

出版工作组

《新时代版上下五千年·宋辽夏金元》
责任编辑 曹　燕 王弃惑
美术编辑 施喆菁 陈艳萍
装帧设计 施喆菁
插图绘制 石　沛
排　　版 上海商务数码图像技术有限公司

序　言

中国是世界文明古国之一，有五千多年的发展史。中华文明是世界上唯一不曾中断的文明史，有着自己独特的文明特质。“上下五千年”代指整个中国历史。作为中国人，应该了解自己民族的历史，树立起文化自信、民族自尊。

“四十年阅读魅力，五千年璀璨文明。”《上下五千年》是我国第一部贯通中华五千年文明的少儿历史通俗读物，由林汉达先生开创了“以故事讲历史”的形式，自从二十世纪七八十年代问世以来，一直受到读者的热烈欢迎，在海内外产生了广泛而深远的影响，由此成为少年儿童出版社的经典品牌图书。从第一版到现在，《上下五千年》已经完成了几次重大的内容更新与增补，给几代读者留下了美好的阅读记忆。

党的十八大以来，中国进入社会主义的新时代，学习和把握上下五千年的中华历史，重构对中华文明的尊重与思考，发扬中华优秀传统文化的特质，建立更深沉、更持久的文化自信，已经成为中国文化发展的一个崭新标识。在这样一种宏大的社会背景中，少年儿童出版社认真总结了过去四十余年的出版经验，对《上下五千年》从内容到形式进行了全面改造，推出了符合新时代需求的全新版本。

这次推出的《上下五千年》（新时代版），以“弘扬正气，积极向上；当代意识，现实观照；以事带史，小中见大；故事性强，文辞优美；言之有物，力避空泛”为宗旨，对全书的规模、版块、内容、艺术表现和包装等，重新进行了整体设计。从中国上下五千年的历史长河中，精选数百个条目，按照习近平总书记“讲好中国故事”的要求，以图文并茂的形式把中国历史呈现给小读者。

在近三年的编纂过程中，二十余位史学界权威专家教授组成了编委会，七十余位中青年史学家组成作者团队，大家本着严谨求实的态度，在新时代史学观念的指引下，重新拟定条目、遴选素材，充分吸收新的研究成果，不仅按照时间顺序勾勒出中国历史发展的主线，还增加了许多专题史内容，生动展现出中华民族一路走来的曲折历程和创造的灿烂文化。作者们撰写各篇目时，延续了林汉达先生开创的“以故事讲历史”的形式，在保证专业性的同时，也注重故事性、可读性，并且搭配了许多插图、历史照片、小贴士、名人名言等，以期更符合当代小读者的阅读习惯、审美趣味和认知能力。

少年儿童是祖国的未来，是中华民族的希望。为少年儿童服务，就是为祖国的未来服务。现在这一代少年儿童，在中华人民共和国成立百年，即中华民族伟大复兴完成的时候，他们当成长为国家的栋梁之材。帮助他们了解中华民族五千年文明发展史，就是帮助他们系好人生的第一粒纽扣，不仅能让更多小读者从历史中看到华夏文明的璀璨、民族精神的可贵，还能激发他们的民族自豪感和为中华民族伟大复兴事业献身的爱国主义热情。少年儿童出版社及时推出了符合时代需求的《上下五千年》全新版本，相信可以在普及国民历史教育，尤其是在普及少年儿童的历史教育、构筑国家文化战略的根基方面，发挥应有的作用。

目 录

东京梦华

烟笼江南

牧 马 耕 田

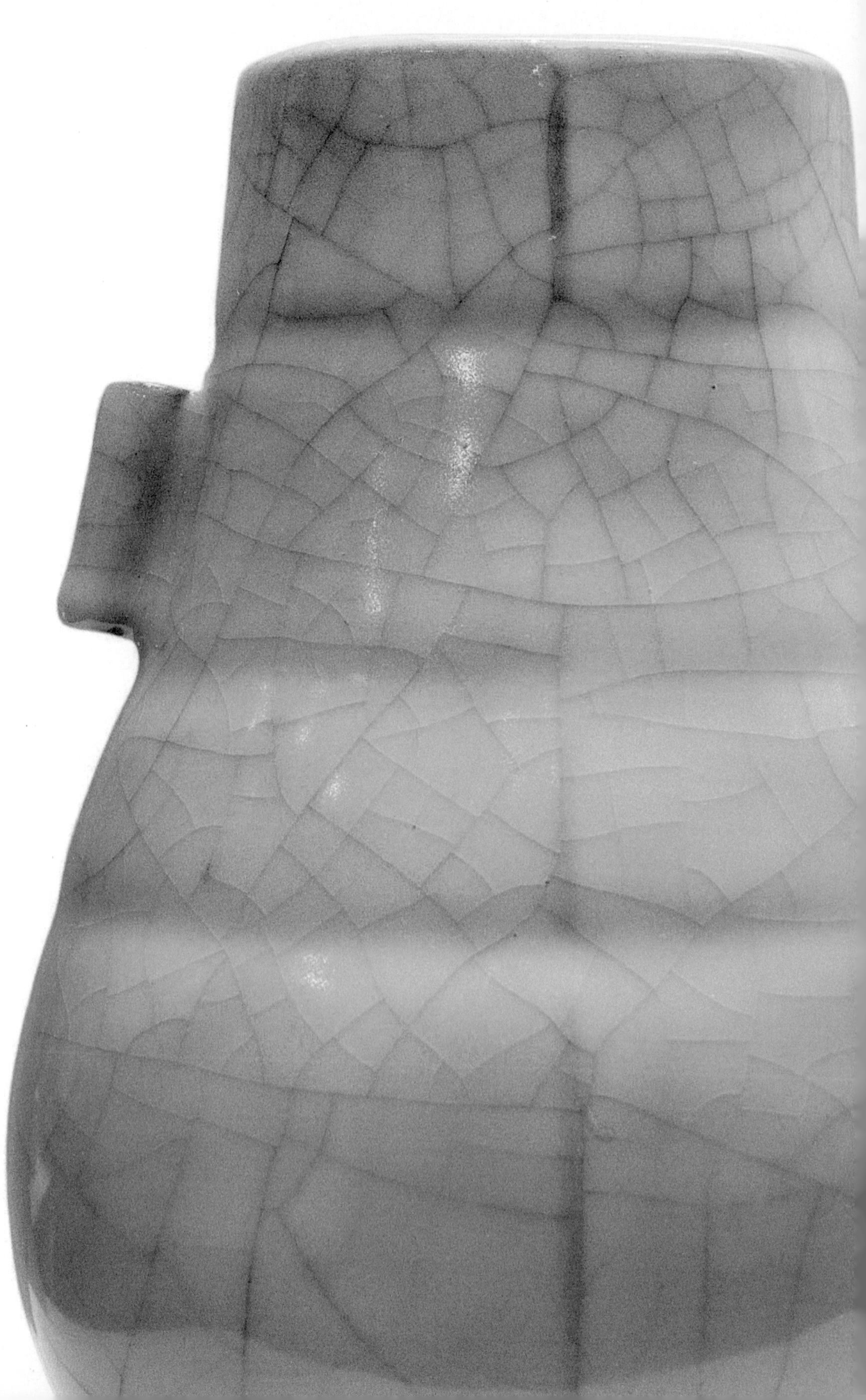

北宋汝瓷瓶

东京梦华

《上下五千年·宋辽夏金元》是丛书的第六册，分为《东京梦华》《烟笼江南》《牧马耕田》三个篇章。其中《东京梦华》主要讲述了北宋（960—1127）的故事。

赵匡胤通过陈桥兵变称帝建宋，定都东京开封，史称北宋。北宋建国后逐步平定了各地割据政权，结束了五代十国以来的分裂局面；中央集权制得到高度强化，从体制上根除了拥兵自重、地方离心，以及宦官、外戚专权等隐患，政治秩序稳定，“百年无内乱”。北宋中后期推行的“庆历新政”和“王安石变法”，体现了士大夫“先天下之忧而忧”的眼界。

稳定的政局下，农业、手工业得到持续发展，孕育出自由繁华的城市商业和世界上最早的纸币。造纸术、印刷术、火药和指南针的应用取得重大进步；《梦溪笔谈》《营造法式》《小儿药证直诀》是具有世界影响的科学著作。

“词”在北宋大放异彩，成为与唐诗并峙的又一文学高峰；欧阳修、苏轼等文学大家并世辈出；“理学五子”奠定了宋明理学的根基；司马光的《资治通鉴》意味着北宋之前一千多年的编年史有了权威的标尺。

在与辽、西夏、金的军事较量中，北宋大都处于弱势，“言乎用兵，十出而九败”。国力不武，则繁华如梦一般缥缈，最终北宋为金攻灭。

陈桥兵变

后周显德七年（960年），后周禁军统帅、殿前都点检赵匡胤发动“陈桥兵变”，建立宋朝。宋朝结束了唐末五代以来中原分裂割据的局面，中华文明进入了又一个黄金时代。

乱世武勇受重用

后唐天成年间，赵匡胤出生在都城洛阳。年轻时的赵匡胤体格魁梧，擅长骑射，为人豁达大度，气概非凡。后汉初年，他离开父母，外出远游，希望能找到安身立命、施展抱负的处所。当时正逢后汉枢密使郭威领兵讨伐叛乱，赵匡胤就投到郭威帐下。后来郭威取代后汉称帝，建立了后周。赵匡胤在四处征战中屡立战功，很得郭威的赏识。

郭威病逝后，养子柴荣继位，即周世宗。当时盘踞在太原的北汉趁后周权力交接、政局不稳之机，引辽军为援兵，率军大举南犯。周世宗力排众议，御驾亲征并大败北汉军。在这场关系到后周生死存亡的大战中，赵匡胤因为功勋卓著而被周世宗提拔为殿前都虞候，一跃成为禁军的高级将领。

太阳初出光赫赫，千山万山如火发。
一轮顷刻上天衢，逐退群星与残月。
——宋太祖

高平之战后，周世宗着手整顿禁军，大批裁撤老弱病残。同时，为了削弱地方军阀的势力，周世宗决定把天下勇武之士招募到京城，再从中进行严格挑选，编成一支新军，称为“殿前诸班”，使之成为皇帝直接控制的最精锐的禁军部队。而负责这次选拔和组建工作的，正是赵匡胤。这次经历对于赵匡胤来说具有决定性的意义，他不但在这支新军中培植了自己的势力，树立了自己的权威，同时也借此机会广结党羽，许多禁军

宋太祖画像

宋太祖赵匡胤（927—976），宋朝的建立者，960—976年在位。他在位期间，继续周世宗开始的统一事业，遵循先南后北的策略，对割据政权各个击破，先后攻灭了荆南、湖南、后蜀、南汉、南唐诸国。

将领都成为他的亲信，这也为他日后“黄袍加身”埋下了伏笔。

昆曲《赵匡胤千里送京娘》剧照

“点检做天子”的疑忌

后周显德六年，周世宗亲率大军北伐辽朝，在短短几十天内就夺取了大片土地。正当他准备乘胜收复幽州（今北京）时，不料感染了重病。周世宗只得撤兵，返回汴京（今河南开封），很快就去世了。周世宗英年早逝，不但让他收复失地、统一中原的“神武雄略”无法实现，而且也断送了建立不满十年的后周政权。周世宗去世后，他刚满七岁的儿子柴宗训继位，也就是周恭帝。后周顿时陷入了“主少国疑”的动荡之中。

由于周世宗曾协助养父郭威举兵消灭后汉政权，建立后周，所以对武将拥兵篡位，他是有所防范的。在北上伐辽的途中，周世宗偶然得到一块木牌，上面写着“点检做天子”的字样，顿时心生疑忌。

“点检”是殿前都点检的简称，为殿前军的主帅，在禁军将领中地位崇高。当时担任该职的是周太祖郭威的女婿张永德，他是外戚，位高权重。周世宗见此情形，心中很不高兴，便把张永德当成了首要怀疑对象，在临死前罢免了他的点检之职，改由殿前都指挥使赵匡胤担任。

在周世宗看来，赵匡胤是他一手提拔起来的禁军高级将领，自己对他有知遇之恩。他将赵匡胤视为心腹，十分信任他。同时，赵匡胤跟后周皇室和朝廷重臣之间没有什么渊源，且为人豁达仗义，由他担任禁军首席将领应该不会有什么危险。

然而，正是这个被周世宗认为可以信任的赵匡胤，在周世宗死后仅仅半年就依靠禁军的力量，

宋钧窑月白釉海棠式盆托

太祖誓约

据说，赵匡胤称帝后，秘密命人刻了一块石碑，藏在太庙的密室内，外面用金丝织成的布幔遮住，门禁森严。每逢祭祀或新皇即位时，当朝皇帝拜完太庙后，便由一个不识字的小太监领着进入密室，然后在碑前跪拜并默诵誓词。大臣及近侍都不知誓词的内容，只有皇帝一人知道，并代代承袭下去。直到靖康之变爆发，皇宫大乱，太庙的密室被打开，人们才发现石碑上刻着三行誓词，内容大致为：

第一，柴氏子孙若有罪，不得加刑，即使犯了谋逆之罪，也只在狱中赐死，不得刑戮，更不能连坐；

第二，不杀士大夫及上书言事之人；

第三，子孙若有违此誓言，必遭不祥。

发动兵变，轻而易举地夺取了皇帝宝座，开创了赵宋王朝。

> 卧榻之侧，岂容他人鼾睡乎！
> ——宋太祖

黄袍加身成天子

显德七年正月初一，从北方边境镇州、定州传来急报，说是北汉和辽朝合兵向南进犯。敌军来势汹汹，小皇帝和太后没有政治经验，只得命后周宰相范质等人协商处理。

大臣们仓促之间莫辨真假，几番商量后决定派赵匡胤领兵前往御敌。第二天，赵匡胤令殿前副都点检慕容延钊率前军先行出发。当时都城内已经流言纷纷，说是“将以出军之日，册点检为天子”。正月初三，赵匡胤统率大军离开都城，并于当日夜晚抵达位于都城东北四十里的陈桥驿（今河南封丘东南）。

一到陈桥驿，军中将士就互相议论说：“如今皇帝年幼，无法亲政。即便我等出生入死，为国破敌，又有谁知道呢？不如先拥立点检做天子，然后再北征也不迟。”于是，赵匡胤的弟弟赵匡义及亲信赵普一面调度和部署要求兵变的将士，一面派人快马回京，向赵匡胤的另一些亲信、殿前都指挥使石守信和殿前都虞候王审琦通报消息，让他们在京城内做好准备，从内部接应。

第二天黎明，赵匡义、赵普领着将士们来见赵匡胤。赵匡胤一副酒醉未醒的样子，伸着懒腰，慢慢起身。此时将士们早已急不可耐，

宋太祖永昌陵前石像

如今我却被将士们逼迫做出此等事，真是惭愧啊！叫我如何才好呢？”还没等范质答话，旁边赵匡胤的部下仗剑厉声说道：“我辈无主，今日一定要立点检做天子！”范质等人无可奈何，只得向赵匡胤跪拜称臣，口呼“万岁”。

众人接着在崇元殿举行了帝位禅让仪式，赵匡胤的亲信们甚至连禅位诏书都准备好了。赵匡胤正式登上皇帝宝座，兵不血刃地夺取了后周政权。他改封后周恭帝柴宗训为郑王，下旨厚待柴氏子孙。因为赵匡胤此前担任归德军节度使，归德军的治所在宋州（治今河南商丘），所以他把国号定为“宋”，改元“建隆”，仍旧以汴京为都城，也叫东京开封府。一个新的朝代开始了，历史上称之为北宋，赵匡胤就是宋太祖。（江小涛）

齐声高叫：“诸将无主，愿策太尉为天子！”没等赵匡胤答话，有人便将一件事先准备好的黄袍披在他身上，将士们齐齐下跪叩拜，高呼“万岁”。

赵匡胤假装苦苦推辞，众人不允。于是他趁机对众将士说：“你们自己贪图富贵，强行立我为皇帝，既然如此，你们就得听我的命令，否则，这个皇帝我就不当。”众将士纷纷表示愿意服从命令。赵匡胤当众宣布：“皇帝和太后都是我侍奉过的，朝中大臣也都是我的平辈，回汴京后，你们不得欺辱冒犯他们。严禁四处劫掠府库财物，服从命令的人重赏，违令者一律诛灭。”

正月初五，赵匡胤带领军队回到都城，果然军纪严整，秋毫无犯。当时早朝尚未结束，宰相范质闻讯后悔不迭，他死死抓住另一位宰相王溥（pǔ）的手说：“仓促遣将，都是我等的罪过呀！”王溥也惊得目瞪口呆。军士们逼着范质等人来到赵匡胤的殿前司公署。赵匡胤脱下黄袍，假装痛哭流涕地对范质、王溥说道：“皇帝对我有大恩，

陈桥驿的赑屃碑座

相传，这里是宋太祖黄袍加身之处。赑屃（bì xì）长得有点像乌龟，是中国古代的一种祥兽，传说中龙的九子之一。古人经常把石碑的基座做成赑屃的样子，用它来承载碑刻。

古都开封

河南开封是中国八大古都之一，古称“汴梁”“汴京”，战国时期的魏国、五代时期的后梁、后晋、后汉、后周及北宋、金朝等都在此处定都。五代梁以后为开封府治所，后梁时号东都，后晋至北宋时号东京，金宣宗迁都于此后号南京。

杯酒释兵权

陈桥兵变之后，宋初君臣又完成了“杯酒释兵权”。“杯酒论心，大将解印”，宋太祖以一种理性、和缓、智慧的方式，解决了皇帝与开国功臣之间的矛盾，进而带来了宋朝的长治久安。

让皇帝睡不着觉的一道难题

陈桥兵变后，赵匡胤很顺利地夺取了政权。如何长久巩固这一政权，成为摆在宋太祖君臣面前的一件大事。

在此之前，后梁、后唐、后晋、后汉、后周这五个朝代的国运都很短，存在时间最长的不过十六七年，短命的只有三四年。这五个王朝，除了后梁，其余四个都是被中央禁军推翻的。手握兵权的禁军将帅，成为左右朝廷和天子命运的关键力量。

赵普画像

陈桥兵变后，参与兵变的禁军将领大多成了北宋的开国功臣，他们手中的军权也成了宋太祖的一块“心病”。

如何稳妥地去掉这块“心病”呢？宋太祖伤透了脑筋。他晚上常常睡不着觉，有时还会彻夜难眠。早朝后他一个人坐在殿上发呆，自言

[宋] 钱选《宋太祖蹴鞠图》

此画临摹自宋代画家苏汉臣的作品。据学者研究，这幅画上的六人分别是赵匡胤、赵匡义、赵普、石守信、党进和楚昭辅。

自语地说："当天子真不容易啊！"

赵普是参与陈桥兵变的主要谋士，也是宋太祖最为信赖的文臣。他认为要解决这道难题，就应该尽快解除开国将帅手中的兵权，越快越好。宋太祖虽然也赞同解除兵权的意见，但反对操之过急，两人曾经为此吵得面红耳赤。随着争吵和讨论的深入，宋太祖也慢慢理清了思路。

广政殿的欢送宴会

建隆二年（961年）三月，宋太祖开始着手解除开国功臣手中的禁军兵权。在十多位开国将帅中，宋太祖首先选定了地位最高的慕容延钊和韩令坤。

当时整个禁军分为殿前司和侍卫司两大系统，慕容延钊和韩令坤分别是殿前司和侍卫司的最高统帅。其中殿前司的兵力最强，排序也在侍卫司之前，慕容延钊担任殿前都点检一职，实际可以看作整个禁军的统帅，当年宋太祖就是"点检做天子"的。

"释兵权"的对象

当时，担任禁军殿前司统帅的分别是：殿前都点检慕容延钊、殿前副都点检高怀德、殿前都指挥使王审琦、殿前都虞侯赵光义（原名赵匡义）。

担任侍卫司统帅的分别是：侍卫马步军都指挥使韩令坤、副都指挥使石守信、都虞侯张令铎、马军都指挥使张光翰、步军都指挥使赵彦徽。

这些人或曾与宋太祖结为义兄弟，或是赵氏集团的中坚人物，在陈桥兵变中大多有拥戴之功，可谓集兵权与功勋于一身。

宋代玉狗

［明］刘俊《雪夜访普图》

宋太祖罢免了慕容延钊殿前都点检的职务，改任他为山南东道节度使。同样地，韩令坤也被罢免了侍卫司都指挥使之职，改任成德军节度使。

当他们二人要返回驻地时，宋太祖专门在广政殿设宴招待他们。宋太祖是一个爱喝酒的豪杰，更是一个懂酒的政治家，他深谙酒在政治中的奇妙作用。送别酒宴上特有的氛围，很快冲淡了职务变动带来的尴尬，君臣之间推杯换盏，尽欢而散。

广政殿的这次送别酒宴，是"杯酒释兵权"的开端，十分重要。其中影响最深远的一点，是

东京梦华

宋太祖解除了慕容延钊的殿前都点检一职后，并没有再任命其他人担任这一职务。这相当于变相裁撤了禁军最高统帅的职位，而由皇帝亲自掌管禁军。既然殿前都点检都不存在了，“点检做天子”的危险自然也就解除了。

宋太祖的智慧

明代史学家张溥在《宋史论》中评论宋太祖“杯酒释兵权”道：只需一杯交心酒，大将们就主动交出兵权，这是何等智慧！

宋代螭首金杯

杯酒论心，大将解印

“杯酒释兵权”最精彩的一段，发生在广政殿欢宴之后的七月。

建隆二年七月的一个夜晚，宋太祖在宫中设宴招待石守信、王审琦等在京的禁军将领。因为当时刚出杜太后的国丧期不久，所以这场宴会只是叙旧性质的便宴，不奏乐，也没有歌舞。来宾都是拥戴新王朝的显贵，以前与宋太祖又有称兄道弟的情谊，所以要比一般的君臣宴饮更随意一些。

宾主双方都喝得尽兴，酒酣耳热之时，宋太祖屏退左右，对众人感叹道：“若没有你们出力相扶，我哪有今天！你们的功德，我是不会忘记的。可是做天子也太难了，如今我可是从未睡过一夜安稳觉。”

石守信等人忙问：“这是为什么呢？”

宋太祖一字一顿地说：“这还不明白，皇帝这位子谁不想坐？”

石守信等人连忙起身跪下说：“陛下为何口出此言？如今天命已定，谁敢再有二心？”

宋太祖说：“那也未必，纵使你们没有异心，可若你们的手下贪图富贵，将这黄袍再披到你们身上，又该怎么办呢？”

一席话吓得石守信等人拼命磕头，他们一边磕头一边痛哭流涕地说：“我等愚笨，想不到这一点。还请陛下怜惜我们，给我们指条生路吧！”

宋太祖不紧不慢地说：“人生苦短，如白驹过隙。你们所求的富贵，不过是让自己多些金钱享乐，让子孙后代也永保富贵。你们若交出兵权，到地方去，买上一批良田美宅，留下一份产业，家中多置歌儿舞女，天天饮酒作乐，颐养天年，这不是很好嘛！朕再和你们结为姻亲，这样一来，我们君臣之间不会互相猜忌，自然也就上下相安了。”

石守信等人感激地说：“陛下为我们想得这样周密长远，真是情同骨肉。”

第二天清晨，几位禁军将帅不约而同写好辞呈，均称身体有病，无法带兵打仗，请求辞去兵权。宋太祖十分高兴地答应了他们的请求，免去他们在禁军中的职务，将他们改派到各地担任节度使了。

“此事最大”

“杯酒释兵权”后，宋太祖很快任命了一批资历较浅的将领来统领禁军。新的任命中，已经没有殿前司的最高统帅“殿前都点检”和侍卫司最高统帅“侍卫马步军都指挥使”了。禁军的殿前司、侍卫司也被拆分为三衙，即殿前司、侍卫马军司、侍卫步军司。三衙各领一军，彼此之间互不统属，直接听命于皇帝，皇帝成为禁军事实上

北宋《大驾卤簿图书》中描绘的宋代武将

北宋《大驾卤簿图书》中描绘的宋代文官

的总帅。五代以来禁军将帅拥兵自重、左右政局的风气，至此得以扭转，新生的北宋王朝迈出了长治久安的重要一步。

“杯酒释兵权”的成功实施，既得益于宋太祖驾驭人心、驾驭局势的本领，同时也离不开开国功臣们明大局、知进退的配合。总之，“杯酒释兵权”体现了宋初君臣共同的政治智慧。

正是由于君臣在这一问题上达成了共识，被释去兵权后的开国将领们很快在新的政治环境中找到了合适的位置，有的人还在节度使的地方职位上做出新的业绩。慕容延钊等人后来根据需要重回军队，打了不少胜仗。而宋太祖也履行了“杯酒释兵权”时的约定，将自己的妹妹或女儿嫁给这些开国将帅。这种方式的联姻维系了上百年，兑现了大将们“永保富贵”的愿望。

“杯酒释兵权”所要解决的，其实是历代开国君主都会碰到的一个棘手问题——如何处理皇帝与开国功臣之间的矛盾。“鸟尽弓藏，兔死狗烹”，诛杀功臣是一些开国之君惯用的手法。这虽然可以部分解决功臣对皇权的威胁，但由此造成的恐怖氛围则会形成沉重的政治阴影。而宋初君臣选择了“杯酒论心，大将解印”这样一种理性的方式，为宋朝的长治久安奠定了深厚的基础。（李　萌）

“此事最大”的由来

南宋史学家李焘在谈到“杯酒释兵权”时，曾用过“此事最大”四个字，言简意赅地道出了“杯酒释兵权”的长远意义。元代史学名家袁桷（jué）评价说：“杯酒释兵权，此启运立极之基也。”意思是说这一措施奠定了宋朝国运的根基。明太祖朱元璋也说，若无“杯酒释兵权”，宋朝可能会像五代一样短命。这两则评价也很有名，但都不如李焘的“此事最大”更有力度，区区四字包含了千言万语。

英勇抗敌的杨家将

杨家将的故事在中国妇孺皆知，古往今来有许多反映杨家将事迹的戏剧、小说等，感动并影响着一代又一代中国人。历史上真实的杨家将是北宋初年著名的军事家族，以杨业、杨延昭、杨文广祖孙三人为主要代表。杨家三代人精忠报国，他们不仅深受百姓爱戴，也得到了敌人的尊敬。

深受宋太宗信任

宋太祖建立北宋后，继续进行周世宗开始的统一事业。他遵循“先南后北、先易后难、各个击破”的方针，南征北战，只用了十多年的时间，就消灭了南方各地的割据政权，为后来的全国统一做出了很大贡献。宋太宗即位后，继承了宋太祖对割据政权各个击破的策略，于太平兴国三年（978年）迫使吴越王钱俶（chù）和平海节度使陈洪进纳土。第二年，宋太宗又发兵攻灭北汉，彻底结束了五代十国以来分裂割据的局面。

北汉灭亡后，宋太宗得到了一员猛将——杨业。杨业本名杨重贵，麟州（治今陕西神木西北）人。他幼年时被父亲杨信送到当时的河东节度使刘旻（又名刘崇）处，刘旻非常器重杨业，将他当作养孙，赐姓刘，名继业，因此杨业也叫杨继业。后来刘旻建立北汉，杨业受命驻防北汉边境，以防御辽军袭扰。在此期间，杨业屡立战功，以骁勇善战远近闻名，积累了丰富的边防作战经验。北汉灭亡后，杨业归降北宋。

杨业画像

“佘太君”的由来

杨业的妻子史书上并无记载，但据一些方志的记载，杨业的妻子姓折。据学者考证，折、杨两家同为西北豪强，两家结为姻亲是有可能的。而后世流传的杨家将系列故事中，“佘太君”这个人物的姓氏“佘”即由“折”演变而来。

北宋初年，北方的辽朝不断侵扰宋朝边境。由于杨业在防御契丹人袭扰边境方面有丰富的经验，宋太宗命令杨业率军驻守代州（治今山西代县）。

杨业上任不久，就遇到了契丹人侵犯雁门（今山西雁门关西雁门山上，为宋代防御契丹重地）。辽军来势汹汹，而此时杨业手上人马有限，与辽军相比实力悬殊，但是杨业毫不畏惧，他决定用计谋应对辽朝军队。杨业带领部下数百骑兵抄小路，绕到敌军的背后，突然发起进攻，打得辽军措手不及。他与潘美的部队前后夹击，大败辽军，辽军统帅萧咄李被斩杀于阵前，另一名将领李重诲被生擒，杨业因此名声大振。从此，辽军只要看到“杨”字军旗就望风而逃，杨业也被人称为“杨无敌”。

此次雁门之战后，杨业因功擢升为云州观察使，这引起了镇守边境的一些将领的嫉妒，他们一有机会就向朝廷写折子进谗言。宋太宗根本不为这些折子所动，他将这些奏折全部封好，交给杨业，表明对杨业的充分信任。

血战沙场，宁死不屈

北宋初年，宋、辽交恶由来已久。宋灭北汉，而辽又占据了燕云十六州（五代石敬瑭割让给契丹的十六州，大致为今北京、天津北部、河北北部及山西北部一带），双方在边境地区一直互有摩擦。宋太宗攻灭北汉后，本想乘胜攻辽，一鼓作气收复被辽朝占领的燕云十六州。不料辽军全力应战，双方在高梁河（今北京西直门外）展开激战。在辽军的夹击之下，宋军大败，宋太宗腿上中了箭，狼狈逃回京城。

宋太宗咽不下这口气，于雍熙三年（986年）发动“雍熙北伐”。此时，辽朝幼主辽圣宗即位不久，萧太后摄政，主少国疑，宋太宗觉得这是进攻辽朝的大好时机，于是派出三路大军征讨辽朝，其中潘美为西路军主将，杨业为副将。

起初，各路大军进展都很顺利，西路军迅速收回了被辽朝占领的寰、朔、云、应四州。曹彬率领的东路大军失利，又被断了粮道，东路大军只得退守雄州。此时其他两路大军胜利的消息纷纷传来，东路军诸将立功心切，老将曹彬无法约束部将，只得再度攻往涿州。攻下涿州后因缺乏粮食，东路军只得弃守。曹彬派人带着城内百姓

“杨六郎”的来历

杨延昭为什么被称为“杨六郎”呢？大概有两种说法：

第一种说法是：辽军认为北斗七星中的第六颗星主镇幽燕北方，而当时杨延昭恰好镇守在幽燕一带。他军功显赫，威名在外，经常战胜辽军，辽军听到杨延昭的大名就吓得直哆嗦，认为他是六郎星宿下凡，于是称他为“杨六郎”。

第二种说法是：杨延昭虽然是杨业的大儿子，但他在杨家大家庭的兄弟中排行第六，所以被称为杨六郎。

穆桂英画像

穆桂英是明代《北宋志传》《杨家将演义》等小说中的虚构人物，她和樊梨花、花木兰、梁红玉并称为中国古代四大巾帼英雄。

撤退，自己率大军殿后。

由于连续奔走征战，人困兵疲，又缺粮少水，东路军战斗力急剧下降。此时，辽军大将耶律休哥率领辽军主力骑兵在后追杀，在岐沟关（今河北涿州西南）发动了总攻。结果宋军大败，死伤数万人，损失惨重。

由于东路军大败，宋太宗三路大军合围幽州的战略意图无法实现，于是，他立即命令各路人马回撤。辽军反扑，很快就攻占了寰州等地，此前宋军中路军、西路军的胜利果实化为乌有。随后，宋太宗令潘美等人率领大军将之前收复的四州百姓南迁。

杨业认真分析了战场局势，认为辽军此时风头正劲，而宋军士气低落，不能和他们硬拼，再加上目前的任务只是迁出百姓，不需要与敌人决战。因此他向潘美建议：“先派人密告云、朔等州的守将，等我军离开代州北上的时候，命云州的百姓先撤出。等我军到达应州，辽军必定会派兵在此地迎战我军。这时命令朔州的百姓出城，同时派骑兵去迎接他们，另外再派遣一千名弓箭手守住谷口，这样我们就可以圆满完成护送百姓南迁的任务了。”

但对于杨业所提方案，监军王诜却质问道：“我们有几万精兵，有什么好害怕的！我们此时应该派军队出雁门关往北，一鼓作气到达马邑。”杨业反驳道：“敌强我弱，这样做我们一定会失败。”王诜阴阳怪气地说：“将军素来号称‘无敌’，今天为何如此胆小，莫不是想叛变吧？”杨业生气地说：“我不是怕死，现在形势对我军非常不利，我是担心将士们跟着我白白送死。既然你这样指责我，我愿意打头阵！”

临行前，杨业一番感慨，他对潘美说：“我本是降将，早就该死了，多亏皇上信任我，还给我兵权，让我为国尽忠。此次出兵，凶多吉少，你们一定要在陈家谷以步兵及强弩设伏，待我将敌军诱至此地，前后夹击。否则，我的军队就回不来了。”

潘美依照杨业的建议进行了部署。杨业率军北进，辽军大将耶律斜轸得知杨业前来，就提前埋伏在杨业的必经之路上。杨业和他的部下虽然英勇顽强，但最终寡不敌众，败退而走。埋伏在陈家谷的王诜很久都没有得到杨业前线的战报，误以为杨业已经打败了敌军。他想争夺杨业的功劳，于是下令所属将士撤离陈家谷，前去争功。潘美拦不住王诜，见王诜撤走了，于是他也率领部下往前走了二十余里。当他得知杨业战败的消息时，又往回走，却已经延误了战机。

此时杨业经过苦战，终于带领100多名部下撤到陈家谷谷口。但是这里空无一人，他知道自己必死无疑，对部下说："你们都有家室，没有必要和我一起去送死，你们快走，以后还能为国出力。"大家都深受感动，但没有一人愿意离去。最后，将士们都战死沙场。杨业的儿子杨延玉就死在杨业眼前，他自己也被辽朝名将耶律奚底射伤擒获。

杨业被俘后拒绝投降，以绝食来抗争，再加上箭伤发作，很快便去世了。当时辽朝的实际掌权者萧太后非常欣赏杨业的才华，她屡次要求辽军主帅要生擒杨业。杨业死后，萧太后大怒，在战后论功行赏时没有封赏射伤杨业的耶律奚底。

宋太宗得知杨业牺牲的消息后，非常震惊，他下诏褒奖杨业，并彻查战争失败的责任。最后潘美被连降三级，王诜被革职查办，贬为平民。

子孙延续威名

杨业在世时，打仗出征经常带着他的大儿子杨延昭。杨延昭在四处征战的环境中长大，成年后也顺理成章地成为了一名出色的将领。杨延昭英勇善战，在打仗的过程中，他总是身先士卒，与部下同甘共苦。打了胜仗后，朝廷给的赏赐，他全部分给下属，公而忘私，将士们都忠心耿耿地追随他。

杨延昭镇守北宋边境二十多年，多次击退辽军的袭扰。宋真宗咸平二年（999年）冬，辽军侵扰宋朝边境，辽朝萧太后亲自督促指挥作战。杨延昭当时所在的遂城被合围数日。由于城小而无准备，辽军攻城又很急，宋军人人自危。杨延昭召集城中所有壮丁登上城墙持械驻守。当时天气十分寒冷，杨延昭灵机一动，命人用水泼洒在城墙上。第二天早上，水全结成了冰，坚硬光滑，辽军数次进攻都失败了，无奈之下只得退兵。杨延昭驻守的遂城也因此得名"铁遂城"。杨延昭为巩固北宋的边防做出了贡献，百姓都非常爱戴他，而辽朝人则对他非常敬畏，称他"杨六郎"。

杨文广是杨延昭的儿子，也是杨家将的第三代。他凭借门荫入仕，常年驻守在北宋与辽、西夏接壤的边境地区，因军功逐步得到晋升。杨文广生活的年代，宋与辽已经达成和议，与西夏之间也没有发生大规模的战争，因此，杨文广并没有太大的功绩可与祖辈、父辈相提并论。但他作为杨家将的第三代，继承了杨家世代忠心报国的传统，始终没有忘记平定北方、收复燕云的理想，可惜最终未能实现。

杨家祖孙三代英勇抗敌、保家卫国，人们都非常怀念和敬佩他们。根据他们的事迹改编的故事、戏曲、小说等在民间广为流传，在流传的过程中还加入了许多虚构的情节和人物，这也表明了人们对杨家将的喜爱和怀念。（杨力源）

北京良乡多宝佛塔

这是北京现存的唯一一座楼阁式砖塔，现存塔为辽代复建，传说辽人将杨业的尸骨藏在这座塔里。

[宋] 希孟《千里江山图》(局部)

此画长达11.9米，是中国传统山水画中少见的巨制。画家以工笔青绿山水的手法，描绘了连绵起伏的群山和浩浩荡荡的江水，水面与群山虚实相生，气魄雄伟，细节之处刻画精微。传说希孟在绘制这幅巨作时，年仅十八岁。

澶渊之盟

从公元960年北宋建立，到1125年辽被金所灭，宋、辽并存对峙的局面持续了165年，其中有120年二者保持着和平相处的局面。这一和平相处时期的开启，则始自“澶（chán）渊之盟”。

辽军进逼澶渊

宋真宗画像

宋太宗两次北伐失败后，宋军一直处于守势。而辽朝自辽圣宗以来，国力日渐强盛，不断南下袭扰北宋。宋真宗景德元年（1004年）九月，辽军在辽圣宗和萧太后的亲自指挥下，以收复“关南之地”为名，大举南侵。关南，指的是瀛州、莫州以及瓦桥关、益津关、淤口关一线以南的地区，五代时被周世宗柴荣北伐夺得。辽朝一向视关南为自己的国土，这次辽军打着收复关南之地的旗号，来势凶猛。辽军越过宋军坚守的州县，一路攻占遂城等地，迅速深入北宋腹地，在十一月间进逼澶州（今河南濮阳）。

澶州又称澶渊郡，因澶渊这个古湖泊而得名。北宋时，澶州傍河立城，是扼守黄河咽喉的军事重镇，距离都城东京开封府不过几百里。

北宋汝窑洗

王钦若与《册府元龟》

王钦若（962—1025）是北宋初年的政治家，他在宋真宗时曾担任宰相，在宋辽战争时为主和派，同时他也因奉命编撰《册府元龟》而为人所知。《册府元龟》是宋代存世最大的著作，“册府”是古代皇帝藏书的府库，“元龟”是龟鉴的意思。古人认为龟卜可以预知未来，所以将可供借鉴之事称作“龟鉴”。由此可知，《册府元龟》旨在为君臣提供治国理政的借鉴，是一部政治历史性质的百科全书。

宋真宗北上亲征

当时形势极为严峻，前方急报一夕数至，朝廷上下一片恐慌。朝中大臣在如何对待辽朝进攻的问题上，产生了两种截然对立的意见：迁都逃跑、坚决抵抗。参知政事（副宰相）王钦若主张迁都昇州（治今江苏南京），签书枢密院事陈尧叟主张逃往益州（治今四川成都）。宰相寇准力排众议，坚持要求宋真宗御驾亲征，以鼓舞士气，安定人心，击退辽军。他认为，如果抛弃宗庙社稷，逃往南方，敌军必然会长驱直入，大宋江山就难保了。另一位宰相毕士安也支持寇准的意见，但认为应做好充分准备。经过一番激烈争论，主战的意见终于占了上风，宋真宗决定北上亲征。

宋真宗从东京出发，一路上顾望不前，行动迟缓，在宰相寇准和殿前都指挥使高琼的一再敦促下，才由韦城继续向澶州进发。当时，澶州横

枢密院

宋代时，枢密院主要管理军事机密、边防事务等，与中书门下（政事堂）并称“二府”，它们是国家最高政务机关。枢密院长官称“枢密使”，或称“知枢密院事”，简称“知院”；副职称“枢密副使”“同知枢密院事”。还有签书枢密院事一职，仅次于同知枢密院事及枢密副使。

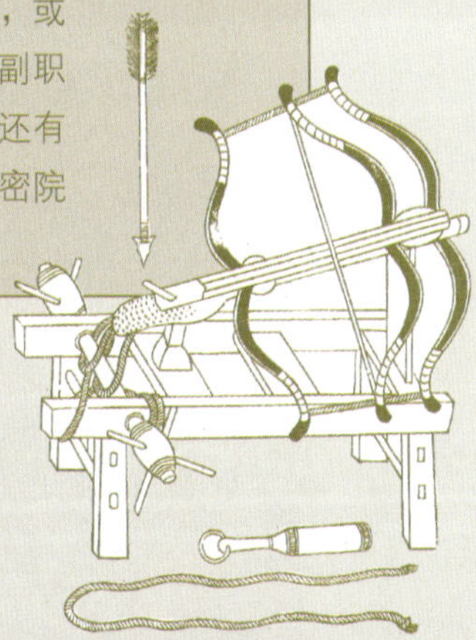

《古今图书集成》中的宋代三弓床弩

三弓床弩的体积和威力都很大，澶州之战中，宋军用类似的床弩狙杀了辽军大将萧挞凛。

跨黄河，分为南、北二城，中间以浮桥作为两城之间的通道。十一月二十六，宋真宗一行终于到达澶州南城。

在此之前，辽军主力已进抵黄河北岸的澶州北城外围，而宋朝的御前亲征军也先于宋真宗到达澶州北城及其周围地区。十一月二十二，辽军对澶州北城展开三面围攻。辽军主帅萧挞（tà）凛恃勇轻敌，率轻骑在城下视察地形，不料被宋军的强弩射中额头，当晚便身亡了。这一意外，使辽军士气大挫。

可宋朝君臣对这个情况却一无所知，大臣们仍在为宋真宗要不要渡河进入北城而争论不休。许多人认为辽军攻势正盛，宋真宗不能渡河。这次又是寇准和高琼力排众议，坚持要求宋真宗过河北上，以鼓舞士气，激励人心。宋真宗一行犹犹豫豫地向北出发，都已经走到浮桥上了，仍然迟疑不前。高琼甚至用马鞭抽打给宋真宗抬轿的轿夫，厉声喝道：“都已经走到这里了，还不快走！”促令他们继续前行。

到了北城，宋真宗登上城楼，打起龙旗，张开黄伞，澶州城内外的宋军官兵顿时高呼“万岁”，士气大振。相较之下，辽军士气则更加低落。

结下澶渊之盟

在这种情况下，辽朝统治者感到要在澶州击败宋军已不可能，而且辽军南下本就是冒进行为，沿途州县大多仍控制在宋军手里，他们随时可能截断辽军的退路。因此，双方在澶州相持的时间越长，对辽军就越不利。于是，辽朝统治者决定同宋朝议和，以摆脱危险尴尬的境地。

事实上，在辽军南下的过程中，宋、辽双方已经开始了试探性的接触。辽方的关键人物，是一年前被辽军俘获的宋军将领王继忠。王继忠被俘前担任殿前都虞候，与毕士安都是宋真宗的藩邸旧人，深得宋真宗信任。王继忠入辽后受到萧

［宋］李公麟《免胄图》（局部）

图中表现的是宋军重装骑兵。当时宋、辽、金、西夏各国，都有不少身披重甲的精锐士兵。随着火药武器的发展，宋代之后，这些身穿重甲的士兵就逐渐退出历史舞台了。

太后的赏识，被任命为户部使。他曾向辽圣宗和萧太后建议南北和好，当时萧太后未置可否，但亲征时令他随军行动，可见辽方已有两手准备。

就在辽军南下途中，王继忠在萧太后的同意下，通过宋朝的官员向宋真宗递交了一份国书，称辽朝希望恢复和宋朝的友好关系。宋真宗起先将信将疑，但还是回复说愿意议和，并委派鄜（fū）延路（治今陕西延安）走马承受公事使臣曹利用为议和使者，出使辽营。

临行前，宋真宗已经确定了只可给钱、不许割地的谈判底线。当曹利用向宋真宗询问给多少钱合适时，宋真宗答道："若实在不得已，许给他们百万两也是可以的。"据说寇准曾经把曹利用叫去，对他说："尽管皇上已答应可给百万两议和，但如果你许诺的钱财超过三十万两，我一定杀你的头！"

谈判时，辽方希望宋朝割让关南之地以换取和平。曹利用坚决拒绝了辽方所有的领土要求，提出以每年给辽朝绢银作为交换条件，并警告说："如果你们坚持要求割让土地，那么我们就只能继续打下去。"经过讨价还价，当年十二月（1005年1月），双方最终订立和约并互相交换了盟书，约定宋朝每年给辽绢二十万匹、银十万两，作为"助军旅之资"。双方约为"兄弟之国"，辽圣宗称宋真宗为兄，宋真宗称辽主为弟，并称萧太后为叔母，彼此以"南朝"和"北朝"称呼对方。这种虚构的亲属关系实际体现了双方的平等地位。同时，这一关系也使得双方日后在礼仪交换方面陷入无休止的循环之中，偶尔也会发生某方以"长辈"的身份压低对方的事情，但这并没有妨碍彼此关系的实质。

《西岳降灵图》中的士兵

《西岳降灵图》是北宋画家李公麟的代表作之一，生动地描绘了道教传说中的西岳大帝出行的全部仪仗，包括贵族及其随从、士兵，乃至市井中的商人、乞丐等，极具历史价值。

因为这次盟约是在澶渊的辽营订立的，因此也被称为"澶渊之盟"。该盟约是宋、辽双方在力量相对均衡的条件下互相妥协的产物。

寇准画像

寇准（961—1023），字平仲，北宋政治家、诗人。他从小聪慧过人，十九岁便考取进士。宋真宗年间，寇准先后任集贤殿大学士、同中书门下平章事，拜为宰相。寇准为人刚直，敢于直谏。

百年和平期的开启

和议达成后，还发生了一件小趣事。曹利用立即赶回澶州城向宋真宗禀报，宋真宗当时正在吃饭，没来得及召见他。一旁的内侍急切地问曹利用："许了多少银子？"曹利用伸出三根手指。内侍急忙进去告诉宋真宗："许了三百万两银子！"宋真宗大吃一惊："居然这么多！"继而又说道："若能和平解决，三百万两就三百万两吧！"等宋真宗用完膳召见曹利用，得知用三十万匹两便达成了议和，不禁喜出望外。他如释重负，赋诗一首，来记录此事。后来，宋真宗的儿子宋仁宗下诏将这首《回銮诗》刻石立碑，作为对其父皇的颂扬和缅怀，并将石碑命名为"回銮碑"，也叫"契丹出境碑"。在今河南濮阳老城的御井公园内，这块回銮碑成了当年历史风云的唯一见证。

尽管澶渊之盟常给人以"城下之盟"的印象，但它的基本内容还是平等的。从经济角度来看，每年十万两白银、二十万匹绢的"岁币"对北宋并不构成沉重负担，且和平实现以后，北宋还能从双方贸易中获得大量盈余，辽朝亦可借此获得必需物品，因而对双方都是有利的。

澶渊之盟可以说是宋、辽双方务实态度的一大成果。宋朝以有限的代价获得了持久的和平，辽朝则获得了稳定的额外收入，在一定程度上也减轻了南方边境的防卫负担。双方在此后一百多年的时间里基本保持了和平往来、密切交流的状态，这种新型的地缘政治平衡在中国历史上也是前所未有的。（江小涛）

春日登楼怀归

［宋］寇准

高楼聊引望，杳杳一川平。
远水无人渡，孤舟尽日横。
荒村生断霭，深树语流莺。
旧业遥清渭，沉思忽自惊。

河北定州开元寺塔

始建于北宋咸平四年（1001年），至和二年（1055年）建成。原本塔旁边还有古刹开元寺，后来寺毁塔存。定州当时为北宋与辽对峙的前线，宋人用此塔来瞭望敌情，因此又称"瞭敌塔""料敌塔"。这座塔是中国现存最高的宋代砖塔。

宋真宗的“东封西祀”

“东封西祀”是宋真宗在位期间制造的一场举国若狂的闹剧，为后世所嗤笑。大中祥符元年（1008年），宋真宗率大批官员封禅（shàn）泰山。四年后，他又到山西汾阴（治今山西万荣）祭祀后土。宋真宗所到之处，赫赫扬扬，万众瞩目，史称“东封西祀”。

臣子的教唆

澶渊之盟后，因为寇准功勋卓著，宋真宗待他很是优厚，王钦若非常嫉妒。一天退朝后，他对宋真宗说：“城下之盟，《春秋》以之为耻。澶渊之举就是城下之盟，您以天子之躯而订立城下之盟，这是何等的耻辱啊！”宋真宗听了以后，顿时不开心了。王钦若接着诋毁寇准说：“陛下您听说过赌博吗？那些赌徒在钱快要输光的时候，会倾其所有押上去，希望就此翻盘，这叫‘孤注’。陛下您当时就是寇准的孤注，那真是太危险了！”宋真宗听了以后，非常不高兴，从此对寇准冷淡起来，后来还把他贬出了京城。

宋真宗画像

宋真宗求神拜天，糊涂到家，但他爱好文学，还是个诗人。我们常说的“书中自有黄金屋，书中自有颜如玉”，相传就来自宋真宗的《劝学诗》。

王钦若的话无疑在宋真宗的心里扎下了一根刺。堂堂大宋王朝，自己贵为天子，却订立城下之盟，这让他觉得很没面子。但他又没有胆量派兵雪耻，于是整日怏怏不乐。善于揣摩帝心的王钦若又给宋真宗出了一个主意，那就是到泰山封禅。他对宋真宗说：“只有去泰山封禅，才可以镇服四海，向外族夸耀，这是一件大功业。”

然而自古以来，封禅都需要上天降下特殊的祥瑞才能行事，这是一件难事。但是王钦若有办法，他说：“上天的祥瑞怎么可能一定得到呢？前代那些吉兆大多是伪造的，只要皇帝深信并公之于众，那么就与上天降下的祥瑞没有什么不同。”

宋真宗害怕宰相王旦不同意，王钦若便自告奋勇去说服王旦。但宋真宗还是犹豫不决，没能下定决心。有一天，他来到秘阁（朝廷收藏图书之处），正好是大儒杜镐当值。宋真宗问杜镐说：“古代那些关于河图、洛书是祥瑞之兆的传说是怎么回事呢？”杜镐不明白宋真宗的用意，随口回答

[宋]武宗元《朝元仙仗图》(局部)

据考证，此画原为道教壁画的粉本(即画稿)，画中按照从左到右的顺序，以白描的手法描绘了数十位神仙，人物排列疏密有度，相互辉映，展现了中国画线描的独特魅力。

说："这是圣人以神话传说来教化百姓而已。"听到这，宋真宗终于下定了封禅的决心。他设宴招待宰相王旦，喝到高兴处，赐给王旦一樽美酒，说："这酒非常好，你带回去跟妻儿共同享用吧。"王旦将酒拿回去，打开一看，里面全是珠宝。王旦顿时明白宋真宗封禅的心意已决，从此以后，关于天书、封禅之事，他便不再提出异议了。

北宋龙泉窑青釉花卉纹盒

封禅

封禅是古代帝王为了表明自己受命于天，而举行的祭祀天地的大型典礼。春秋、战国时期，一些儒生认为泰山是"天下第一山"、五岳之宗，是可以与天对话的神圣之地。在这里封禅，表明君主受命于天，是对该政权合法性与权威性的有力宣示，封禅泰山因此成为古代最为隆重的祭祀大典。"封"是祭天，"禅"是祭地。

皇帝伪造天书

于是，宋真宗君臣联手开始了祥瑞造假的过程。

景德五年(1008年)正月，宋真宗召集群臣，自称去年十一月某一天晚上梦见了神人，被告知正月会降天书《大中祥符》三篇，如今果然在左承天门发现有黄色的布帛悬挂在屋脊上，就是神人所说的天降之书。宋真宗率群臣拜受天书，打开后发现里面有三幅黄字，内容类似于老子的《道德经》。宋真宗命人将天书藏在金匮中，派人祭告天地、宗庙和社稷，并改年号为"大中祥符"。

一时间，举国上下争献"祥瑞"，一会儿这里发现了灵芝，一会儿那里发现有嘉禾(象征吉兆的双穗稻)。之后，宰相王旦率文武百官、和尚、道士等两万多人，数次上表请求皇帝封禅。宋真宗招来主管财政的大臣丁谓询问国家财政情况，丁谓回

泰山玉皇顶

玉皇顶是五岳之首泰山的最高点。相传秦始皇曾到玉皇顶祭天，此后一直到清代，有十多位帝王亲自登顶泰山封禅或祭祀。

山西万荣后土祠

汾阴治所在今山西万荣，这座后土祠是中国最古老的后土祠，存有宋真宗亲自撰写并书丹的《汾阴二圣配飨铭》。

答说："办大事还能有盈余。"于是宋真宗便下了决心，开始做封禅前的准备工作。

宋真宗下令从都城到泰山一路大肆修建行宫，修路铺桥，花费不知几何，又命王钦若先行赴泰山准备相关事宜。王钦若到达泰山后，一会儿说泰山有醴泉涌出，是祥瑞之兆，一会儿说锡山有苍龙出没。他和宋真宗里应外合，宋真宗宣称再次梦见神人，说会在泰山赐下天书，而王钦若就在泰山伪造天书，送往京城。

一切准备工作就绪之后，宋真宗于当年十月从京城出发，王旦等官员随同前往，一路浩浩荡荡，十几日后终于到达泰山。宋真宗在泰山祭告天帝，又在泰山下的社首山祭告地神。回京途中，宋真宗一行又来到曲阜祭拜孔子，前后共花费四十七天，银子如流水般花去。

四年之后，大中祥符四年（1011年），宋真宗又兴师动众地奔赴汾阴（治今山西万荣）祭祀后土。东封泰山，西祀后土，这就是宋真宗的"东封西祀"。

历史上曾到泰山封禅的帝王

历史上第一位有据可查的在泰山封禅的帝王是秦始皇，他沿用了秦国祭祀的仪典，在泰山上筑土为坛祭天（即"封"），以报答上天之功；然后到泰山脚下的梁父山设坛祭地（即"禅"），以报答大地之功。后世到泰山封禅的还有汉武帝刘彻、汉光武帝刘秀、唐高宗李治、唐玄宗李隆基，以及宋真宗赵恒。

一场乱哄哄的闹剧

"东封西祀"在后世看来，是一场地地道道的闹剧。在这场闹剧中，皇帝亲自上阵造假，臣民争献祥瑞，一国君臣如病似狂，而且耗费巨大，给宋朝的财政带来了沉重的负担。因此，当时就有人表示反对，但最终并没能阻止此事。

其实，对于这场闹剧的真假与弊端，宋真宗君臣心知肚明，那么，他们为什么还要做这件事呢？

从外部环境来看，宋真宗即位以后，周边并不太平。西夏时叛时服，不时制造事端。契丹人不断侵扰宋朝边境，景德元年更是大举南下，制造了一场宋朝建国以来最大的危机。澶渊之盟以两国约为兄弟之国，宋每年付给辽岁币而告终。辽朝采用中国位号，将国主称为皇帝，如辽太祖为“天皇帝”，辽世宗为“天授皇帝”。这无疑是与宋朝分庭抗礼，威胁到了宋朝的正统地位。然而，宋真宗并非雄武之君，他没有魄力与能力和辽动武，无力改变这种局面，反而是辽朝虎视眈眈，对宋朝构成极大威胁，因此宋真宗只能另辟蹊径。契丹人向来笃信鬼神，他们对祭祀上天非常虔诚。而封禅大典是宣扬“君权神授”的重要仪式，是确认政权合法性的重要昭示。因此，宋真宗君臣希望通过封禅来确立宋是唯一受命于天的政权，凸显宋朝的正统地位，以消除契丹人的觊觎之心。

其次，中国历代王朝都会借助一些仪式来象征自己受命于天，因此古人十分重视郊祀、封禅等祭祀典礼，宋朝也不例外。宋朝终结了唐末五代以来的战乱，立国至宋真宗之时，已有数十年，宋真宗迫切需要通过封禅、祥瑞等来塑造自己统治的合法性。

基于以上两个原因，我们就不难理解宋真宗为什么执意要演出这场闹剧了。然而，宋真宗不想着好好治理国家，却采用这样的方法，遭到了后世的广泛批评。他晚年得了精神病，所谓的天书也被随葬在陵墓里。宋真宗成为中国封建王朝最后一个封禅泰山的皇帝。（陈晓莹）

富家不用买良田，书中自有千钟粟。
安居不用架高楼，书中自有黄金屋。
——宋真宗《劝学诗》

泰山南天门风光

狸猫换太子

“狸猫换太子”的故事在我国流传已久，家喻户晓，它讲的是宋仁宗的身世之谜。然而，在民间传说中阴狠毒辣且工于心计的刘皇后到底是个什么样的人，历史的真相又是什么呢？

“狸猫换太子”的传说

传说宋真宗的皇后郭氏死后，正宫之位空悬。当时有刘、李两位妃子同时怀孕，宋真宗下令，谁能生下儿子，就立谁为皇后。刘妃怀有嫉妒之心，唯恐李妃先生下儿子成为皇后，就串通宫中内侍总管郭槐与接生婆，趁李妃分娩昏迷之际，用一只剥去皮毛的狸猫换走了她刚出生的儿子。刘妃命令宫女寇珠将这个孩子丢到宫外淹死，寇珠于心不忍，就将他交给了路过的宦官陈琳，并转送给八贤王抚养。

刘皇后画像

章献明肃皇后，姓刘，名字不见记载，是宋真宗的第三任皇后，民间相传她即为刘娥。刘皇后聪慧机敏，通晓史书，颇具政治才干。宋真宗驾崩后，宋仁宗年岁尚小，刘太后垂帘听政，她成为宋朝第一位临朝摄政的皇太后，一度权倾天下。

宋真宗以为李妃生下了妖物，便将她打入冷宫。不久，刘妃也生了儿子，她如愿以偿，被册立为皇后。谁知过了几年，她的儿子夭折，宋真宗再没有其他的儿子，便将八贤王的儿子收为义子，并立为太子，而这个孩子正是李妃之子。有一天，太子在冷宫见到李妃，母子天性，引发了刘皇后的疑心。于是她对寇珠严刑拷问，寇珠不堪折磨，撞地而死。刘皇后越发怀疑，便在真宗面前诬陷李妃。宋真宗下令赐死李妃，危急之时，有忠义之士设法将李妃偷偷送出皇宫，自己却伪装成李妃的样子被烧死。

多年以后，宋真宗去世，太子即位，也就是宋仁宗，刘皇后则成为太后。当年的李妃流落到偏远之地，生活十分困苦。后来，清官包拯奉旨办案，路经此地，李妃状告宋仁宗不孝。包拯查知真相后将李妃带到宫中，又设计让郭槐供出事实真相。刘太后见罪行败露，惊惧而死。这个故事最后以母子相认的大团圆结局而告终。

刘美人一步步掌握大权

“狸猫换太子”的故事是虚构的，但故事的主人公在历史上确有其人。故事中刘妃的原型是宋真宗的第三任皇后，也就是章献明肃皇后，她是宋朝第一位临朝摄政的皇太后。

刘皇后生于蜀地，出身寒微，以卖艺为生。长大以后她嫁给银匠龚美，后来夫妻二人来到京城生活。在京城谋生不易，两人生活得十分艰难，龚美就有了将刘氏改嫁的想法。经人介绍，刘氏被送入襄王府。襄王正是后来的宋真宗赵恒，他非常喜欢刘氏，对她很是宠爱。但是赵恒的乳母很严格，她不满赵恒沉迷于女色，很不喜欢刘氏。后来在宋太宗的命令下，刘氏被赶出王府。赵恒心下不舍，便偷偷将刘氏藏在属下家里。一直到宋太宗去世，赵恒即位，才将她接入宫中，封为美人。

后来，宋真宗的第二任皇后去世，他想册立刘氏为皇后，但被大臣以刘氏出身低微为理由加以阻止。过了几年，刘氏晋升为修仪，又升为德妃，最后还是被宋真宗册封为皇后。刘皇后聪明机警，通晓书史，很有才干，常常协助宋真宗处理政事。宋真宗晚年，由于久病，政事大多是由刘皇后处理的，大权完全落入刘皇后手中。

[宋]崔白《双喜图》

此画描绘了深秋时节，树叶飘零，一片萧瑟之中，两只喜鹊扑翅飞来，其中一只喜鹊刚刚落在树枝上，目光向下，原来枯草之中有一只野兔。画家采用工笔手法绘制了喜鹊与野兔，描绘极其细致，而草木、山坡则采用半工笔半写意或者完全写意的手法，与生动写实的鸟兔相得益彰。

宋仁宗不识生母

宋真宗的子嗣不多，刘皇后有个侍女李氏，偶然一次侍寝后为宋真宗生下了一个儿子，取名赵受益。刘皇后当时还是修仪，她虽然很受宋真宗的宠爱，却一直膝下无子。于是，她就把自己侍女李氏生的儿子抱过来抚养，宋真宗对外宣称这是刘氏所生。

后来，刘氏升为德妃，又一步步如愿当上皇后，她对这个儿子悉心教导，十分尽心，但从来不告诉他李氏才是他的亲生母亲。李氏后来

［宋］赵昌《蜂花图》

赵昌是北宋著名的花鸟画家，他极其重视写生，自号“写生赵昌”。此画设色艳丽，造型精准细致，是宋代花鸟画的佳作。

北宋钧窑玫瑰红釉鼓式洗

又生了一个女儿，晋升为才人，之后进为婉仪。宋真宗去世后，他唯一的儿子赵受益（此时已改名赵祯）即位，也就是宋仁宗。宋真宗去世前曾颁下遗诏，尊刘皇后为皇太后，并临朝听政。因为当时宋仁宗只有十二岁，无法亲理政事。自此，刘太后开始临朝摄政，一直到她去世，一共十一年。

刘太后将李氏派去为宋真宗守陵，还封赏了她的家人。李氏明白这其中的利害关系，从不敢说自己是宋仁宗的生母。别人畏惧刘太后的权势，也不敢告诉宋仁宗实情。因此，直到刘太后去世，宋仁宗也不知道自己是李氏的儿子，反倒对刘太后十分孝顺，母子感情颇深。

明道元年（1032年），李氏重病，被晋升为宸妃，当天就去世了。李宸妃终其一生也没能与自己的亲生儿子相认。

李宸妃死后，刘太后本想以普通宫嫔的规格将其悄悄下葬。但宰相吕夷简进宫奏事时，故意问道：“听说有宫嫔死了？”刘太后大吃一惊，掩饰道：“你莫非要干涉宫中事宜？”她赶紧起身带着宋仁宗走了。过了一会儿，她单独召见吕夷简，质问他：“你是不是想要离间我与皇帝母子？”吕夷简却回答说：“臣是为了太后您的刘氏宗族着想。如果您还顾念刘氏宗族，那么李宸妃的葬礼就应该从厚办理。”刘太后顿时醒悟过来，明白宰相是在暗示自己，若现在不厚葬李宸妃，将来有一天如果皇帝知道了自己的生母是李宸妃，一定会惩罚刘氏一族。

刘太后赶紧询问吕夷简该怎么办，吕夷简请求用一品的礼仪来办理李宸妃的丧事，相当于皇后的规格。他又对负责此事的内侍罗崇勋说：“李宸妃应该穿着皇后的服装下葬，棺木里放上水银。宸妃孕育了陛下，你若不按照该有的礼仪厚葬她，日后陛下若怪罪于你，你可别说我没事先告诉你。”罗崇勋听了心里惧怕，于是依言而行。

当天圣、明道间，天子富于春秋，母后称制，而内外肃然，纪纲具举，朝政无大阙失。

——《宋史》

揭开身世之谜

第二年三月，刘太后也去世了。这时，有人告诉宋仁宗："陛下，您是李宸妃所生，李宸妃才是您的生母。"宋仁宗这才知道自己的身世，他既伤心又自责，恸哭不已。宋仁宗下诏追尊李宸妃为皇太后。这时，宫中有传言说李太后死于非命，而且没有被厚葬。宋仁宗心中半信半疑。他为李太后迁葬更换棺木时，专程派自己的亲信前去查看。棺材打开，只见李太后穿戴着皇后的冠服，容貌和生前活着的时候一模一样。由于有水银的保护，尸体并没有腐坏。宋仁宗听了亲信的汇报后，叹息说："别人说的那些流言怎么能相信呢？"他因此更加厚待刘太后的宗族。同时，他给亲舅舅李用和加官晋爵，赏赐了许多金银珠宝，并将自己的女儿福康公主嫁给了李用和的儿子，以弥补"子欲养而亲不待"的遗憾。

刘皇后虽然为一己私利隔绝了李宸妃与宋仁宗的母子亲情，显得不近人情，但她毕竟没有加害李宸妃。李宸妃死后，她也能听取大臣的意见，以皇后的规格厚葬她。而在她成为太后、临朝摄政的十余年间，她兢兢业业地处理政事，任用贤明之士，法令严明，对北宋社会经济的发展起到了积极的推动作用，也为宋仁宗时期的繁华盛世奠定了坚实基础。因此，刘太后也被后人称赞为具备汉朝吕后、唐朝武则天那样的才干，"有吕、武之才，无吕、武之恶"。

然而，宋仁宗身为帝王，生母就在眼前，却懵然不知；李宸妃面对亲生儿子，却至死不能相认，这不能不让人唏嘘感叹。因此，在民间故事的流传中，刘太后的形象逐渐被歪曲。元杂剧如《金水桥陈琳抱妆盒》中，开始出现"狸猫换太子"故事的雏形，经过明、清两代的演绎，到清代小说《三侠五义》中，故事最终成型，并被改编成戏曲、评书、电视剧等多种艺术形式进行传播，"狸猫换太子"的故事成为家喻户晓的传说。这个故事里寄托了人们对弱者的同情，以及对公义的期待。（陈晓莹）

北宋定窑白瓷婴儿枕

范仲淹与庆历新政

宋仁宗在位期间，将宋初以来兴科举、重文教的政策推向新的高度，朝廷人才济济，出现了后人津津乐道的“皇帝与士大夫共治天下”的局面。“庆历新政”就是宋仁宗和范仲淹等人发起的一场革除朝政积弊的改革尝试。

“断齑画粥”立大志

范仲淹是吴县（今江苏苏州）人。他两岁的时候，父亲就去世了，他跟着改嫁的母亲背井离乡，生活十分困难。但他并没有被困难击倒，反而迎难而上，读书十分勤奋。青年时，范仲淹为了求学，借住在一所寺庙里，昼夜苦读。由于生活清贫，食物不够吃，每天早上，他只煮一锅粥，等粥冷却后，用刀划成四块，一天两餐，早晚各取两块，就着几根咸菜吃。这种艰苦的生活丝毫没有影响范仲淹，他勤奋读书，刻苦学习。后来，人们把这种清贫的生活称为“断齑（jī）画粥”，传为历史上刻苦好学的佳话。

经过长期刻苦的学习，范仲淹不但掌握了丰富的知识，而且还养成了严肃认真和勤俭节约的作风。他年纪轻轻就考中了进士，开始入朝为官。早年的贫困生活使他十分了解民间疾苦，他下定决心要为国家和百姓做一番事业。

苏幕遮 · 碧云天

［宋］范仲淹

碧云天，黄叶地，秋色连波，波上寒烟翠。山映斜阳天接水，芳草无情，更在斜阳外。

黯乡魂，追旅思，夜夜除非，好梦留人睡。明月楼高休独倚，酒入愁肠，化作相思泪。

能文能武展全才

范仲淹先后当过一些地方的小官，他素来以敢于直言著称，在士大夫中声望很高。在泰州任上时，范仲淹曾参与重修捍海堰。这是一件利国利民的大好事，当地老百姓感念他的功绩，把捍

宋仁宗画像

范仲淹画像

海堰称作“范公堤”。

范仲淹能文能武，在抵御西夏人的进攻中，他曾被派去边境，协助主帅巩固边防。当时朝廷规定，将领按照级别高低，带领的士兵由多到寡，越是下级军官，率领的士兵人数越少。可到作战时，却是先从下级军官开始迎战，而不考虑他的能力是否胜任，所带兵力是否充足，这样怎能不失败呢？

范仲淹立刻开始了大刀阔斧的改革。他将自己地方的所有兵马分为六队，每队设一名统帅，日常加强操练。等作战时，根据敌人的多寡来决定作战方案。他还提拔了狄青等一大批有才干的将领，并修筑要塞边城，巩固边防。当时，西北军中流传着这样一句话：“小范老子（指范仲淹）腹中有数万甲兵。”在范仲淹的带领下，宋朝在西北边境地区逐渐建立了稳固的防线。西夏再也不敢轻易来犯，最终被迫与宋朝达成和议。

庆历新政施抱负

庆历三年（1043年），范仲淹调回京城，担任参知政事。面对朝政积弊和西夏进犯的压力，宋仁宗调整人事任命，提拔了范仲淹、韩琦、富弼等一批主张改革的政治新星进入执政的行列，庆历新政由此开始推行。

范仲淹、韩琦、富弼等分别上书，向宋仁宗陈述了自己的改革建议，这就是历史上著名的《答手诏条陈十事》。从这三人的改革建议来看，共同的核心内容就是整顿吏治，提拔贤能，以能力、政绩等作为选拔官员的标准，限制权贵子弟的任职特权，罢黜那些不合格甚至有罪过的官员。此外，范仲淹还从加强法制建设等更为长远的方面提出了改革吏治的途径和方法。宋仁宗对这些措施大多表示赞同，并下令颁行全国。因为这些措施是在庆历年间提出并推行全国的，因此这次改革也被称为“庆历新政”。

人事党争成阻碍

黑水城西夏武士像

庆历新政的矛头直指官僚体制的各项弊端，势必会损害某些权贵的既得利益，改革措施受到阻碍也就可想而知了。

范仲淹早就被守旧官僚们讥为“迂阔”，此次他主持新政，更是成为这些人攻击的

“一家人”与“一路人”

在进行吏治整顿时，范仲淹根据下属巡察的报告，将那些不能胜任之人的名字划掉。当时与他一起推行新政的富弼有些不忍心，对他说：“您轻轻一勾，被勾掉名字的人一家子都得哭了。”范仲淹回答道：“让一家子人哭，总好过让一路（宋代的路相当于今天的省）百姓哭啊！”

滕子京其人其事

滕子京名宗谅，字子京，他为人们熟知的原因是他在被贬至岳州巴陵郡做官时，主持重修了岳阳楼。在范仲淹的名篇《岳阳楼记》中，开篇就说道："庆历四年春，滕子京谪守巴陵郡。"滕子京与范仲淹为同科进士，二人志趣相投，结为好友。滕子京为人大气倜傥，乐善好施，然而这却成为政敌攻击他的借口。在范仲淹主持庆历变法期间，滕子京被诬告贪污，最终被贬官。然而，《宋史》给他的评价是："及卒，无余财。"可见他并不是一个贪财之人。

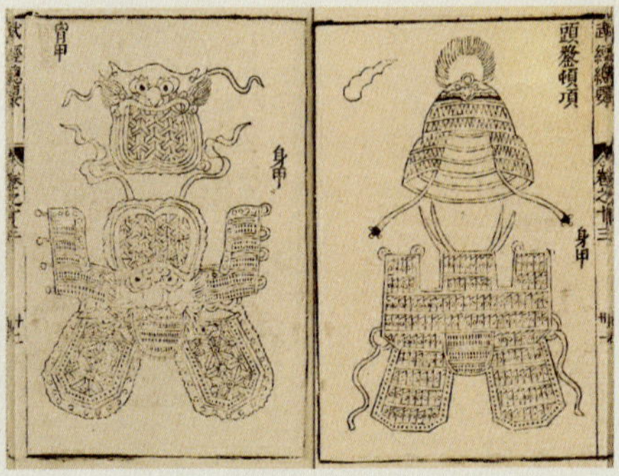

《武经总要》中的宋代铠甲

靶子。他们故技重施，以"朋党"之名攻击改革派，诋毁新政。而改革派内部也发生了冲突和分裂。首先是御史台和谏官的分裂。御史台和谏官之间的分裂和对抗，后果是十分严重的。自此以后，御史台成为新政人士的公开敌人，成为阻碍新政实施的一股重要力量。

其次是滕子京事件。滕子京和范仲淹是同年进士，他为人尚气节，以倜傥自任，一派名士风度。二人是一对志趣相投、患难与共的兄弟。范仲淹在调离西北的边防职任时，力荐滕子京接任。然而没过多久，监察御史就弹劾滕子京滥用公使钱，数额巨大。这件事很快就演变成参知政事范仲淹与御史中丞王拱辰之间的直接冲突。范仲淹慷慨陈词，长篇大论，坚称滕子京是清白的，甚至不惜辞去官职来力保自己的老朋友。王拱辰则坚持认为滕子京贪赃枉法，证据确凿，应予重惩，并且也以辞职相要挟。

在范、王之争中，宋仁宗最终站在了王拱辰一边。庆历四年二月，滕子京被贬为岳州（治今湖南岳阳）知州。在宋仁宗看来，即便御史们反映的情况有点夸大其词，但官员涉嫌贪污总是不能容忍的。不仅如此，范仲淹身为执政，跟被告的关系又非同一般，不但不知回避，反而在朝堂上吵吵闹闹，实在有失体统，难免有朋党的嫌疑。所以，宋仁宗此举未尝不是敲山震虎，暗寓警告。

再次，范仲淹和韩琦之间也出现了裂痕。就在滕子京一案闹得不可开交时，围绕着修筑水洛城（今甘肃庄浪县）一事，又引发了范仲淹、韩琦这两大新政领袖之间的矛盾。这不仅削弱了改革派阵营的力量，而且也进一步加重了宋仁宗对朋党问题的忧虑，他由怀疑新政人士进而开始怀疑新政本身。

遭构陷新政失败

此时西北地区的形势已基本稳定，国内的动乱也暂时平息。宋仁宗觉得可以舒口气了，一年前的改革热情渐渐降温，他转而更加关注朋党问题。

庆历四年四月，他对辅臣说："自古以来都是小人结为朋党，也有君子结党的吗？"范仲淹回答说："君子、小人各有其党。如果结成朋党做好事，对国家有什么坏处呢？"

范仲淹的回答显然无法消除宋仁宗的疑虑。在他看来，既是朋党，总难免有小人之嫌。要想

元代画家夏永所画《岳阳楼图》（左）与今日岳阳楼（右）

岳阳楼位于湖南岳阳洞庭湖畔，与黄鹤楼、滕王阁并称江南三大名楼，自古就有“洞庭天下水，岳阳天下楼”的美誉。岳阳楼始建于东汉末年，相传原先是鲁肃建造的“阅军楼”，之后的上千年里，岳阳楼多次被毁，又多次重建、扩建，现存建筑沿袭自清光绪年间重建时的格局。

辨明君子、小人，也不是一件容易的事情。就算范仲淹他们是君子结党，这些君子的自负、偏激、狂妄、强辩等习气也是令人难以容忍的。

就在这一年，范仲淹、富弼等人被迫离开了京师，外出巡察地方。此后，反对派对新政的攻击越发猛烈。宋仁宗立刻下诏，罢免了范仲淹、富弼等人的宰执职务，将他们贬出京城，新政首脑转眼之间被罢黜殆尽。与此同时，新政的各项措施也被相继取消，庆历新政推行仅仅一年就夭折了。

庆历新政失败后，范仲淹一直在地方上做官，先后辗转陕西、山东等地，六十四岁时因病去世。他在治理地方时做出了很多成绩，同时，他也是一名优秀的文学家，在文人士大夫中拥有很高的威望。范仲淹对散文、诗、词等各种文学形式都很擅长，而他最为人熟知的散文名篇《岳阳楼记》里那句“先天下之忧而忧，后天下之乐而乐”，其中蕴含的忧国忧民、大公无私的朴素思想，千百年来一直感动、鼓舞着无数人。（江小涛）

假面将军狄青

狄青是北宋时期的杰出将领，他出身贫寒，投军后作战勇敢，逐步成长为一名出色的将领。当时为避免士卒当逃兵，都要在士卒脸上刺字（即黥面），狄青脸上也有刺字，人送称号“面涅将军”。他对敌作战时常常披头散发，头戴青面獠牙的铜面具，所到之处敌人闻风丧胆，所向无敌。

狄青画像

［宋］李成《晴峦萧寺图》

“奉旨填词”柳三变

北宋年间，有这么一位词人，他是家喻户晓的名人，却不为《宋史》所记载；他不被皇帝喜爱，却是教坊歌女们的偶像；他创作的词作饱受争议，却对后世产生了深远影响，千古传唱。他就是北宋著名词人柳永。

无奈之下的“奉旨填词”

柳永原名柳三变，字耆卿，崇安（今福建武夷山）人。因为他排行第七，人们也称他柳七。柳永出身于官宦家庭，他的父亲、叔父都曾在南唐或宋朝为官。柳永自幼接受了良好的家庭教育，他自己也勤勉好学，七八岁时在家乡就颇有才名。

成年后的柳永来到都城东京开封府，准备参加科举考试。此时的东京一派繁荣景象，他流连于花红柳绿中。柳永为人浪漫不羁，又精通音律，擅于填词，因此教坊的歌女们都争相传唱他的词作，每当有新曲时也会请他填词。已在东京小有名气的柳永信心满满地参加了科举考试，他觉得自己中举根本不成问题，甚至还对自己有着高中状元的期许。无奈事与愿违，他竟名落孙山。失意之下，柳永写下了影响他一生的词作《鹤冲天》：

> **“奉旨填词”的真实性**
>
> 关于柳永“奉旨填词”的故事并不见于正史，只是在后人的一些笔记、杂记里有记载。有人考证认为柳永并未惹怒宋仁宗，因为柳永首次参加科考是在大中祥符二年（1009年），此时的皇帝是宋真宗。尔后柳永陆续参加了几次科举考试，直到宋仁宗景祐元年（1034年）才一举高中。而此时是宋仁宗亲政的第一年，在此之前，由于宋仁宗年幼，刘太后摄政，柳永谈不上惹怒宋仁宗。柳永奉旨填词的事迹在后世多部野史笔记中都有记载，这也许是后人演绎的，却成为柳永的标志性事迹。

福建武夷山柳永纪念馆内的柳永和歌伎塑像

黄金榜上，偶失龙头望。明代暂遗贤，如何向？未遂风云便，争不恣狂荡。何须论得丧？才子词人，自是白衣卿相。

烟花巷陌，依约丹青屏障。幸有意中人，堪寻访。且恁偎红翠，风流事，平生畅。青春都一饷。忍把浮名，换了浅斟低唱。

相传这首表达他的愤

备受欢迎的柳七哥

明代冯梦龙在他的著名话本小说《喻世明言》中曾描述过一个备受教坊、青楼女子欢迎的词作者“柳七官人”，书中描写了众女子的心声：“不愿穿绫罗，愿依柳七哥；不愿君王召，愿得柳七叫；不愿千黄金，愿中柳七心；不愿神仙见，愿识柳七面。”“柳七”虽是小说里的人物，但他的原型正是柳永。柳永在家排行第七，也称柳七，由此可见柳永在当时的受欢迎程度。

宋代龙面纹瓦当

懑不满与狂放不羁的词作传到宋仁宗耳中，惹得龙颜大怒。宋仁宗认为既然柳永“忍把浮名，换了浅斟低唱”，那就没必要再考取功名了，“且去浅斟低唱”。这时的柳永在经历了几次落榜后，好不容易考中，却又被宋仁宗从中举名单中删去姓名，断送了锦绣前程。仕途无望的他因为宋仁宗的这句话，索性放下科举，专心填词，在坊间自称“奉旨填词柳三变”。

名动天下的风流词作

心灰意冷的柳永告别科场，投身秦楼楚馆，“奉旨填词”虽然是他的自嘲，却也透露出一丝无奈与悲凉。但即使是这样，柳永也没有完全沉溺于花天酒地之中，他的才华并没有被埋没，他在教坊、花街中大放异彩。柳永成为教坊歌女们的偶像，在众多歌女眼中，状元也不及柳永出色，她们以能见到柳永一面、得到他的一首词为荣。

柳永为歌女们写的词不同于同时代的其他词人，他的词更贴近百姓的生活和心理，浅显易懂却又优美动听，经歌女们传唱出去，风靡一时，柳永也因此而名扬天下。据说曾经有一位西夏来的官员在访宋之后说：“凡有井水饮处，即能歌柳词。”宋代人们取水用水不像现在这样方便，人们的生活用水主要靠从水井中汲取，可以说，水井是与百姓生活息息相关的，也是百姓最常去的地方。在这样的地方都能听到人们在传唱柳永的词作，可见柳词传播范围之广。

喜忧参半的宦海生涯

景祐元年，宋仁宗亲政后举办了一次非常宽松的科举考试，以示恩典。柳永也抓住这次机会，一举考中进士，实现了自己的科举梦想。年近半百的柳永终于告别了东京城的花红柳绿，投身到宦海浮沉之中。

宋代进士最初都称为“选人”，只能在一定的范围内任低级官吏，需要积攒一定的资历并考核合格后才有资格被选任京官或朝官，这个过程叫“改官”。柳永最初就是以“选人”的身份做了睦州团练推官。他当时的上司睦州知州吕蔚很欣赏他的才华，在柳永上任几个月后就向朝廷上书举荐他，申请给他“改官”，但这一举动因不符合规定而被朝廷驳回。此后，柳永在多地任职并颇有政绩。任期满后，柳永早已符合“磨勘”（升迁考核中的复核），却迟迟得不到改官，于是他再次回到京城。

回到京城的柳永也开始填写颂圣之词。宋仁宗很欣赏柳永的才华，喜欢他的词，每有宴饮都会命人吟唱。柳永也乐于将自己的作品送入宫中，以期自己的仕途更加顺畅。可惜事与愿违，柳永竟因为填词惹怒了宋仁宗，而这首惹了麻烦的词就是《醉蓬莱》：

渐亭皋叶下，陇首云飞，素秋新霁。华阙中天，锁葱葱佳气。嫩菊黄深，拒霜红浅，近宝阶香砌。玉宇无尘，金茎有露，碧天如水。

正值升平，万几多暇，夜色澄鲜，漏声迢递。南极星中，有老人呈瑞。此际宸游，凤辇何处，度管弦清脆。太液波翻，披香帘卷，月明风细。

这样一首普通的颂圣之作，如何就惹怒了皇帝呢？原来柳永常年在民间作词，身在庙堂之中却忘了朝中应有的避讳。他的词首句“渐”字就是不可以随便使用的，皇帝病重称“大渐”，所以宋仁宗看到开篇就已经不高兴了。而“此际宸游，凤辇何处”一句又与宋仁宗为父亲宋真宗撰写的哀词“瞻幄凤兮何有”有暗合之意，宋仁宗看到这里脸色已经有些惨然。当看到最后“太液波翻”时，他勃然大怒，将词稿扔到了地上。因为“翻”字有“倾翻”之意，这也是统治者十分避讳的。

宋代龙泉窑青釉刻花莲瓣纹五管盖罐

龙泉窑是宋代著名的瓷窑，窑址在今浙江龙泉等处。龙泉窑继承了越窑的传统，烧造青瓷，到南宋时达到鼎盛，产品几乎覆盖了日常生活的方方面面，产量巨大，精品迭出。

雨霖铃

［宋］柳永

寒蝉凄切。对长亭晚，骤雨初歇。都门帐饮无绪，留恋处、兰舟催发。执手相看泪眼，竟无语凝噎。念去去，千里烟波，暮霭沉沉楚天阔。

多情自古伤离别。更那堪、冷落清秋节！今宵酒醒何处？杨柳岸、晓风残月。此去经年，应是良辰、好景虚设。便纵有千种风情，更与何人说？

自此之后，宋仁宗再也不听柳永的词，柳永改官一事自然也就遥遥无期了。

就这样，柳永在京城蹉跎了几年，到庆历新政时，范仲淹等人对吏治进行改革，他才有机会获得改官。此后，柳永辗转多地为官，直至暮年离世。一代才子，死于何年，葬于何处，并没有确切记载，然而，他却留下了许多传奇故事。据说，每逢清明，歌女、游人为其上坟成了一时风俗，人称“吊柳七”。

不入正史的婉约词人

有宋一代，柳永的词作流传甚广。他的词浅显易懂，贴近生活，为普通百姓所喜爱。而在士大夫眼中，他的词却是低俗、不入流的。后人对他也是褒贬不一。这样一个在自己生活的时代名声大噪的文人，却没有正史为他立传，他的事迹多见于文人的野史笔记，还有许多人将他写进了文学作品，这其中就包括元代的关汉卿和明代的冯梦龙等著名文学家。

柳永的词多情婉转，浪漫感人，是宋词中典型的婉约派作品。同时，他也对词进行了多方面的革新，对后世产生了深远的影响。他大力创作慢词，打破了唐、五代以来小令统治词坛的格局；他精通音律，创新了多种词调，丰富了词的形式；他创作了大量通俗、亲民的词作，使得宋词从庙堂走入民间，开拓了词作内容的新领域。后世如苏轼、秦观等词人都或多或少受他影响。虽然后人对柳永的词作评价褒贬不一，但他留下来的两百多首词为宋词的发展做出了重大贡献，《雨霖铃》等都是脍炙人口的佳作。（郭　炜）

铁面无私的包拯

要说中国历史上哪个清官最有名，那包拯绝对是当仁不让。人们尊称他为“包公”，民间流传着很多关于他铁面无私的断案传说，有的甚至充满传奇色彩。

明察善断，体恤民情

包拯字希仁，庐州合肥人。宋仁宗天圣五年（1027年），不到三十岁的包拯考中进士，被任命为建昌（今江西永修）知县。但包拯十分孝顺，两度辞官不就，选择回家孝敬父母。在双亲去世、守丧期满之后他仍然不忍离开，直到三十八岁才进京听候迁调，获授天长知县，正式开启了仕宦生涯。

早在天长知县任上，包拯就已展现出他出众的才能。有一天，一个农民哭哭啼啼地来到县衙告状，说自家耕牛的舌头被贼人割掉了，请求官府缉拿凶手。农民哭着说：“官府不准私自宰杀耕牛，可如今牛流血不止，如何是好呢?”单单割掉牛舌无利可图，因此包拯断定做这件事的人是出于报复，于是对这个农民说：“你回去把牛杀掉卖了吧，很快就会知道是谁偷割了牛舌。”果然，没过几天，有人来县衙告发这个农民私自宰杀耕牛。包拯立刻指认这个人就是割掉牛舌的人，顺利地破了案。

包拯不但明察秋毫，而且体恤民情。他在暂代开封府府尹期间，对诉讼制度进行了改革。按照开封府旧例，告状者不能直接把状纸递上公堂，必须由衙门里的书吏代为转呈，再由书吏通知何时审理。很多书吏便借这个机会敲诈勒索，营私舞弊，导致有些老百姓因为没有足够的钱财贿赂书吏而无法申冤。包拯看到了这种做法的弊端，他下令把官署正门打开，告状者可以直接到公堂发起诉讼，陈述曲直。这样有效避免了书吏欺上瞒下的行为，深受百姓欢迎。

包拯画像

铁面无私，刚直不阿

包拯一生最为人称道的，是他执法严正、不徇私情的刚毅作风。不管是对达官显贵还是亲戚故旧，他都铁面无私，不徇私情，“有凛然不可夺之节”。

张尧佐是宋仁宗最宠爱的妃子张贵妃的伯父，他借着这层关系平步青云，一人占据了好几个重要职位。这非常不合规矩，遭到了包拯等人的大力反对。张贵妃还想让自己的伯父继续高升，去做宣徽使，她整天对宋仁宗软磨硬泡。一天，宋仁宗准备上朝，张贵妃送他到殿门口，抚着他的背嘱咐说：“官家今日不要忘了宣徽使!”提醒他不要忘记任命张尧佐。

宋仁宗满口答应，没想到上朝之

肅靜

河南开封包公祠内的龙头铡、虎头铡和狗头铡

后，刚一降旨，包拯就站出来，言辞激烈地陈述不能任命张尧佐的理由。由于太过激动，包拯的唾沫星子都喷到了宋仁宗脸上。下朝之后，宋仁宗见到张贵妃，他一边抬起衣袖擦脸，一边埋怨道："包拯站到我面前说话，唾沫都溅到了我的脸上。你只管要宣徽使、宣徽使，难道不知道包拯是御史中丞吗？"由于包拯的极力反对，此事最终只能作罢。

东京开封府是京城，达官显贵众多，不少人可上达天听，管理起来十分困难。包拯在开封府任职时铁面无私，令行禁止。开封府城内有一条惠民河，常常在汛期发生水患。原因是达官显贵屡屡侵占河边的土地，用来建造园林、水榭，供自己享乐。久而久之，河道变得越来越狭窄，淤塞不通。每到汛期，便经常发生水患，洪水冲毁了大量房屋，百姓甚至要用木筏出行。包拯查明实情后，下令拆除这些违章建筑，以疏通河道。有的权贵不服气，拿着弄虚作假的地契去找他。包拯会认真地查验、核实，并向皇帝上奏弹劾这些人。这些举动有效地打击了权贵的气焰，同时也保证了东京城汛期的安全。

包拯的不讲情面使京中权贵大为收敛，很多人一提到包拯就肃然起敬，还有人认为让包拯笑一笑是比让黄河水变清更难的事，这大约是包拯在后世被刻画成黑脸包公的原因。包拯的大名妇孺皆知，京城有传言说："关节不到，有阎罗包老。"意思是包公像阎罗王一样严明，暗中贿赂打通关节这样的事情，在他那里是不可能发生的。

包拯对自己的亲戚也不徇私情。他曾经在家乡庐州担任知州。在那里，他的亲戚故旧很多，有些人以为有了靠山，便仗势欺人，行不法之事。但包拯并不因此而网开一面，徇私枉法。他的表舅犯了法，也被他当堂惩治。因此，亲戚们都不敢再胡作非为。

发号施令，在乎必行；赏德罚罪，在乎不滥。

——［宋］包拯

清廉自守，严于律己

包拯还是布衣时，就已展现出清正自律的操守。他曾经与李姓同学一起读书，有个富人几次三番邀请他俩吃饭。同学盛情难却，打算赴宴，包拯却严肃地说："他是个富人，咱俩以后可能会做地方官，现在轻率地与他交往，要是以后他犯了法，我们还能秉公执法吗？"

包拯曾任端州（治今广东肇庆）知州。端州盛产一种名为"端砚"的砚台，非常名贵，是专门进贡给朝廷的贡品。端州以前的知州总会在进贡的数额之外再加征几十倍，用来赠送给当朝权贵，打点关系。包拯上任之后，规定必须按照进贡的数目来制作和征收砚台，他在任满离开时，连一块端砚都没有带走。

包拯为人刚直不阿，憎恶官吏行事苛刻，务求为人处世诚实厚道。他虽嫉恶如仇，但也施行忠恕之道。包拯不随意附和与取悦别人，平常没有请托的书信往来，为防微杜渐，甚至连亲戚、朋友都不来往。他虽然官位很高，但吃穿用度却跟做百姓的时候一样，十分简朴。包拯痛恨贪官污吏，还曾留下家训：后代子孙中，凡是贪赃枉法的人，都不许回老家，死后也不得葬在包家祖坟。如此种种，都体现了包拯清廉自守的高尚情操。

流芳后世，万民称颂

嘉祐七年（1062年），包拯在枢密院工作时突发重病，几天后逝世。噩耗传出，宋仁宗亲临吊唁，并为他辍朝一天。老百姓把他看作清官的代表，他死后成为铁面无私的阎罗王的传说也在民间流传开来。

包拯一生担任过很多官职，在民间传说中，他主要的活动空间是在开封府，主要的事迹是为老百姓断案伸冤。其实，历史上包拯在开封府任职的时间只有一年多，真实的包拯，身边并没有张龙、赵虎、王朝、马汉、展昭这些侍卫，也没有龙头铡、虎头铡和狗头铡，没有斩驸马、杀国舅、打龙袍等传奇经历，更没有神乎其神的断案情节，但这并不妨碍他受人崇敬。正是包拯的铁面无私、刚直不阿，才使人们愿意将一切美好的想象、传奇的经历都加在他身上。包拯身上寄托了百姓对清官的渴求，以及对清平世界、朗朗乾坤的美好向往。（陈晓莹）

端砚

青天三铡刀

清代小说《三侠五义》中，提到了由宋仁宗赐给包拯的三口铡刀，分别是用来铡皇亲国戚的龙头铡、铡贪官污吏的虎头铡和铡恶霸无赖的狗头铡。在后世许多包公戏中，这三口铡刀往往成为戏中的重要道具。其实在中国古代，并没有用铡刀作为刑具的记载，在古代正史和传世文献中，也没有包拯使用这三口铡刀匡扶正义的记载。

颐和园长廊彩画《秦香莲》

陈世美与秦香莲的故事是传统戏曲剧目的内容，这幅颐和园长廊彩画表现了包拯审问秦香莲与陈世美的场景。

文坛领袖欧阳修

欧阳修作为"唐宋八大家"之一，流传下来脍炙人口的名篇佳句比比皆是。他的文学成就很高，倡导并发展了宋代的古文运动，还不遗余力提携人才，是当之无愧的文坛领袖。

少年贫困好学

欧阳修四岁时，父亲去世了，他与母亲郑氏相依为命，前往随州（治今湖北随州）投靠在那里做官的叔父欧阳晔。

欧阳晔在随州为官多年，为人正直，廉洁奉公，他的为人处世对年幼的欧阳修产生了重要影响。当时叔父的家境不是很富裕，欧阳修母子的生活也非常困难。母亲一心想让儿子读书，可是哪里有钱供他上学呢？郑氏左思右想，决定自己教儿子。买不起纸笔，她就拿荻（dí）草秆在泥地上画字，代替纸笔，教儿子识字。这就是历史上有名的"画荻教子"的故事。

欧阳修从小聪颖过人，读书非常刻苦，不少书读过就能背诵。家里的书不多，很快读完了，他就向邻居借书。遇到重要的书，他还会抄写、背诵下来。欧阳修十岁时，从当地的大户人家李氏家中借到一部唐代大文豪韩愈的《昌黎先生文集》，非常喜欢。他下功夫认真研读里面的文章，立志要做韩愈那样的大文学家。母亲的辛勤教育，再加上自己的勤奋努力，使欧阳修在少年时代就打下了扎实的文学基础。

欧阳修画像

欧阳修（1007—1072），字永叔，号醉翁，晚年又号六一居士，吉州吉水（今属江西）人，北宋著名的文学家、史学家、政治家。

若夫日出而林霏开，云归而岩穴暝，晦明变化者，山间之朝暮也。

——［宋］欧阳修

为文精益求精

后来，欧阳修参加科举考试，经过不懈的努力，他终于高中进士，被派往西京（今河南洛阳）做留守推官（地方行政长官的助手，主管司法），成为西京留守钱惟演的幕僚。

钱惟演是吴越王钱俶之子，他随父亲归顺宋朝后，一直在朝廷做官。钱惟演博学能文，擅长诗词，是北宋初年"西昆体"诗派的代表人物。他喜欢奖掖后辈，任西京留守时，一大批北宋诗文革新的代表人物齐集于幕府，如通判谢绛、掌书记尹洙、留守推官欧阳修、主簿梅尧臣等，人才济济。

有一次，钱惟演修建了一所驿舍，叫尹洙、谢绛和欧阳修三人各写一篇文章来记述这件事情。

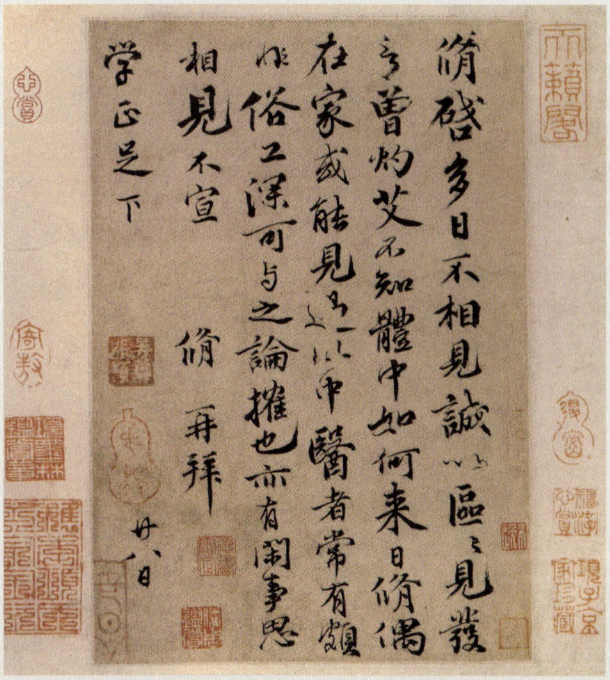

欧阳修书信真迹

三人写好文章后，拿出来互相鉴赏。谢绛的文章写了五百字，欧阳修的文章有五百多字，而尹洙的文章只有三百八十多字。尹洙的文章虽然短小，文字却十分精练，叙事清晰，结构严谨。欧阳修看了很是佩服，当天晚上就带了酒去拜访他，向他虚心请教作文的方法。两人讨论了整整一夜，欧阳修知道了自己文章的缺点，回去后认认真真重写了一篇。重写的文章比尹洙的还要少二十个字，内容却更加完整。尹洙看了以后，不由得称赞道："欧阳修进步真快，简直一日千里！"

欧阳修总结自己的写作经验，说："我平生写文章大多在'三上'——马上、枕上、厕上，只有这样，才可以抓紧时间，好好地构思文章啊！"他写文章非常严肃认真，每写好一篇文章，就贴在墙壁上，不管是坐着还是躺着，随时可以看到，当有新的想法冒出来时，能够及时进行修改。他要一直改到自己满意，才肯拿出来给别人看。据说，欧阳修的著名散文《醉翁亭记》，原稿开头写滁州（治今安徽滁州）四面有山，东面有什么山，西面有什么山，南面是什么山，北面又是什么山，光这个开头就写了几十个字。欧阳修写好之后不太满意，觉得开头太啰嗦，就反复修改，最后只剩下"环滁皆山也"五个字。这样一来，只用了短短五个字就把意思都表达出来了，非常精练。而文中的"醉翁之意不在酒"一句，流传至今，成为家喻户晓的名句。

宋代耀州窑青釉力士托荷叶高足盘

欧阳修"快马追字"

至和年间（1054—1056），北宋著名政治家韩琦回到老家相州（治今河南安阳）担任知州，他在住所后面建了一座"昼锦堂"。古人推崇"衣锦还乡"，但韩琦并不以此为荣，而是写诗言志。欧阳修对此十分钦佩，他为韩琦的"昼锦堂"写了一篇记，即《相州昼锦堂记》，夸赞韩琦的高尚品德。

欧阳修一气呵成，写完后请人送给韩琦。等到晚上，他重读白天写的文章，读到第一句"仕宦至将相，富贵归故乡"，感觉意思过于直白，读起来气息短促，与下文衔接也不甚和谐，想来是白天没有来得及字斟句酌所致。他反复推敲，决定修改一下，另抄了一篇新稿，命人快马加鞭送去给韩琦。后来，韩琦对比新旧两稿，发现只是开头一句加了两个"而"字，将"仕宦至将相，富贵归故乡"改为"仕宦而至将相，富贵而归故乡"。从此，欧阳修"快马追字"的故事不胫而走。这篇《相州昼锦堂记》，被宋人誉为"天下文章，莫大乎是"。这不仅是对欧阳修文采的赞叹，更是对他写作精益求精的尊崇。

中国四大名亭之首的安徽滁州醉翁亭

安徽滁州欧阳修纪念馆

主盟文坛留佳话

欧阳修对北宋文坛最大的贡献，是领导了古文运动，奖掖提携了王安石、曾巩、苏洵、苏轼、苏辙等一大批著名的文学家、政治家。他在宋代文坛的地位，类似于韩愈在唐代中后期文坛的地位。

嘉祐二年（1057年），身为翰林学士的欧阳修主持科举考试。针对当时读书人中流行险怪晦涩文风的状况，他严格规定，所有参加考试的人都必须用明白朴实的古文体写作，文风晦涩险怪者一律不予录取。从此，宋代文坛的风气有了较大转变。

唐宋八大家

“唐宋八大家”又称“唐宋古文八大家”，是唐代的韩愈、柳宗元和宋代的欧阳修、苏洵、苏轼、苏辙、曾巩、王安石八位散文家的合称。这一称呼最早来自明代朱右采录这八人文章编的《八先生文集》。后来茅坤编成《唐宋八大家文钞》一书，风行一时，“唐宋八大家”的称呼就此流传开来。这八人反对骈体文言文华丽的文风，倡导用古文写作，并且创作成就卓著，是唐宋散文艺术成就的最高代表，对后世影响深远。

这一年的考试盛况空前，后来鼎鼎大名的苏轼、苏辙、曾巩、程颢等人都来应考。年方二十的川籍学子苏轼，此时还没有什么名气，但他文思泉涌，踌躇满志，写了一篇《刑赏忠厚之至论》。考官梅尧臣阅卷时，发现了这篇佳作，立即推荐给主考官欧阳修。欧阳修一口气看完，连呼“妙哉”，认为第一名非此人莫属。

欧阳修很自信，他认为这样的文章别人是写不出来的，这肯定是自己的学生曾巩所作。为了避嫌，欧阳修忍痛割爱，把《刑赏忠厚之至论》评为第二名。可到了放榜之后，欧阳修大吃一惊，名列第二的考生竟然是个素不相识的年轻人，名叫苏轼。欧阳修这才知道自己闹了乌龙。

欧阳修立即向苏轼表达了歉意，后来他还在那篇著名的《与梅圣俞书》中说：“读轼书，不觉汗出。快哉！快哉！老夫当避路，放他出一头地也。”意思是说：读苏轼的文章，不禁让我汗颜。真痛快啊！我应当给苏轼让路，使他高出我一头。这就是成语“出人头地”的由来。

欧阳修写文章自然天成，繁简有度，语言简洁明了，信实通达。他善于引喻类比，用至理折服人心。欧阳修一生创作了五百多篇散文，议论、记事、抒情等各种体裁都很擅长。他在文章方面的成就如此超然，众人难以企及，所以天下人纷纷向他学习。

然而作为文坛领袖，欧阳修最为人称道的，还是奖掖后进、提携人才。只要是人才，他都第一时间举荐，凡是他看中的人，后来都成了闻名一时的人才。像王安石以及苏洵、苏轼、苏辙父子，都是在籍籍无名之时遇到了欧阳修，而才华横溢的他们，一经欧阳修宣扬，立即名满天下。

活到老，改到老

欧阳修晚年主动辞去官职，闲居在家，却比之前还要繁忙。原来，他好不容易清闲下来，并没有游山玩水、宴饮作乐，而是选择了一个苦差事——改文章，改自己年轻时写的文章。

有一天，欧阳修的夫人来到书房，看到丈夫正皱着眉头，盯着一篇文章发愣。于是夫人开口劝道："你在朝廷当了这么多年官，好不容易公务少了，可以休息一下了。作为消遣，你改改之前的文章也行。你可倒好，为了几十年前的旧文章，竟把自己愁成这副样子，这是何苦呢？又不是年少时跟着先生读书，这样为难自己，难道是怕先生责备吗？"

欧阳修听出了夫人的玩笑之意，夫人这是拿自己和写不出文章抓耳挠腮的孩童相比呢。他笑着反驳说："不畏先生嗔，却怕后生笑。"意思是说：我花这么大精力改文章，不是怕先生责备，而是怕后人笑话呀。

俗话说，好文章是改出来的。我们现在能读到欧阳修这么多精美的文章，这当然是因为欧阳修会"写文章"，但更重要的是，欧阳修会"改文章"。欧阳修秉承着对自己、对后世负责的态度，一遍遍地修改文字，反复推敲，才为我们留下了那么多传世不朽的佳作。

除了散文，欧阳修的诗、词也都写得很出色。他还是优秀的金石学家，著有中国现存较早研究金石铭刻的著作《集古录》；同时他也是著名的史学家，著有《新唐书》（与他人合著）和《新五代史》，二者都被列为正史，收入"二十四史"。（张清河）

［明］仇英《醉翁亭》

王安石变法

范仲淹推行的庆历新政失败后，北宋的社会矛盾依然无法得到解决，每年还要付给辽、西夏大量的银绢，财政问题也很严重。为解决这些问题，宋神宗任用王安石进行变法。尽管变法最终因保守派的阻挠而失败，但对宋朝政治产生了极为深远的影响。

拒绝举荐，励志改革

王安石字介甫，抚州临川（今江西抚州）人。他天资聪颖，自幼喜欢读书，有过目不忘的本领。王安石写文章下笔如飞，看起来写得漫不经心，但读过的人都很佩服他的文章精妙。宋仁宗庆历二年（1042年），王安石高中进士，随即被派往扬州担任幕职一类的小官，从此开始了仕宦生涯。

当时王安石的文才已名扬天下，就连文坛宗师欧阳修也对他称赞有加。按照惯例，在任满后，王安石可进献文章以求取馆阁职位，凭借自己的文学才能走上升职的捷径。但王安石并没有这么做，任期满后依然在地方上做官。不仅如此，他还一再婉拒好友和前辈的推荐，拒绝到朝廷“清要之地”做官。后来，朝廷每次要给王安石授官，都怕他拒绝。王安石的这种做派在当时朝野上下是非常引人瞩目的，许多人都把他视为士大夫的典范，仰慕他的人品和才华。

王安石画像

在地方做官的十多年里，王安石干得有声有色。他了解百姓的疾苦，在青黄不接的季节，他把官粮借给百姓，帮助他们度过艰难的日子；等秋收以后，百姓再加上少量利息将粮食偿还给官府。这也是后来青苗法的雏形。

正是在各地做地方官的经历，使王安石对社会问题的思考日益深入，逐渐形成了比较系统的改革思想。嘉祐三年（1058年）十月下旬，朝廷召王安石回京，命他担任三司度支判官（管理全国财政支出的官员）。他向宋仁宗上了一篇洋洋万言的奏折《上仁宗皇帝言事书》，在这封上书中，王安石力劝宋仁宗变革天下弊法。鉴于当时朝廷的各种弊端已积重难返，一旦倡言改革，势必招来非议，王安石打出了“法先王”的旗号，试图通过“托古改制”的策略和手段，用上古先王之法为变法扫清障碍。这封万言书也被视为后来王安石实施变法的纲领性文件。

“万言书”呈上之后，并未得到宋仁宗的重视和回应。但不管人们评价如何，王安石对改革时

> **涉猎广泛的王安石**
>
> 王安石在哲学、史学等方面都有深刻而独特的见解，在文学方面成就颇高。王安石诗文都很擅长，是“唐宋八大家”之一，他的诗歌别具一格，被后人称为“王荆公体”。

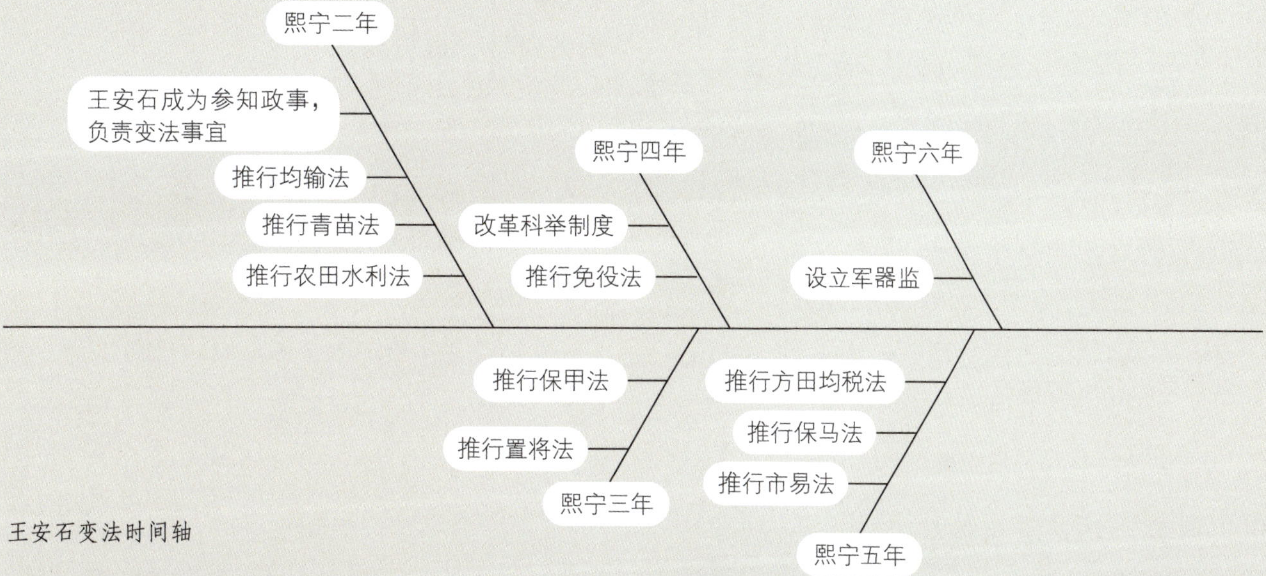

王安石变法时间轴

政的见解和高论被更多的人知晓了。宋神宗赵顼（xū）还是皇子时，就对王安石的大名有所耳闻，他对这位文才卓绝、学识渊博、特立独行、富有创新精神的著名人物产生了浓厚的兴趣。当时，韩绛、韩维兄弟是王安石的好友，而韩维是赵顼在藩邸时的亲信，他们经常在赵顼面前提起王安石及其主张，使赵顼对王安石和他的思想有了更深入的了解。

宋神宗画像

神宗信任，拜相受命

宋仁宗去世后，皇位传给了养子赵曙，他就是宋英宗。然而宋英宗在位没几年就去世了，长子赵顼继位，即宋神宗。熙宁元年（1068年）四月，宋神宗召见当时任翰林学士的王安石，特别准许他“越次入对”，以便随时与他讨论时政和治国之道。王安石一再鼓励宋神宗效法尧舜之道，以恢复先王圣政的气魄来破除因循墨守的旧势力，改革祖宗家法中存在的弊端，实现富国强兵。这些观点引起了宋神宗的强烈共鸣。

熙宁二年二月，宋神宗任命王安石为参知政事，实际上已授权他主持变法，“熙宁变法”由此开始。求治心切的宋神宗问王安石：“你若实施变法，当以何者为先？”王安石直截了当地回答：“变风俗，立法度，是现今最急迫的事。”所谓“变风俗”，就是要破除因循守旧的官场恶习；“立法度”，就是要制定新法，对已经弊端丛生的“祖宗旧法”进行大刀阔斧的改革。

熙宁三年十二月，宋神宗任命王安石为宰相，让他有更大的权力推行新法。与王安石同时拜相的，还有他的好友韩绛，以便全力协助他变法。与此同时，那些反对王安石变法的官员相继被贬离职。为了全力支持王安石推行新法，宋神宗几乎提供了他所能给予的一切。

轰轰烈烈，推行新法

对于宋神宗来说，实行变法最大的目的是富国强兵。因此，王安石等人的改革方案也大多是围绕这一目的而设计和推行的。新法的主要内容有以下几方面：

青苗法。在每年青黄不接时，将朝廷所存的稻谷贷给农户；借贷者随夏、秋二税归还所借的青苗钱，归还时，除所借本钱外，再加二分至三分的利息。

农田水利法。政府鼓励各地开垦荒地，兴修水利。

免役法。应当服役的人家可以出钱免除服役，由朝廷雇人服役；原本不用服役的官僚、地主等，

也要出钱“助役”。免役钱和助役钱随夏、秋二税同时缴纳，这就减轻了农民的服役负担，有助于发展农业生产，同时也增加了朝廷的收入。

方田均税法。“方田”是指每年由朝廷重新丈量土地，并按照土地的好坏，分为五等；“均税”是指按照“方田”的结果规定不同等级的土地应纳税的数目，官僚、地主也不得例外。

保甲法。政府把农民按户组织起来，每十家为一保，五保为一大保，十大保为一都保。每家有两个以上成年男子，抽出一人为保丁，保丁平时耕种土地，农闲时练习武艺，战时则编入军队作战。

泊船瓜洲

［宋］王安石

京口瓜洲一水间，
钟山只隔数重山。
春风又绿江南岸，
明月何时照我还。

宋定窑白釉执壶

定窑是中国古代名窑，孕育于唐末五代时期，窑址在今河北曲阳等地，唐宋时该地属于定州，因此得名。定窑白瓷发展到宋代已十分著名，造型圆润雅致，胎体白净细腻，釉色白中泛青，呈现出典雅的粉白色，成为皇家贡品。

尽吾志也而不能至者，可以无悔矣，其孰能讥之乎？

——［宋］王安石

市易法。在东京设置市易务，出资收购滞销货物，市场短缺时再卖出。

均输法。设立发运使，掌管东南六路的生产和京城的需求情况，按照“徙贵就贱，用近易远”的原则，由官府统一收购和运输。

裁兵法。规定士兵五十岁后必须退役，整顿厢军及禁军，将不合格的禁军改为厢军，将不合格的厢军改为民籍。

此外，还有置将法、军器监法、太学三舍法等，王安石从财政、军事、教育等方面，进行了全面的改革。

遭遇非难，终被废除

新法的推行，收到了显著的效果，既发展了生产，又增加了朝廷的收入。可是，新法也触犯了官僚地主的利益，遭到了他们的强烈反对。他们不断咒骂王安石，攻击变法。

这些保守派的议论传到了宋神宗的耳朵里，他有些动摇了，忧心忡忡地对王安石说：“外面有人说，朝廷不怕天变，不顾舆论，不遵守祖宗法度，你怎么看？”王安石回答说：“陛下认真处理政务，做每件事都担心是否会伤害百姓，这就是害怕天变。陛下征询、采纳臣子的忠告，这就是顾及了舆论。况且，对人们的议论，也要看一看是否合理，如果我们做得正当、合理，就不必理会别人说什么。至于祖宗的法度，也是经常变的，不能死守着不放。”

尽管王安石对人们的议论毫不惧怕，但宋神宗却没有那么坚定。他要王安石对新法稍许做些修改，王安石坚决不改。

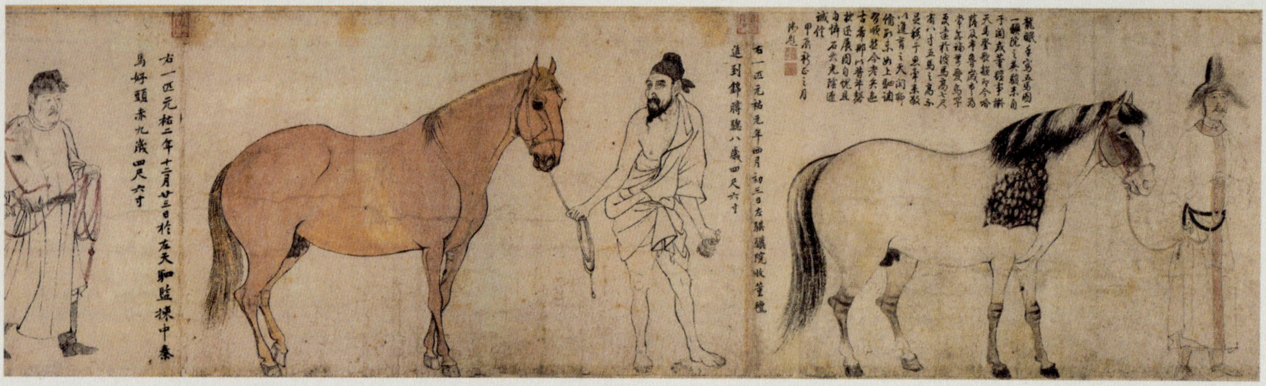

[宋]李公麟《五马图》(局部)

此画分为五段，每段都描绘了一匹骏马和一位牧者，画上有黄庭坚的题记和跋，介绍了马的名称、尺寸和产地。画家运用白描的手法，用线条精确勾勒出骏马和牧者的形象，富有生气，是中国古人画马的典范之作。

熙宁七年，天下大旱，好多地方很长时间一滴雨也不下，闹起了饥荒，人们被迫四处流亡，保守派趁机攻击新法。有大臣画了一幅流民图呈给宋神宗，说："旱灾是因为王安石变法造成的，只要停止变法，老天自然就下雨了。"保守派大多是元老重臣，他们得到了宋神宗的祖母曹太后和母亲高太后的支持。两位太后也在宋神宗面前哭哭啼啼，攻击新法说："王安石把天下都搞乱了。"

由于保守派势力强大，激烈反对新法，宋神宗逐渐动摇起来，他罢免了王安石的宰相职务。第二年王安石又被召回，再次拜相。但此时改革派内部也出现了矛盾，再加上王安石和宋神宗在如何变法的问题上产生了分歧，王安石得不到更多的支持，无法将新法继续推行下去。爱子的病故也给了他沉重的打击，熙宁九年，王安石再度辞去了宰相的职务。此后，他就一直闲居在江宁(今江苏南京)，再也没有出来做官。

元丰八年(1085年)，宋神宗病逝，不满十岁的宋哲宗赵煦即位，由太皇太后高氏执政。高氏起用反对新法的司马光做宰相，新法一项项被废除。身处江宁的王安石听到新法全被废除，悲愤地说："竟然废除到这个地步了！"第二年，王安石在江宁的寓所内郁郁而终。

王安石变法虽然最终失败了，但它在一定程度上改变了北宋积贫积弱的局面，增加了朝廷的财政收入，在限制土地兼并方面也有积极作用。但由于王安石在推行新法的过程中急于求成，又刚愎自用，听不进他人的意见，在执行的过程中难免有一些损害百姓利益的行为发生，所以历来人们对王安石及其推行的新法褒贬不一。(江小涛)

王安石与司马光

司马光虽然反对王安石变法，二人政见不同，但他对王安石个人并不抱有成见，对王安石的文章、人格都给予了肯定。王安石去世后，司马光担心王安石得罪的人太多，被后人诋毁，还给宰相吕公著写信，请他说服宋哲宗厚待王安石。后来，王安石被宋哲宗追赠为太傅。

宋定窑划花游鹅纹碗

博学多才的科学家沈括

宋代是我国古代科技发展的又一个鼎盛时期。在这个时期，中国传统的科学技术得到了空前的发展，而沈括正是这个时代科技发展的最佳参与者和见证者。他以自己的博学多才和勤奋好学，将当时各类科学技能集于一身，而他晚年所著的《梦溪笔谈》更是当时科学技术发展的珍贵记录。

初入仕途兴水利

沈括是杭州钱塘人，少年时期就跟随为官的父亲宦游各地。正是年少时期的这一段旅居经历，开阔了沈括的视野。父亲去世后，沈括按照北宋朝廷子承父荫的惯例，被安排到海州沭阳县等地担任低级官吏。在任沭阳县主簿时期，沈括治理了失修已久的沭河，他带领百姓疏浚河道，筑坝开田，干得有声有色。这也是他第一次运用自己所学的知识造福一方百姓。

沈括塑像

嘉祐六年（1061年），沈括客居在哥哥沈披任职的宁国县。此时，沈披正主持芜湖万春圩（wéi）的修建工程。沈括之前有过疏浚沭河的经验，他依据实际的地形勘测和自己掌握的水利知识，力排众议，帮助哥哥重新修筑圩田。万春圩的成功修建证明了沈括将科学应用于民生的独到远见。

任职司天监修历法

沈括在嘉祐八年中进士之后开始一路升迁，他先是做了一段时间的地方官，后经推荐，入职京城昭文馆编修书籍。在此期间，他利用闲暇时间研究天文学，大量阅读皇家书籍，不断充实自己的学问。熙宁五年（1072年），宋神宗看中他在天文方面的才学，命他掌管司天监。

在司天监任职期间，沈括积极引荐卫朴等具有真才实学的专业人士，对司天监这个涣散颓败的皇家天文观测机构进行大胆改革。当时的历法主要靠推算，很少通过实际观测天象来验证，因此当时使用的历书已经与现实有较大误差了。沈括在任职期间与卫朴合作编修了新的历书《奉元历》，这是他主张采用实际观测来修历书的一次实践。

在司天监任职期间，沈括还重新改制了各种观象仪器，如浑仪、浮漏和景表。他将这三种重新制作的天文仪器的工作原理写成了《浑仪议》等三篇文章，这些文章不仅展现了沈括在天文学方面的成就，更成为研究当时天文学发展的重要科技史文献。

江苏镇江沈括故居——梦溪园

宦游天下重访察

沈括是王安石变法的坚定拥护者，他积极投身到变法运动中，被朝廷派往各地巡察，为新法的推行提了不少好的建议。随着错综复杂的政治斗争，他的仕途也起起伏伏，但无论是出使辽朝、戍守西北，还是被贬谪到地方，沈括在宦游各地的同时始终不忘研究科学。他对身边见到的事物怀着一颗科学探索之心，尝试去观察，去解密。

在出使辽朝时，沈括留心考察了沿途的山川地貌、民俗风情，并绘制成《使契丹图抄》进献给朝廷。有一次，在旅途中遇到彩虹，他让人与自己分别站在彩虹两侧进行观察，发现从西往东望（此时是傍晚），就能看见彩虹，而从东往西望，就看不见彩虹。由此，他验证了同时代人的说法：彩虹是雨中的日光影像，是因太阳照射在空气中的水珠上而出现的。沈括的观察非常细致，这一结论也符合彩虹形成的科学原理。

沈括到河北西路（治今河北正定）访查新法推行情况时，发现太行山山崖间嵌有一条由螺壳、卵石组成的带状堆积层。他由此推测，这里之前是大海。但此处距离大海已有千里远，这又是怎么回事呢？沈括进一步推断：这片平原（指华北平原）是由泥沙冲积沉淀形成的。这可以说是关于华北平原是冲积平原的最早解释。

沈括戍守延安时还发现了当地的石油资源。此前，我国已经有关于石油的记载，史书中大多称之为“石漆”“脂水”等，沈括将之命名为“石油”，这一科学名称一直被沿用至今。虽然当时他只是利用石油燃烧后产生的烟尘来制墨，但他预见性地认为石油可以作为燃料代替木材，在后世必将大有用处。

不仅如此，沈括在天文、地理、典制、音乐、医药等方面均有研究，他将自己的实地访察、平生见闻都详细地记录在晚年撰写的《梦溪笔谈》之中。

退归梦溪传巨著

随着晚年官场的失意，沈括逐渐萌生了隐退的念头。他晚年移居润州（治今江苏镇江）梦溪园。那是沈括早年购买的一块地，后来他举家搬至此处，建起了园子。他将门前的小溪取名为“梦溪”，庭院就叫“梦溪园”。在那里，沈括潜心

明万历三十年刊本《梦溪笔谈》书影

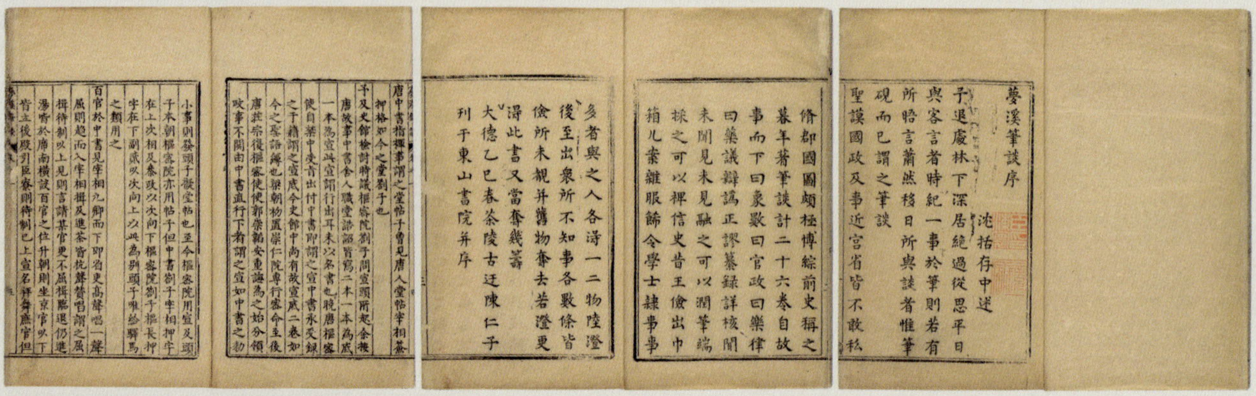

雨后的彩虹

沈括正确地提出彩虹是由阳光照射天空中的水滴而形成的。

写作，他将自己多年来的经历、见闻进行记录、整理，写成了笔记形式的《梦溪笔谈》。

这部书全面呈现出沈括的知识体系，书中接近六成的内容与科学技术有关。按照现在的科学分类，书中的内容涉及天文、数学、气象、地理、制图、物理、化学、工程学、冶金、水利、建筑、生物、医学等众多学科。沈括的记载准确而详细，所以这些知识可以展示出当时社会的科学技术发展水平。

这些与科学相关的知识，有些是沈括自己通过实践观察、总结出来的见解，如他提出的算学方法隙积术和会圆术，以及他对磁偏角现象的首次发现；也有许多是他对当时社会上的科学技术进行的细致记录，如他在书中记录了当时人们利用铁在硫酸铜液体中置换铜的方法。有许多重要的科学家和技艺传承方法都有幸通过《梦溪笔谈》的记录而为人所知，没有被湮没在历史的长河中，如他在书中记载了平民发明家毕昇发明活字印刷术的全过程及具体操作方法，这是活字印刷术唯一可靠的历史记载。

以上种种不胜枚举，可以说《梦溪笔谈》保留了各类科学知识，成为后世人们研究和学习的知识宝库。它具有不可替代的重要价值，难怪英国科学技术史学家李约瑟称《梦溪笔谈》为“中国科学史上的坐标”。这位北宋著名的科学家、政治家能文能武，既能修水利、观天象，又能造武器、修城防，对敌谈判不让分毫，率军杀敌大获全胜。他从政治理颇有政绩，博学多才无所不通。宋哲宗绍圣二年（1095年），这位出色的科学家、政治家病逝于梦溪园，时年六十五岁。（王　钊）

宋代持罗盘陶俑

故乐有志，声有容，其所以感人深者，不独出于器而已。

——［宋］沈括

毕昇发明活字印刷术

毕昇是我国古代极少数留下姓名的平民发明家之一，他在11世纪中叶发明了活字印刷术，这是一种具有革新性质的印刷技术，对我国乃至世界印刷技术的发展和文化普及具有深远影响。

雕版印刷术的出现

中国是最早发明并生产纸的国家，纸张的出现大大改善了人们的文字记录活动，而传统的雕版印刷技术正是随着纸的普及而出现的。雕版印刷术的灵感源于人们对印章的使用和碑刻的拓印技术，为了能够在短时间内高效地传播知识，中国人发明了这项技术。雕版印刷，是将文字、图像反向雕刻在木板上，这个雕刻过的木板就被称作印版；再在印版上刷墨、铺纸、施以一定的压力，印版上的图文就能转印到纸张上。

雕版印刷术的发明不晚于隋代。早期的雕版印刷术主要用于宗教经典的印刷复制，现存较早的印刷品是唐咸通九年（868年）印刷的《金刚经》，它是20世纪初在敦煌莫高窟藏经洞内发现的。这卷印刷品雕刻精美，刀法娴熟，墨色厚重匀称，图、文清晰鲜明，证明当时的雕版印刷技术已经达到了较高水平。

到了宋代，随着雕版印刷技术的推广，线装印刷书籍在社会上广泛流行，雕版印刷也达到鼎盛。从中央到地方，都有官刻书籍，民间书坊也遍布南北各地，书籍印刷已经成为一种有利可图的产业。在杭州、汴京等商业繁华的大城市，印刷业繁荣发展，印书数量大，品种也更广泛，除佛经外，经、史、子、集等图书大量印制。

唐代雕版印刷《金刚经》

清光绪二十六年（1900年）发现于敦煌石窟。根据卷末的刊记，可知此卷雕印于唐懿宗咸通九年，这是世界上现存有年代可考的最早的印刷物之一。

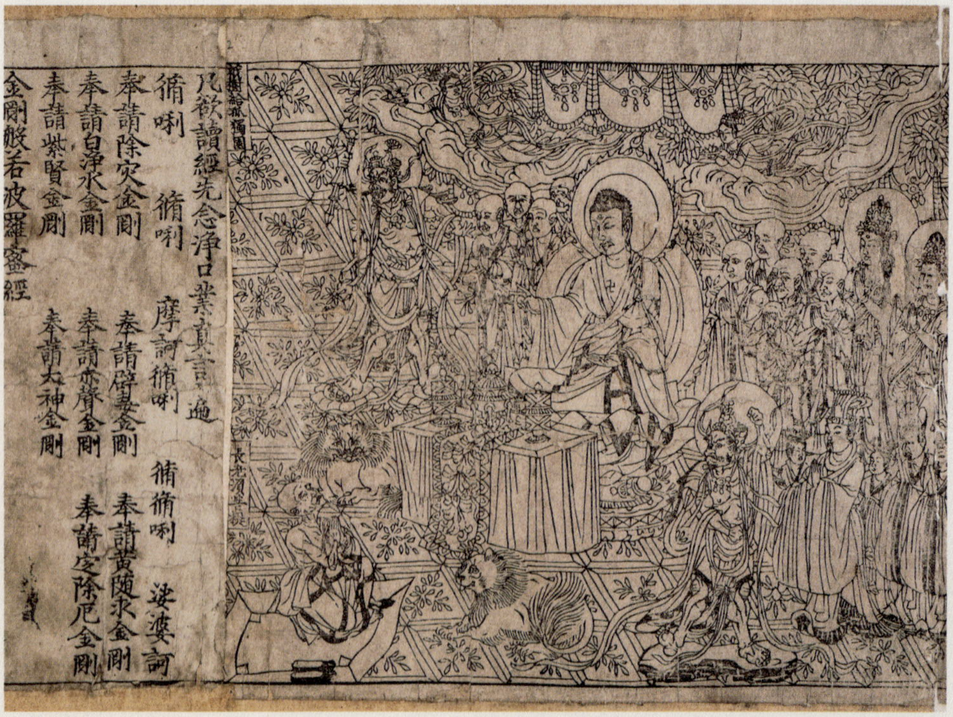

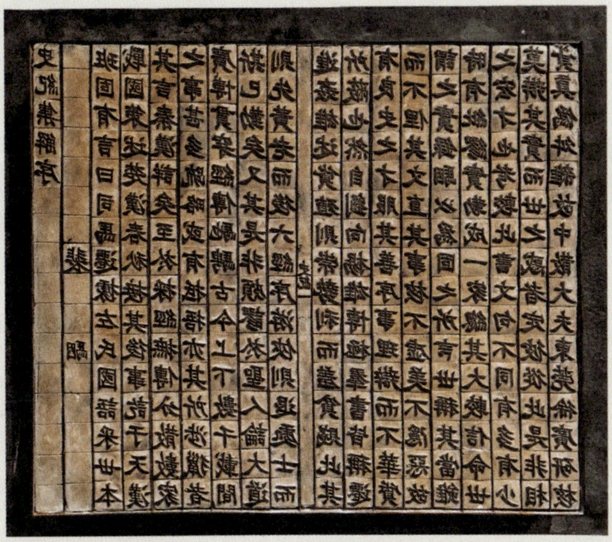

泥活字印版模型

毕昇发明活字印刷术

出版业的兴盛使得传统的雕版印刷技术越来越跟不上人们的需求。一方面，雕刻时稍有不慎，雕错、雕坏文字，工匠就得整版进行重雕；另一方面，雕刻好的印版在印刷过程中也很容易磨损。每印一本书，都需要重新雕刻印版，造成人力和物力的浪费。更重要的是，整部书全部雕刻成印版，印刷工期很长，远远赶不上当时书籍出版的需求。正是在这种情况下，投身于杭州刻书印刷行业的毕昇在北宋庆历年间发明了效率更高的活字印刷术。

毕昇是印书铺的工匠，他在长期的雕版印刷工作中发现了雕版的缺点，于是发明了活字印刷术。毕昇用胶泥刻字，一字一印，用火烧硬后就成了活字。排版时，在一个有框的铁板上，先铺一层松脂、蜡和纸灰的混合物，把活字按照书籍页面上的顺序一一放在铁板上。排好版之后，将铁板在火上烤一下，融化的松脂、蜡液等就会将活字底部浸润。常温放置一会儿，等松脂、蜡液凝固后，原本松动的活字就被紧紧固定住。等印刷完毕，再将铁板用火烤一下，使这些活字松动，以便取下重复排版利用。

活字印刷术最大的特点是打破了整版雕刻的局限，它将书页中的单个文字分离出来，可以通过单字排版的方式组成一个新的版面，这样就可以重复利用每一个单字。印刷完成一个版面后，可以打散这些活字重排新的版面。

为提高效率，排版时通常会准备两个铁板，一版排好活字后进行印刷，另一版就开始排字。两版交替使用，效率会大大提高。用这种技术，如果只印刷几本书还体现不出它的优势，但若要印刷成百上千本书，它的效率就远远高于传统的雕版印刷。

毕昇最先尝试用木活字印刷，但是木头的材质性质不一，当其吸水后就会不同程度地膨胀，印版变得高低不平。而且木活字还容易和松脂、蜡液粘连在一起，不易取下来，所以实际印刷效果并不理想。后来，毕昇又采用胶泥制作活字，解决了这一难题。胶泥活字烧制好之后并不吸收松脂和蜡液，因此印版十分平整。而且胶泥质软，更加容易刻字，如果排版时临时缺

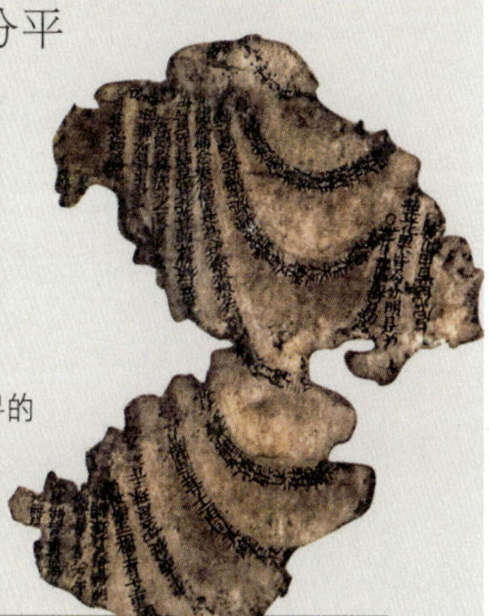

《佛说观无量寿佛经》残页

约完成于1103年前后，是世界现存最早的活字印刷品实物。

今天下印书，以杭州为上，蜀本次之，福建最下。

——［宋］叶梦得

少生僻的字，也可以现场制作泥活字，稍微烧制固定一下就可以使用。用泥活字制版，印刷出来的效果不比传统的雕版印刷差，而且胶泥造字既便捷，成本又低，关键是制作的活字可以重复利用，印刷成本远远低于雕版印刷，印刷的效率也很高。

泥活字印刷的诸多优点使得它更加符合当时日益增长的印刷出版需求，尤其是在印制大型图书时，更凸显出活字印刷技术的快捷、方便。

活字印刷最大的问题是要在印刷之前储备足够量的活字印章，尤其是诸如“之”“乎”这类在单个版面中出现频率较高的单字，需要多备一些。众多的活字可按音韵分类储备，这样方便排版时取用。

活字印刷术的发展

毕昇的这一伟大发明被差不多同时代的沈括注意到，他对这种当时新兴的印刷技术很感兴趣，毕昇去世后，他还将毕昇制作的活字收藏留作纪念。为了表达自己对毕昇发明活字印刷术的敬意，沈括特意在自己撰写的《梦溪笔谈》中对活字印刷术的具体操作细节进行了详细记录。正是由于他的记载，我们今天可以详细地知道，中国古人早在11世纪就已经发明出了这种高效的印刷技术，要比德国人谷登堡发明活字印刷术早了差不多400年。

后来人们在使用活字印刷时，不断改良活字的材料，铜活字、锡活字、铅活字等陆续出现，都取得了不错的印刷效果。如南宋初年担任过丞相的周必大就曾使用活字印刷术印刷书籍。元代的王祯在他的《农书》中附有《造活字印书法》一文，文中记录了他对活字储存、拣选方法的改进。为了提高工人拣字排版的效率，他发明了一种“转轮排字盘”，将活字分别排放在两个可以转动的大轮盘上，一个轮盘称“韵轮”，按字韵排放活字，另一个称为“杂字轮”，排放一般的杂字和使用频率较高的字。在进行排版工作时，一个人读取所需活字上的号码，另一个人坐在两轮之间，转动轮盘拣取所需要的活字，这样就缩短了排版所需的时间，使活字印刷的效率进一步提高。

德国发行的谷登堡邮票

谷登堡是欧洲发明活字印刷术的第一人。

活字印刷术发明以后，很快就传播到邻近的亚洲各国，如朝鲜、日本等。毕昇发明的活字印刷术对后世知识的传播产生了很大的影响，毕昇也成为举世公认的用活字印书的第一人。（王　钊）

唐代初年印制的中文梵文对照《陀罗尼经咒》

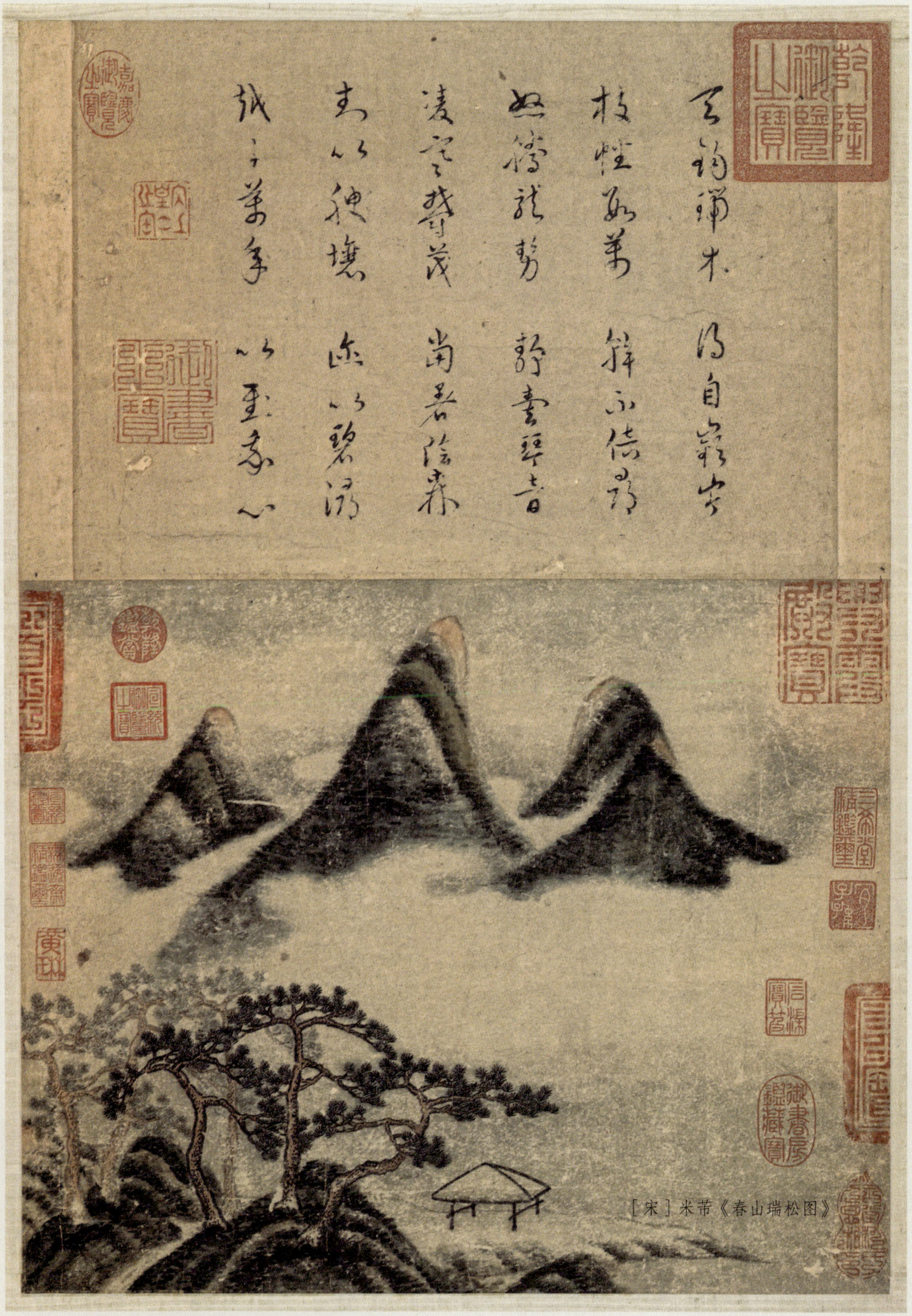

[宋]米芾《春山瑞松图》

司马光编撰《资治通鉴》

司马光反对王安石变法，在政治上是一个保守派。可是，他编了一部历史巨著《资治通鉴》，在学术上是一位有重大贡献的历史学家。

谦谦君子少年始

司马光是陕州夏县（今属山西）人，他出生时，父亲正在光山做官，便给他取名“光”。司马光从小就很聪明机灵，“司马光砸缸”的故事流传至今，成了家喻户晓的佳话。

司马光博学强识，为人正直。他从六岁起开始读书。七岁那年，老师讲《左传》，他听得津津有味，回家以后，讲给家里人听，讲得头头是道，家里人都很惊奇。这部书对他的影响很大，从此他对历史产生了浓厚的兴趣。

司马光画像

司马光（1019—1086），北宋政治家、史学家，著有《资治通鉴》《司马文正公集》《稽古录》等。其中，《资治通鉴》是我国第一部编年体通史，它与司马迁的《史记》并列为我国史学的不朽巨著，对后世产生了重要影响。

[明] 仇英《独乐园图》

初修《通志》显才华

司马光二十岁那年，考中进士做了官。他继续刻苦学习，一有空就钻研历史。后来他的父母相继去世，按照礼制，司马光要回家服丧三年。居丧结束后，他继续仕宦生涯。在居丧和工作期间，司马光阅读了大量的典籍，写了许多有价值的文章。他发现自古以来的历史著作非常多，一个人即使花一生精力，也很难读完。他想，要是有一部系统完整的通史能供读书人学习，那该多好啊！

经过反复思考，司马光决定自己动手，写一

部简明扼要的编年体通史。他对人说："春秋以来，至今已有一千多年，从《史记》到《五代史》，合起来有一千五百卷，读书人读好多年也读不完，读了一辈子，也讲不出大略情况。我想写一部历史书，从战国开始，到五代为止，用左丘明（《左传》的作者）等人的编年体裁，搜集各种各样的说法，写成一家之言。"

体裁确定了，他先编了一部从战国到五代的大事年表，对历代的治乱兴亡做了扼要的叙述，书名叫《历年图》。这可以看作他后来写作《资治通鉴》的大纲。接着，他又花了两年时间，按照时间顺序，把周、秦两代的历史编成八卷，书名叫《通志》，这也就是后来《资治通鉴》的前八卷。

皇皇巨著

治平三年（1066年），司马光把《通志》进呈宋英宗。宋英宗也爱读历史，看了之后大为赞赏。他下了一道圣旨，命司马光把这本书继续编撰下去，还决定设立一个书局作为编写机构，协助司马光编书，让司马光自己挑选编写人员，并准许他借阅官府的藏书。

广西桂林龙隐岩《元祐党籍》石刻

宋徽宗在位时，任用蔡京为相，主张恢复王安石新法，将反对变法的司马光、文彦博、苏轼、黄庭坚等309人列为“元祐党人”，并将他们的名字刻在石碑上，称为“元祐党籍碑”。列入元祐党籍之人永不录用，子孙也不许参加科举考试。现存元祐党籍碑共有两块，其中一块就是图中位于广西桂林东七星山龙隐岩的摩崖石刻。

司马光高兴极了，马上成立书局，邀请了当时著名的史学家刘恕、刘攽（bān）和范祖禹三人做助手，共同编写通史。后来，他的儿子司马康也进入书局，负责检阅文字的工作。

书局成立不到一年，宋英宗就去世了。继位的宋神宗对历史也很有兴趣，很想了解一点历史，司马光就把《通志》读给他听。宋神宗大加赞赏，认为这部书讲述了历代王朝的兴衰，可以帮助帝王治理天下；同时，书中记载的历史，又好像一面镜子，可以供人们对照借鉴。因此，宋神宗把书名改为《资治通鉴》。“资治”是帮助治国的意思；“鉴”是指镜子，含有警戒和教训的意思。后来，人们就把《资治通鉴》简称为《通鉴》。

为了编写这部书，司马光和助手付出了辛勤的劳动。每一段历史，都由助手先搜集资料，按照年代顺序，编成“丛目”，然后把“丛目”编写成“长编”作为草稿。编写时尽可能旁征博引，

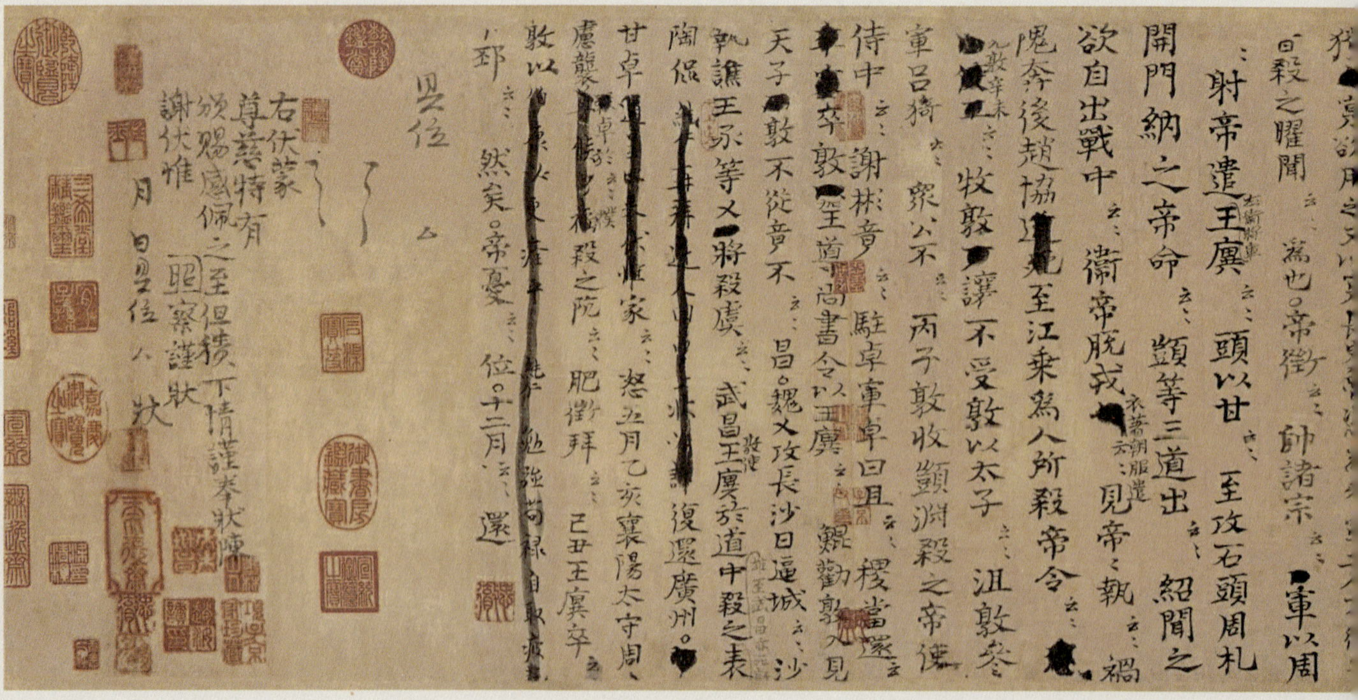

一件事常常由三四处史料记载相互印证。最后由司马光进行考证鉴别，并对草稿进行删减、修改、润色、定稿。例如，唐史部分初稿多达六七百卷，定稿时只剩下八十一卷。单是这样一个例子，就可以看出他们工作的艰巨了。

当时这部书的全部初稿，据说足足堆了两间屋子。司马光的案头，手稿堆积如山，他一刻不停地埋头写作，经常忙到深更半夜才睡。怕自己睡过头，他还特地制作了一个容易滚动的圆木枕头，只要一翻身，枕头就会滚掉，他也就惊醒了。他把这个枕头称为“警枕”，用来警诫自己不要睡得太久，以免影响读书写作。

元丰七年（1084年），《资治通鉴》的编写工作终于完成了。《资治通鉴》上起战国韩、赵、魏三家分晋，下至五代后周政权灭亡，记载了从周威烈王二十三年（前403年）到后周显德六年（959年）共1362年的历史，按年代编成294卷。

司马光砸的是“缸”吗

司马光砸缸的故事家喻户晓。据说司马光小时候，有一次和小伙伴们在后院里玩耍，有个小孩爬到一口大水缸上，不小心掉了进去。别的孩子都吓得跑开了，司马光急中生智，从地上捡起一块大石头向水缸砸去。水缸破了，水流了出来，那个孩子得救了。

但有学者考证，宋代的水缸下窄上宽，敞口，形制并不巨大，水缸的深度不足以淹死孩童。而这个故事的最早记载，见于宋人笔记，其中提到，司马光以石“击瓮”。瓮的形制与缸有些类似，也是大肚，但瓮口窄小，若不慎落入其中，较难逃脱。

有专家由此推断，司马光砸的并不是缸，而是“瓮”。“缸”“光”押韵，又都是开口音，朗朗上口，因此，“司马光击瓮”最终演变成“司马光砸缸”。司马光砸的究竟是“缸”还是“瓮”，至今尚无定论，但他的智慧和果敢值得我们学习。

这部巨著有300多万字，它取材广泛，引用了300多种参考书，其中不少书现在已经失传，所以具有很高的史料价值。

司马光为此书付出了毕生精力，成书不到两年，他便积劳而逝。《资治通鉴》全书删改定稿、修改润色全由司马光一人完成，所以《资治通鉴》虽是集体编写，但行文、体例却很一致，文字优美，故事生动，不但具有很高的史料价值，而且具有相当高的文学价值，是我国古代史学史上的一座里程碑，也是我国文化宝库中一颗璀璨夺目的明珠。由于司马光编纂《资治通鉴》在史学史上做出了重大贡献，因此，人们把他和写作《史记》的司马迁合称为“两司马”。（李　君）

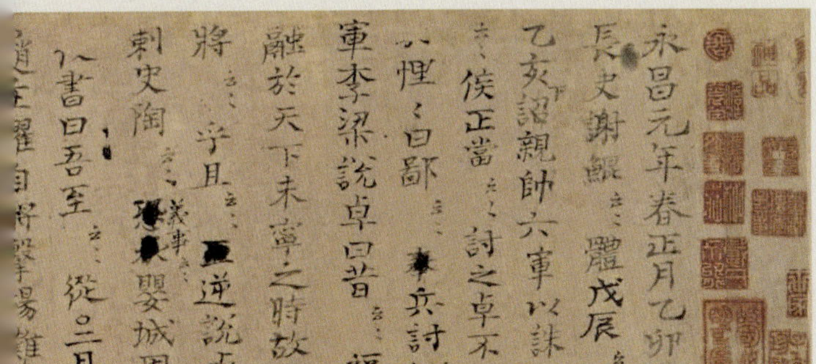

《资治通鉴》手稿

这是一篇“草”稿，但毫无潦草之意，一笔一画一丝不苟。用楷书打草稿并非司马光一时心血来潮，黄庭坚曾说，他见过《资治通鉴》数百卷手稿，虽然有很多涂改、增补，但没有一个字是潦草的。

宋汝窑青瓷莲花式温碗

汝窑是宋代著名瓷窑，所产汝瓷深受宋徽宗等统治阶层的喜爱。汝窑瓷器造型古朴大方，釉面温润如玉，大多呈天青、天蓝色，宋徽宗曾将汝瓷的颜色形容为“雨过天青色”。汝窑的烧制持续时间不长，传世器物非常稀少，历来都被宫廷和收藏界视若珍宝。

张载与“横渠四句”

张载是北宋理学五子之一。因为他常年在凤翔郿县（今陕西眉县）横渠镇讲学，世称“横渠先生”。张载曾提出著名的“为天地立心，为生民立命，为往圣继绝学，为万世开太平”，被称为“横渠四句”，激励着千千万万的读书人。

少喜谈兵，弃武从文

张载字子厚，他从小天资聪颖，志气不群，喜欢谈兵论武。他的父亲张迪在涪州（治今重庆涪陵区）为官，勤政爱民，深受当地百姓爱戴。张迪非常重视儿子的教育，对张载言传身教，张载十岁时就让他跟随外傅外出学习。不幸的是，张载十五岁时，父亲在涪州任上病逝，这对他打击很大，十五岁的少年早早就挑起了家里的重担。

宋仁宗康定年间（1040—1041），宋朝西北边境不断遭到西夏的袭扰，朝廷退让求安，向西夏“赐”绢、银和茶叶等大量物资，以换取暂时的和平。年少气盛的张载向当时任陕西经略安抚副使、主持西北防务的范仲淹上书《边议九条》，陈述自己的见解，打算组织力量夺回被西夏占领的失地，为国家建功立业。

张载画像

范仲淹召见了年轻的张载，对他大加赞赏。但范仲淹认为张载并不适合做武将，他劝张载说：“你作为一个儒生，应当潜心研究儒学，为什么要去舞枪弄棒呢？”范仲淹还勉励张载认真研读儒学经典《中庸》，多在儒学研究上下功夫。张载听从了范仲淹的劝告，不仅刻苦研读《中庸》，而且还读了许多佛、道两家的著作，逐渐建立了自己的学说体系。

> **外傅**
>
> 古代贵族子弟到一定年龄外出就学，所跟从的老师称为“外傅”，这是相对于在家教学的“内傅”而言的。

信服二程，辍讲易学

嘉祐二年（1057年），张载到京城参加科举考试，当时欧阳修是主考官。结果，张载与苏轼、苏辙一起中了进士。张载在东京讲《易经》，前来学习的人非常多。这期间，张载遇到了他的表侄程颢、程颐兄弟，并虚心聆听了二人对理学和《易经》的见解。张载听了程颢、程颐二人的讲解后，感到自己对《易经》的学习和领悟还不够。于是，他对前来听讲的人说：“程颢、程颐二人对《易经》的理解和领悟比我深刻得多，我还达不到他们那样的程度，你们以后可以向他们请教关于《易经》的问题。”随后便不再讲授《易经》。

张载对待学问的诚实态度，使得二程在京城名声大振。在同二程谈论理学的主要义理后，张载颇为自得地说道："我已经求得儒学的真正道义，何必再舍近求远，大费周章地研读其他学问呢？"于是，他抛弃了曾经研习过的佛、道等各家学说，专心致志地研习儒家学问，并撰写了《易说》。高中进士之后，张载辗转各地，历任祁州司法参军等职务。

婉拒变法，隐退苦读

宋神宗熙宁二年（1069年），当时的御史中丞吕公著十分钦佩张载的学问，向宋神宗推荐了张载。吕公著称赞张载学问根基深厚，各个地方的学者都以他的学问为标准。宋神宗召见张载时，询问他治国理政的方法，张载说："治理国家如果不效法夏、商、周三代，终将是苟且之道，不能使国家长治久安。"宋神宗听了非常满意，任命他为崇文院校书。

陕西眉县横渠镇张载祠

张载祠原是张载晚年读书、讲学之地，张载去世后，人们为了纪念他，将此改名为"横渠书院"，后来又建成张载祠，又称张子祠，是关中十八景之一。

> 富贵福泽，将厚吾之生也；贫贱忧戚，庸玉汝于成也。
>
> ——［宋］张载

当时正值王安石主持变法，变法过程中遇到了许多问题，王安石亟须从张载这样的大儒那儿获得支持。一天，王安石见到张载，对他说："朝廷正在推行新政，我觉得难以胜任，想请您帮忙，不知您意下如何？"张载引用孟子"教玉人琢玉"的典故委婉地拒绝，说道："您若与人为善，那么别人也会以同样的善意回报您；如果像教导玉工雕琢玉器那样，叫人放弃自己的平生所学，按照您的想法来，那肯定会有不听从命令的人。"听了这话，王安石很不高兴。

后来，时任监察御史的张载胞弟张戬因反对王安石变法被贬官，张载便以身体有病为由，也辞去官职回到横渠镇，潜心研究学问，著书立说。

回到横渠后，张载废寝忘食地读书、做学问。他常常在家正襟危坐，低头读书，抬头思考，一旦有所得，立刻用笔记下来。有时夜里睡觉，睡

北宋理学五子

北宋五子即"北宋理学五子"，指的是北宋时期的周敦颐、邵雍、张载、程颐、程颢，他们是宋明理学的理论奠基人。

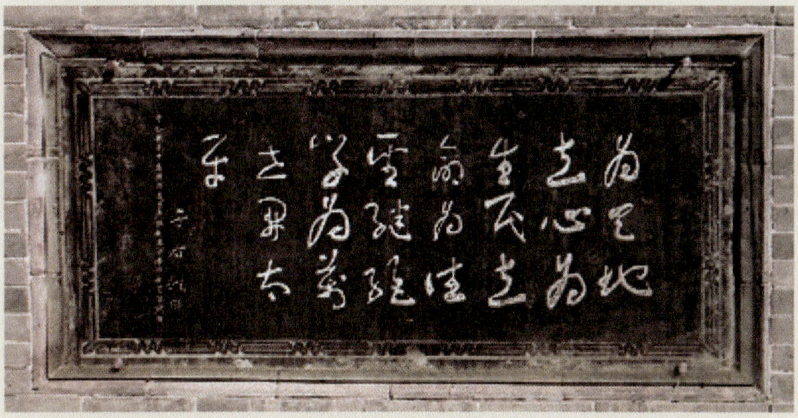

张载祠内的石碑

上面刻有于右任手书的“横渠四句”。

着睡着张载突然领悟了什么道理，他就立即点上蜡烛记录下来。

在此期间，张载授徒讲学，创立了关学（张载创立的理学学派）的体系，还撰写了《东铭》《西铭》《经学理窟》《正蒙》等著作。他还带领学生恢复周礼，大力推行古代的“井田制”，实践自己的理学主张。

熙宁九年，经秦凤路守帅吕大防的极力推荐，张载被宋神宗任命为同知太常（礼部的副职）。张载怀揣着理想，大力推行古代的礼制，但不被认可，各种举措都难以施行，十分孤立。加上当时他身患疾病，便想辞官回家。

熙宁十年十一月，张载再度辞官回家。行至临潼时，当晚张载住在一家馆舍，沐浴后更衣就寝，第二天一早便被发现与世长辞。一代大儒就此离世，临终时只有一个外甥在他身边。

横渠四句，历久弥新

作为北宋一代名儒，张载曾提出我们耳熟能详的四句名言，即：为天地立心，为生民立命，为往圣继绝学，为万世开太平。这四句话被后人称作“横渠四句”。“横渠四句”大致的意思是：为天地定立生生不息的仁义之心，为天下百姓创立生命存在的价值之道，为孔孟先儒承继儒学发展的道统血脉，为天下后世开辟国强民富的太平基业。

“横渠四句”是张载一生为学的归宿，也是他的思想精髓所在。“横渠四句”为读书人指明了实现自身人生价值的重要途径，它所体现的深刻哲理和磅礴气势，是中华民族宝贵的精神财富。千百年来，“横渠四句”激励着无数仁人志士奋进向学，它是张载对中国古代思想文化的重要贡献。（李　涛）

宋建窑曜变天目碗

宋四大书

宋太祖和宋太宗都酷爱读书，尤其是宋太宗，更是手不释卷，大力搜集藏书。太平兴国年间（976—984），宋太宗下诏，命令大臣利用宫廷藏书，汇编为各种大规模丛书和类书，《太平御览》就是其中之一。《太平御览》是一部类书，性质和今天的百科全书相似，全书共一千卷，引用了多种来自古今图书和文章中的资料，是当时规模最大的类书。传说书成之后，宋太宗每天都要看三卷，又因此书编于太平兴国年间，故赐名《太平御览》。《太平御览》与《太平广记》《册府元龟》《文苑英华》并称为“宋四大书”。这四部书中，有三部都是在宋太宗时编撰完成的，只有《册府元龟》是宋真宗时修撰的。

二程兄弟

“二程”是北宋程颢（hào）、程颐（yí）兄弟俩的合称。他们是洛阳人，哥哥程颢，人称“明道先生”，弟弟程颐，人称“伊川先生”。他们兄弟二人是北宋著名的理学家、教育家，也是理学的奠基者。因为二人是洛阳人，所以他们创立的学派被称为“洛学”。他们的理学思想，后来被朱熹继承和发展，世人称之为“程朱学派”，对后世影响极大。

上天眷顾的“幸运儿”

程颢出生于宋仁宗明道元年（1032年），程颐出生于明道二年，兄弟俩仅相差一岁。他们的父亲程珦（xiàng）是北宋的一名地方官，做官、做人、做学问都非常出色；母亲姓侯，出自书香门第。程珦与妻子侯氏共生了六个孩子，其中五个男孩、一个女孩，但活下来的只有程颢和程颐兄弟两人，其他子女都夭折了。

哥哥程颢小时候非常聪明，有一次叔祖母（父亲的叔母）抱他玩耍，小程颢不小心弄掉了她别在发髻上的一支钗，她当时并没有发觉。过了好几天，她才发觉自己丢了一支钗，可怎么也找不到。程颢当时还很小，不会说话，便用小手指着首饰丢失的地方，叔祖母顺着程颢所指的地方去找，果然找到了。

程颢画像

虽然兄弟俩逃过了夭折的厄运，健康地成长，是上天眷顾的幸运儿，但母亲侯氏并未因此溺爱孩子，反而对他们要求十分严格。父亲程珦觉得两个孩子能活下来十分不容易，就比较宠爱孩子，在孩子犯错遭到妻子责骂时，程珦常为孩子打掩护。为此，侯氏对程珦说：“孩子长大后如果品行不好，是因为做母亲的替他们掩盖错误，而他们的父亲却不知道。”程珦深以为然。

兄弟俩小时候学走路，难免会摔倒。一旦摔跤，家里的大人立即上前把他们抱起来，怕他们啼哭。侯氏看到了，阻止家里人说道：“如果他们慢慢走，又怎么会跌倒呢？应该让他们自己爬起来。”每次吃饭时，她总是让两个孩子坐在自己的身边，当孩子挑食时，她就严厉地批评说：“小时候贪图美味佳肴，长大以后怎么能行呢？”

程颢、程颐兄弟俩在母亲的严格教育下，勤奋学习，毫不在意外在的物质条件，十分节俭。

程门立雪

当时已经是进士的杨时十分钦佩程颐的学问和为人，为提升自己的学问，便和朋友游酢（zuò）去拜访程颐。到了他家之后，程颐正好在闭目静坐，他们不好意思打扰，就在门外等候。当时外面正下着大雪，天气寒冷，可两人并没有因此离开，而是十分恭敬地在门外一直等候。等程颐醒来，发现他们二人还在外面等候，此时的积雪已经有一尺多厚了。程颐非常吃惊地说：“你们两个怎么还没有离开呢？”他为这两个人的求学精神所感动，便收他们做学生，这就是广为传颂的“程门立雪”的故事。

周敦颐其人

周敦颐（1017—1073），字茂叔，号濂溪，世称“濂溪先生”，是北宋著名的理学家，理学的创始人之一。他提出的太极、理、气、性、命等理学概念，成为宋明理学的基本范畴。他的散文《爱莲说》是后世广为传诵的咏莲名篇。

周敦颐画像

他们十几岁时跟随理学创始人之一的周敦颐学习，学问进步很快。程颢二十六岁时就考中进士，这在中榜率极低的宋代是非常不容易的。程颐虽然没考上，但学问进步也很快。

退隐讲学，创立“洛学”

程颢考中进士之后，先后做过县城主簿、监察御史等官职。监察御史的主要职责是规劝皇帝、纠察朝中官员的不当行为。这样的官职对于士大夫来说是很难做的，很容易得罪人，尤其是要规劝皇帝，更加困难。俗话说，“伴君如伴虎”，要想规劝皇帝，稍有不慎，就会招来祸患。因此，为了保全自己，很多监察御史在履行职责时，通常只是走过场而已，并不会真正违逆皇帝的意思，对皇帝进行规劝。然而程颢性格比较刚直，做事严谨，宋神宗每次召见他，他都直言直语说很多。好在宋神宗很欣赏程颢的才华，每次召见他都说：“你要经常来，朕想经常见到你。”

有一次，宋神宗和程颢就如何加强官员的道德修养议论了很长时间，程颢说了很多，想用自己的诚意感动皇帝，希望皇帝能时时警惕自己一些不好的欲念。由于他说话的兴致很高，不知不觉就过了正午吃饭的时间。等程颢退出大殿时，等在一旁的皇帝侍从一脸不高兴地对程颢说：“御史不知道皇上还没有吃午饭吗？”程颢这才意识到自己耽搁了这么久。

程颢在担任御史期间，因为反对王安石变法，屡屡遭到调任和贬官，于是他长期住在洛阳，讲学收徒，传授儒家学问。

学贵信，信在诚。诚则信矣，信则诚矣。不信不立，不诚不行。

——《二程集》

程颢的弟弟程颐人生轨迹跟他有很多相似之处。程颐年少聪颖，勤奋好学，十八岁时就向皇帝上书，规劝宋仁宗要“废除世俗的言论，以实行仁政的王道为核心”，但并没有得到宋仁宗的重视。

嘉祐元年（1056年），程颐在太学（古代中国最高的国立学府）读书时，当时主管太学的胡瑗（yuàn）让学生以“颜子所好何学”为题写一篇文章。颜子即颜回，是孔子最有名的学生之一，德行高尚，学问广博，他所喜好的是什么样的学问呢？程颐写了篇《颜子所好何学论》，文章开头便指出，颜子一生追求的，是达到圣人的道德和境界。那么，圣人的道德境界是什么样的呢？程颐接着说，人得到了天地之间最好的精气，如果能够做到中正、诚实，就达到了圣人的境界。所以

程颐画像

颜子所喜好的是：不符合礼制规范的东西不看，不符合礼制规范的声音不听，不符合礼制规范的话语不说，不符合礼制规范的行为不做。胡瑗看了程颐的文章之后，对程颐的才学非常叹服。

后来，程颐参加了科举考试，在廷试时没有被录取，他便放弃了科举考试，转而与哥哥程颢一起在洛阳讲学。他们长期在洛阳居住、讲学，因此他们的学派也被称作“洛学”。

理学发轫，影响后世

元丰八年（1085年），宋哲宗即位，司马光执政，程颢被召入京做官。还没来得及赴任，程颢便因病离世了，年仅五十四岁。第二年，程颐也由司马光等人举荐，被宋哲宗任命为“崇政殿说书”，主要工作是向皇帝解释儒学经典的义理，相当于皇帝的老师。在为宋哲宗讲课时，程颐对社会各种不良现象敢于直言批评，从不担心因直言而遭到打击和报复。当时很多读书人被程颐这种学问精深、敢于直言的精神所打动，追随他求学的学生越来越多，他的名气也越来越大。后来由于新、旧两党不断争斗，程颐逐渐脱离了政治生活，继续从事讲学活动，直到七十五岁在洛阳去世。

二程的思想有许多共通之处，他们都以“天理”为最高的哲学范畴，主张“理即是道”。因此，他们开创的理学也被人们称为“道学”。二人的思想略有不同，程颢更加强调内心的静养，也即“识仁”和“定性”，这一思想对后来的陆九渊、王阳明的“心学”影响很大；而程颐更多强调由外知体验内知，主张“去人欲，存天理”，反对寡妇再嫁，认为“饿死事极小，失节事极大”。

二程的思想后来被朱熹继承并发展，由此形成了“程朱学派”，在中国历史上影响巨大，曾长期占据思想上的统治地位。（李　涛）

颐和园长廊彩画《茂叔爱莲》

文坛巨匠苏轼

宋代大文豪苏轼，与父亲苏洵、弟弟苏辙同列“唐宋八大家”，人称“三苏”。苏轼在诗、词、散文、书、画等方面成就卓绝，留下了许多脍炙人口的名篇佳作。“风物长宜放眼量”“不畏浮云遮望眼”，苏轼旷达、乐观的精神，对塑造中国人达观进取、乐天内洽的品格起到了重要作用。

元代赵孟頫绘制的苏轼画像

青年才俊名满京城

景祐三年十二月（1037年1月），苏轼出生于眉州眉山（今属四川）。父亲苏洵给他起名“轼”，意思是车前的扶手，取其默默无闻却身担重任、不可或缺之意。这代表了父亲对他最美好的祝愿。

苏轼的父亲苏洵是宋代著名文学家，以文章著名于世。在苏洵的言传身教之下，苏轼、苏辙兄弟俩从小就受到了良好的教育。

嘉祐二年（1057年），苏轼到京城参加科举考试。他在应考中写了篇名为《刑赏忠厚之至论》的作文，其清新洒脱的文风深得主考官欧阳修的赞赏。欧阳修说苏轼不仅善于读书，而且善于运用所学的知识，日后必定会独步天下。这一年，苏轼和弟弟苏辙一同高中进士。欧阳修是当时的文坛领袖，他的称赞使得苏轼父子三人名声大振，一时之间苏家父子誉满京城，形成了“三苏文章动天下”的盛况。

苏门四学士

苏轼在当时文坛享有极高的声誉，有许多优秀的青年人围绕在他周围，与他相交，互相唱和，其中最出名的是黄庭坚、秦观、晁补之、张耒（lěi），四人合称“苏门四学士”。再加上陈师道和李廌（zhì），合称“苏门六君子”。

“一肚皮不合时宜”

一举高中之后，苏轼的仕途却并不顺利。同年四月，苏轼的母亲程氏去世，苏轼和父亲及弟弟回乡丁忧。丁忧结束后，苏轼做过一段时间的小官。后来父亲苏洵病逝，他又回家守丧三年。熙宁二年（1069年），守丧结束后，苏轼回到朝廷任职。当时正值王安石主持变法，苏轼因反对革新派的一些激进措施，受到革新派的打压，被外放到地方做官。在地方任职时，苏轼勤政爱民，革除了许多弊政，颇有政绩。然而就在此时，发生了一件改写苏轼人生的大事件——乌台诗案。

元丰二年（1079年），苏轼被派往湖州任知州。上任后，他给宋神宗上了一封《湖州谢表》。这本是例行的公事，但苏轼是文人，笔端难免带了些个人感情，文中发了几句牢骚。结果新党抓住这个把柄，说他讽刺朝廷，对皇上不忠。宋神宗本不愿追究，但御史们众口一词地围攻苏轼，他们还从苏轼的其他诗词里挑出他们认为隐含讽刺意思的句子。宋神宗只好下令，命御史台派人将苏轼押解进京审问。

[宋] 苏轼《黄州寒食诗帖》(局部)

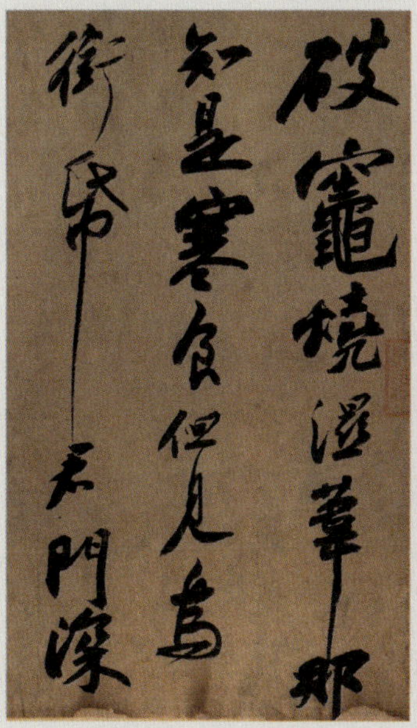

御史台又称“乌台”，因汉代御史府内遍植柏树，柏树上常有乌鸦栖息，因此御史台又被称为“乌台”。苏轼因诗、文被陷害入狱，关在御史台的监狱受审，因此此事也被称为“乌台诗案”。

苏辙画像

受到这样的沉重打击，苏轼以为自己此次必死无疑，在狱中写下了诀别诗。与此同时，苏轼的亲友们也在想方设法营救他。弟弟苏辙上书朝廷，愿以自己的官职赎兄长的罪；一些反对变法的朝廷大臣力谏宋神宗不要杀苏轼，支持旧党的太皇太后曹氏也替苏轼求情。就连变法派中的一些有识之士也在设法营救苏轼。王安石当时已经退居江宁，他也上书给宋神宗说：“哪有盛世杀文人的啊！”

在众人的努力下，苏轼被从轻发落，贬到黄州（治今湖北黄冈）做了一个没有实权的清闲小官。说是小官，实则是被看管起来，并没有自由。在黄州期间，苏轼生活困顿，精神上也十分苦闷。他在黄州城东的山坡上开荒种地，补贴生计。他给这块坡地取名“东坡”，并自号“东坡居士”。此时的苏轼在历经劫难之后，看淡了官场，将生活的趣味更多地转向了自然。

元丰八年（1085年），宋神宗去世，他的儿

人有悲欢离合，月有阴晴圆缺，此事古难全。但愿人长久，千里共婵娟。

——[宋]苏轼

子赵煦继位，是为宋哲宗。辅佐宋哲宗处理政事的高太后废止了新法，新党纷纷被贬出京，而原来反对王安石变法的司马光被任命为宰相。此时，苏轼又重新受到朝廷起用。但正直的苏轼看到新法被尽数废除后，又向朝廷提出建议。他反对新党变法中的激进措施，也不赞同守旧派的因循守旧，对旧党执政后的一些腐败现象进行了抨击，结果引起了旧党的不满。于是，“一肚皮不合时宜”的苏轼既不容于新党，也不被旧党信任，遭到新旧两党的夹击，再度被外放到地方做官。苏轼被一贬再贬，从杭州、颍州、扬州、定州到惠州、儋州，后来他在遇赦北归途中，病逝于常州。

此“赤壁”非彼“赤壁”

《赤壁赋》中的“赤壁”实际上位于今湖北黄冈西北江滨，也叫“赤鼻矶”。这里的山形截然如壁，有赤色，因此被称作“赤壁”，也叫“黄州赤壁”，是苏轼当年游览之处。根据宋人的笔记记载，苏轼其实明确知道此“赤壁”并非三国古战场的赤壁，他只是兴之所至，借题发挥。

旷达的文风与“文不择地”

苏轼作为“唐宋八大家”之一，他的文章代表了北宋古文运动的最高成就。他虽然一生历经磨难，但并没有因此而消极厌世，反而对人生更加豁达超脱。他对社会的看法、对人生的思考都体现在他的文学作品中，逐渐形成了旷达的文风。

苏洵画像

苏轼的父亲苏洵也是唐宋八大家之一。苏洵少时喜欢游山玩水、结交朋友，蹉跎了不少大好时光，到二十七岁时才开始发愤读书，最后大器晚成，成为北宋著名的文学家。他的事迹被写入中国古代著名儿童教材《三字经》里：“苏老泉，二十七，始发愤，读书籍。”在苏洵的言传身教之下，苏轼、苏辙兄弟俩后来都取得了卓绝的成就。

俗话说，“文如其人”。苏轼一生共创作了四千余篇文章，其中不乏流传千古的佳作。这些佳作是如何创作的？苏轼在《文说》一文中表达了自己关于作文的真知灼见，他说：“吾文如万斛泉源，不择地皆可出。……及其与山石曲折，随物赋形而不可知也。”他通过这篇小品文告诉我们，文学才思无须勉强，也半点勉强不得。“不择地而出”“随物赋形”可说是他对自己写作经验的最佳总结。这一方面显示了他对自己文章的自信，另一方面也说明了苏文的特色，即在“自然”与“规矩”中形成巧妙的平衡。

才华横溢的苏轼，对于传统古文的各种体裁都很擅长，政论、随笔、游记、小品等，仿佛信手拈来，一气呵成。其中，《赤壁赋》《后赤壁赋》

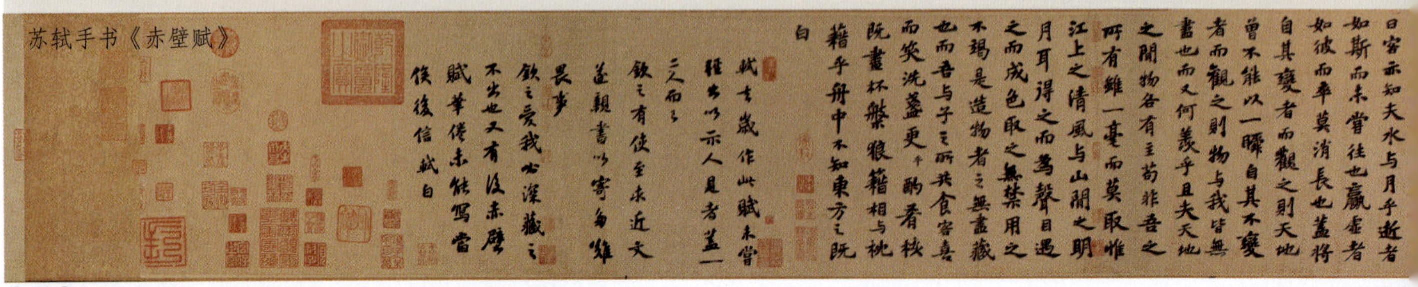

苏轼手书《赤壁赋》

两篇，是苏轼较有代表性的作品。

元丰五年七月十六晚上，因乌台诗案而被贬到黄州的苏轼携好友杨世昌，驾着小舟游览黄州赤壁的美景。伴着月色，他们饮酒吟诗，吹箫唱歌，好不快活。在此情景下，苏轼创作了《赤壁赋》。

他由月夜摆舟游览的舒畅，写到怀古伤今的悲咽，再以达观的精神解脱结尾，情韵深致，理意透辟，读来让人流连忘返，仿佛置身于作者营造的美好世界之中。此文也成为流传千古的佳作。“寄蜉蝣于天地，渺沧（浮）海之一粟；哀吾生之须臾，羡长江之无穷……”时间是无穷尽的，个人乃至整个天地在时间面前都是转瞬即逝的。那人生真的是有限的吗？苏轼用优美的文字诠释了自己豁达的宇宙观和人生观，那就是：人是一个有限与无限、有形与无形的统一体。从不变的角度看，天地和人类都是无穷尽的，天地万物各有其主，不必强求，人应当徘徊于天地之间自得其乐，从人生无常的怅惘中解脱出来，随缘自适。

古之立大事者，不唯有超世之才，亦必有坚忍不拔之志。

——［宋］苏轼

［明］杜堇《题竹图》

图中画有一名文士头戴高冠，身穿广袖长袍，手执毛笔，在竹上题诗。大文豪苏轼一向爱竹，不但喜欢赏竹，还爱画竹、咏竹，并常常将咏竹之诗题于竹上。从此图的主题来看，图中文士应当就是北宋著名诗人苏轼。此画线条细劲流畅，人物神态潇洒，流露出一股放逸、秀雅的情致。

文艺创作的全才

苏轼是一名多才多艺的艺术家，除了文章以外，他在诗、词、书法、绘画、文学批评等各个艺术领域都取得了非常高的成就。

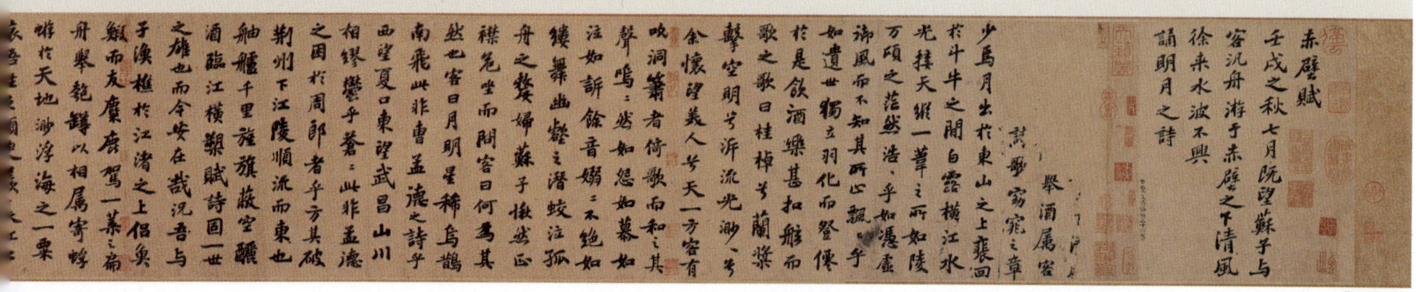

东京梦华

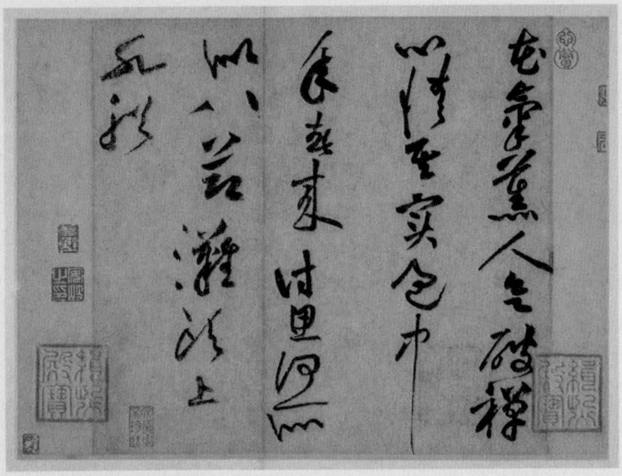

黄庭坚手书《花气薰人帖》

苏轼、黄庭坚、米芾和蔡襄是宋代著名的四位书法家，合称“宋四家”。黄庭坚的这幅作品字数不多，尺幅不大，笔法随意自在，是不可多得的书法小品佳作。

苏轼一生创作了两千六百多首诗歌，在北宋诗人中以规模庞大而著称。苏轼的诗歌内容广阔，风格多样，或写景记游，或咏史忆人，或酬唱应和，或谈玄说理，或论诗题画，无所不包，其中不乏抒发人生感慨、歌咏自然景物的诗篇。当然，苏轼的诗歌也免不了宋诗重理趣、好议论的特征。例如，他在《题西林壁》中写庐山：“横看成岭侧成峰，远近高低各不同。不识庐山真面目，只缘身在此山中。”就体现了宋诗“好议论”的特点。但苏轼的议论与美丽的景色描写相结合，也会产生奇妙的效果。而他独到的见解颇具哲学意

味，往往能够给人启迪，耐人寻味。他的诗歌与黄庭坚齐名，二人并称“苏黄”。

在宋词的创作革新中，苏轼也做出了开创性的贡献。从历史的角度而言，苏轼在词作方面的贡献甚至超过了诗歌和文章。他对词进行了全面革新，扩大了词的表现领域。词作原本内容以儿女情长为主，风格婉丽，苏轼则将人生的众多题材，广泛地引入到词作中，提高了词的表现力。苏轼的词也抒情，但风格豪迈，感情强烈。他改变了传统词作的柔美风格，让自然豁达而富有生命力的进取精神走进词的世界，从而突破了词为“艳科”的传统格局，提高了词的文学地位。苏轼开创了宋词豪放派，使词从音乐的附属品转变为一种独立的抒情诗体，从根本上改变了词式的发展方向。苏轼也创作了许多脍炙人口的词作，像《念奴娇·赤壁怀古》苍凉悲壮、慷慨激昂，《水调歌头·丙辰中秋》境界壮美、情韵兼胜，它们都是千古吟诵的名篇。

莫听穿林打叶声，何妨吟啸且徐行。竹杖芒鞋轻胜马，谁怕？一蓑烟雨任平生。

——［宋］苏轼

此外，苏轼还是一名大书法家，他擅长写行书、楷书，在宋代四大书法家中位列第一。苏轼也是一名大画家，他擅长画墨竹，重神似而轻形似，并大力提倡文人写意画，为后世文人画的发展提供了理论基础。

苏轼的文学作品在当时闻名遐迩，在辽、西夏都广受欢迎，辑录其诗文作品的《眉山集》刚出版不久，辽朝的书坊就有翻刻发行。高丽也有苏轼的大量仰慕者，有人给自己取名“金富轼”来表达对偶像的崇敬。

苏轼这位天才的文学巨匠，堪称宋代文学最高成就的代表，在他身上，典型地体现了宋代的文化精神。他广泛地影响了后世的人们，也因此受到了普遍的热爱。（马斗成 陈伟平）

［宋］苏轼《枯木怪石图》

画卷中，枯木与怪石构成了整个画面。画家用笔着墨不多，不追求形似，却又潇洒自在，表达了画家的内心世界。

钱乙与《小儿药证直诀》

钱乙是北宋时期著名的儿科医学专家，他留给后世的《小儿药证直诀》是中国现存的第一部儿科专著，对中医儿科学及中医基础理论的发展产生了深远的影响。因此，人们把钱乙奉为儿科的鼻祖，尊称他为“儿科之圣”。

年少孤苦学医成

钱乙，字仲阳，他本是五代十国时吴越王钱俶的远亲，后来祖上迁居到郓（yùn）州（治今山东东平）。钱乙幼年时，父亲离家远游，此后一直杳无音信，而钱乙的母亲在他很小的时候就过世了。年幼的钱乙孤苦无依，由姑母抚养长大。姑父吕氏是一位精于医道的大夫，等钱乙年纪稍长，他便跟随姑父学习医术。钱乙聪敏好学，年纪轻轻就开始行医问诊。

大约在元丰年间（1078—1085），钱乙来到北宋都城东京开封府，他治好了长公主女儿的疾病，被授予翰林医学的官职。后来，有个皇子患了抽风病，钱乙进献了黄土汤的药方，皇子用了药之后很快便痊愈了。宋神宗召见钱乙，对他进行嘉奖，提拔他当太医丞，并赏赐他紫官服，佩金鱼袋。这样一来，钱乙的名声就更大了，皇亲国戚、公卿贵胄之家，每天都有找他看病的。

现代仿制的针灸铜人模型

天圣五年（1027年），宋仁宗指派医官王惟一制作了一具和真人大小相似的针灸铜人。针灸铜人内部注水，设有五脏六腑，外表面刻有穴位和穴名，以黄蜡封闭。练习者使用针灸铜人时，如果正确扎到穴位，就会有水流出，反之就没有扎入穴位。

妙手回春救苍生

钱乙博览医书，努力学习前人的方法，但不拘泥于某一种方法，而是结合自己的具体思考，博采众长，灵活创新。也正因如此，他的医术超乎寻常，有很多妙手回春的故事。

一次，有一位王爷的儿子患了病，上吐下泻。其他大夫诊断后，开了一些刚燥的药方，小王子的病情不但没有好转，反而又患上了气喘之症。钱乙诊断后说：“这病本来就是内热，伤到了脾脏，怎么能再使用刚燥之剂呢？这样的话孩子大小便都不通畅了。”钱乙针对患儿的病症开出了石膏汤的药方，王爷不信，拒绝了钱乙。过了两天，患儿的病情加重，王爷最终还是用了钱乙的药方，小王子才得以痊愈。

还有一次，一名孕妇生病了，别的大夫认为孕妇的病是胎儿引起的，孕妇需要堕胎。钱乙诊断后却说：“怀孕的人以五脏轮流护养胎儿，只要注意饮食卫生，按照受孕的月份补养、调理，就能安心待产。”孕妇用了钱乙的方法，后来果然母子平安。诸如此类的事例还有很多，钱乙医术之高明可见一斑。

钱乙一向怀有仁者之心，同情民间疾苦，一生都在治病救人。他身患顽疾，后来更是因自身病情辞去太医之职退隐田园，但他仍不辞辛苦地为百姓看病望诊。钱乙归隐之后，深居简出，除了为百姓看病，日常就在家读读书，记下自己的所思所想。每天到他家里寻医问诊的人络绎不绝，有的扶老携幼，有的背着婴儿。这些病人不论是附近的乡亲，还是自远方慕名而来的陌生人，钱乙都会无偿送药给他们。

钱乙千里寻父

钱乙年幼时父亲离家出走，东游海上一去不回。他在姑父、姑母的抚养教导下长大。等他成年后，姑父、姑母将他父亲的事情如实地告诉了他，钱乙痛哭流涕，向姑父、姑母请求外出寻父。他前前后后出去找了八九次，走了数千里，多年之后终于将父亲找了回来，那时他已经三十岁了。当地人被他的孝心打动，纷纷赋诗来歌咏他的事迹。钱乙迎回了父亲，同时也没有忘却姑父、姑母对自己的养育之恩，像对亲生父母一样孝顺他们。

一部医典遗后世

钱乙博学多识，尤以在中医儿科学方面的成就为后人所称道。儿科可以说是中医各科中最难的一支，一是因为小儿脉搏微弱，号脉之时又多惊啼，医生难以把握其脉象；二是因为小儿悲啼喜笑无常态，且又大多年幼无法言语，所以很难判断其病症。针对小儿患者的状况，钱乙在行医之时，多采用望诊的方法。他在行医的实践中逐渐总结出一套关于小儿病症治疗的理论学说，并在这一基础上发展了“脏腑辨证法”的理论，由此确立了自己在中医儿科学的专业地位。

钱乙行医几十载，著有《伤寒指微论》《婴孺论》《钱氏小儿方》等，可惜都已散佚。现存的《小儿药证直诀》是由钱乙的学生阎孝忠收集、整理他的医学论述编辑而成的。阎孝忠年幼时曾患重病，险些丧命，幸蒙钱乙救治才得以痊愈，因而对钱氏的医术推崇备至。后来他将收集到的钱乙关于小儿病症的论述、药方、医案等材料进行编删修订，辑成《小儿药证直诀》一书，于宋徽宗宣和元年（1119年）刊行。

《小儿药证直诀》又名《钱氏小儿药证直诀》，全书分上、中、下三卷。上卷“脉证治法”专门论述了小儿脉法、生理和病理等特点；中卷列载了二十三例具有代表性的钱氏医案；下卷则收录了钱氏的一百二十余味儿科常用药方，其中一些良方如地黄丸、导赤散、泻白散等，至今仍广泛运用于临床各科。此书较为全面地论述了钱氏对小儿辨证施诊的方法，以人体的脏腑辨证为纲领，深入系统地分析了小儿发病的原因和治疗的办法。

《小儿药证直诀》对中医儿科学的发展影响深远，清代编纂的《四库全书总目提要》称赞它为“幼科之鼻祖”。它是指导中医儿科理论和实践的重要文本，钱乙也因此被后世尊称为中医儿科学的奠基人。

钱乙晚年手脚麻痹的病症加剧，他自知已无药可治，就叫来自己的亲人、朋友一一诀别。他换好了衣服，等待死亡，静静走完了自己的一生，终年八十二岁。北宋进士刘跂曾为钱乙作传，他在传中评价道：钱乙并不是只有医术可以称道，他笃行致远，像是一位儒士；他高风亮节，如同一名侠者；他凭借医术闻名，却隐居不愿做官，这就是有道之人。（王超群）

苏颂建造水运仪象台

宋代是我国古代科学技术发展的繁荣时代。当时，民间和士大夫群体中洋溢着钻研科学、注重实践的氛围。在宋代的一系列科技成就中，构思精巧的水运仪象台是其中的代表，它是中国古代天文学和机械制造成就的高峰。

力求完美查仪器

中国古代向来重视编制历法、观测天象，这两者都离不开精密的天文仪器。北宋继承了唐代以来的科技成就，早在北宋初期，就出现了不少构思精巧的天文仪器，如张思训制作的以水力驱动、能自动演示天象的太平浑仪，以及司天监官员韩显符制作的能够精确测算星体坐标的铜浑仪等。

后人绘制的水运仪象台结构解析图

虽然这些仪器在设计之初都颇具创新，但它们并不完善。宋哲宗时，吏部尚书苏颂在检查前朝制作的三座铜浑仪后发现，这些仪器要么标度有误差，测量不准；要么机械装置年久腐朽，运转困难；要么观测精度受人为因素影响。因此，苏颂提出建造水运仪象台的建议。水运仪象台以水力驱动，集演示天象的浑象、观测天象的浑仪和报时用的漏刻功能于一身，无须人工操作，可以减少人为因素的影响。

苏颂的提议得到宋哲宗的批准，元祐三年（1088年），他找来了韩公廉等人，组建了水运仪象台的建造团队。

水运仪象台复原模型

为什么天文仪器搬走后就不准了

由于地球自转，地面上的观察者看到的星空都会绕着天顶旋转，这就是天体的周日视运动。在北半球，天体是围绕北天极旋转的，而北天极与地面的角度，则和观察地点的纬度有关。因此许多天文仪器在搬迁之后，都需要根据纬度的变化重新进行调整。

建造水运仪象台

在水运仪象台的建造团队中，苏颂和韩公廉是核心人物。

苏颂字子容，是泉州人，他出身于官宦世家，官至刑部尚书、吏部尚书。苏颂家中藏书过万卷，甚至有许多皇家都没有的珍贵书籍，他对天文、医学、数学等都非常精通。而且他为人正派，精通历代制度，朝廷每有新制度、新规定，都会请苏颂审查。可以说，他是那个年代的百科全书式学者。

通过水力装置驱动天文仪器运转，并不是一个新鲜的想法。早在汉代，张衡就设计制造过水力驱动的浑天仪，其后，唐代的一行、梁令瓒，宋代的张思训等人都制造过类似的仪器。苏颂整理了这些前辈的理论成果，为建造水运仪象台制订了基本的设计思路，可以说苏颂是水运仪象台建造团队的总负责人。

至于韩公廉，他当时只是吏部的一个小官，由于精通算术和机械，被苏颂选中参与水运仪象台的具体设计和建造工作。

经过数年的设计和建造，元祐七年，苏颂团队终于建成了水运仪象台。可惜的是，靖康之变时北宋都城被金军攻陷，包括水运仪象台在内的一大批天文仪器都被金军掳走。一路颠簸中，水运仪象台的机械装置多有损坏，而且因为安放地点不同，也达不到之前的观测精度。后来，水运仪象台又遭到雷劈，最终毁于战火。

《图经本草》

苏颂是一名知识渊博的科学家，他还曾奉诏主持编撰《图经本草》。《图经本草》是在全国范围内进行药物大普查的基础上撰写而成的，书中收录了900多幅药物图，还保存了大量古代医学文献，是我国本草学上的一部集大成之作。明代李时珍对其推崇备至，他在撰写《本草纲目》时就大量引用了《图经本草》的内容。

苏颂画像

写作《新仪象法要》

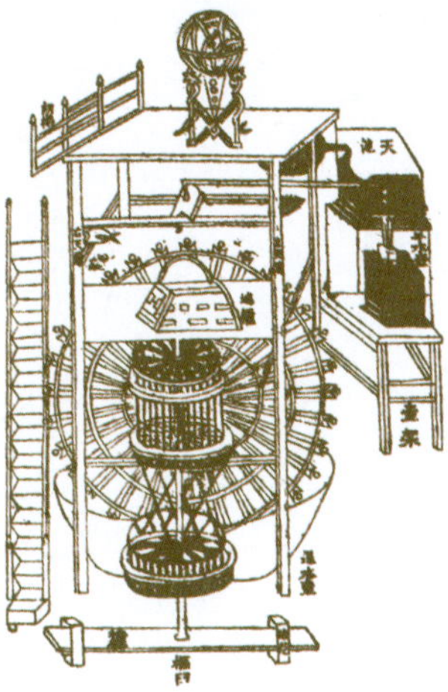

《新仪象法要》中描绘的水运仪象台内部结构

虽然苏颂和韩公廉等人建造的水运仪象台没有保存下来，但幸运的是，他们为后人留下了一部全面介绍水运仪象台的著作——《新仪象法要》，为我们研究和复原水运仪象台提供了宝贵资料。

《新仪象法要》共三卷，分别介绍了浑仪、浑象和水运仪象台总体的结构和功能，还包括60多幅图。这是我国现存最早的机械图纸，也是研究水运仪象台和我国古代机械技术发展、演变的重要参考资料，具有极为重要的科学价值。

根据《新仪象法要》的记载可知，水运仪象台高约12米，宽约7米，分为3层。上层是个板屋，里面是铜制浑仪。板屋的屋顶可以开合，观测时打开，雨雪天关闭，与现代天文台圆顶的功能类似。浑仪观测装置和水力机械系统相连，可以围绕北天极缓慢旋转，让观测用的窥管始终对准要观测的天体。它和现代望远镜所使用的转移钟功能类似，但要早近700年，这是水运仪象台的独到之处。

中层的密室里放置浑象，浑象的表面刻有满天星辰，可以通过机械装置自西向东转动，正确演示天体的运行。值得一提的是，《新仪象法要》“浑象”

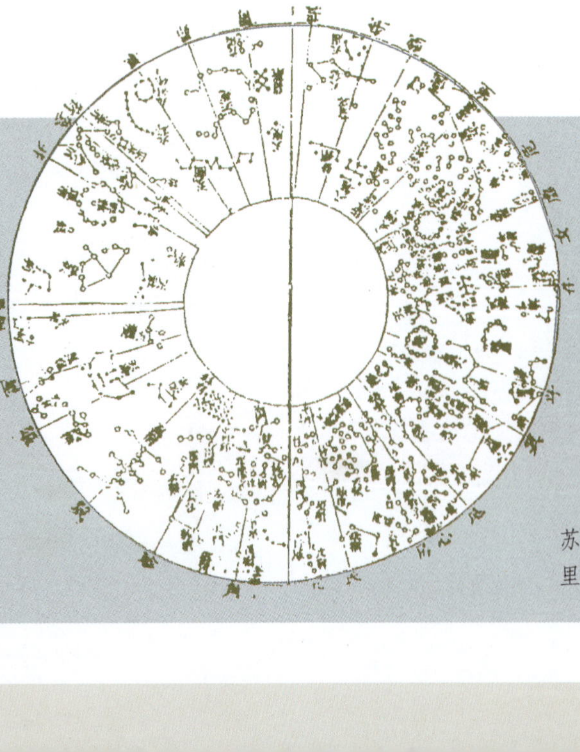

苏颂在《新仪象法要》里绘制的浑象南极图

这一部分的内容还附有多幅星图，是中国流传至今最早、最完整的星图之一。

水运仪象台的下层是报时装置“司辰”，以及全台的动力机构。司辰共5层，每层各有小门，每到一定时刻，就会有小人出来报时。

司辰和浑象、浑仪都是由水力枢轮及其机械装置控制的，这是整座水运仪象台的核心机构。枢轮上有72条木辐，木辐末端均匀放置着水壶。枢轮被左、右天锁锁住，不能自由移动，但有一个二级漏壶不断向水壶中注水，一旦水壶中有了足够的水，在重力作用下，枢轮就可以冲破左、右天锁的束缚，转动到下一个水壶。之后，枢轮再次被左、右天锁锁住，水壶中的水被倒出，流入退水壶中。不断重复这个过程，枢轮就可以产生均匀的间歇运动。英国著名科技史专家李约瑟指出，水运仪象台的天锁等结构与17世纪发明的钟表锚状擒纵器有异曲同工之妙，可以说是世界机械钟表的先驱。

水运仪象台构思巧妙，同时具备天文观测、天象演示、报时三大功能，被认为是现代天文钟的雏形。它广泛运用了各种机械原理，总结并借鉴了前人研究的优秀成果，代表着当时世界天文仪器设计和机械制造的最高水平，也是宋代科技发展的一大见证。（衣抚生）

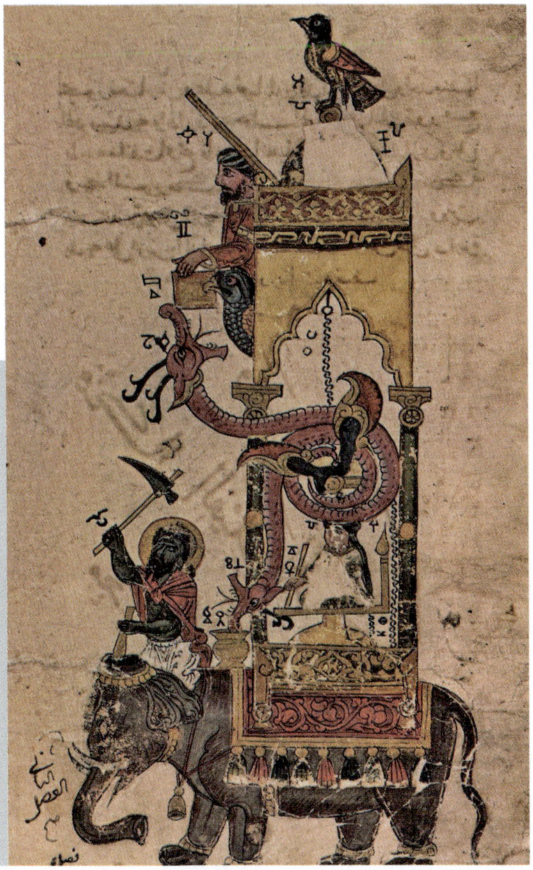

阿拉伯发明家设计的大象时钟

与苏颂生活在同一时代的阿拉伯发明家设计、制造了大象时钟，它构思精巧，和水运仪象台有异曲同工之妙。

李诫的《营造法式》

中国古代建筑被公认为“世界三大建筑体系”之一，北宋学者李诫所著的《营造法式》是中国现存最早且最全面的一部有关古代建筑营造的著作，它反映了宋代中国人的建筑技艺，为后世建筑的发展提供了重要的指导和标准。

受命重修营造书

中国古建筑历史悠久，风格独特，自成一格，对东亚各国的建筑都有很大影响。中国古建筑的一大特征是注重建筑的标准化，从建筑的屋顶形制、各部分的尺寸、构造、搭配到建筑的用料、彩画等，都有详尽的标准，这既是为了明确等级差异，也可以节省建筑成本，加快施工进度。

宋神宗时任用王安石进行变法，变法明确提出了“理财节用”的口号。为了杜绝建筑修建过程中出现的贪污浪费行为，宋神宗命令将作监（古代负责宫室建筑、桥梁、城郭等营造修缮事务的机构）编写了一部规范建筑营造的法典《营造法式》。这部书于宋哲宗元祐六年（1091 年）编成，因此又被称为《元祐法式》。

《元祐法式》仅整理了各种建筑材料的用料规则，对用工、用料的比例和规范没有进行明确规定，难以杜绝施工过程中的浪费和舞弊。因此，绍圣四年（1097年），宋哲宗命李诫重新编写这部书，期待书成之时，《营造法式》可以作为建筑工程的规范推广到全国。

李诫是郑州人，他在元祐七年进入将作监担任主簿，长期从事宫廷和官方建筑的营造工作，曾主持修造了五王邸、辟雍、尚书省等十多项大型官方建筑，这些建筑工程使他积累了丰富的建筑修建经验。

领命之后，李诫广泛查阅旧有的规章制度和古代文献，并询问专业匠人，结合自己多年的实践经验，

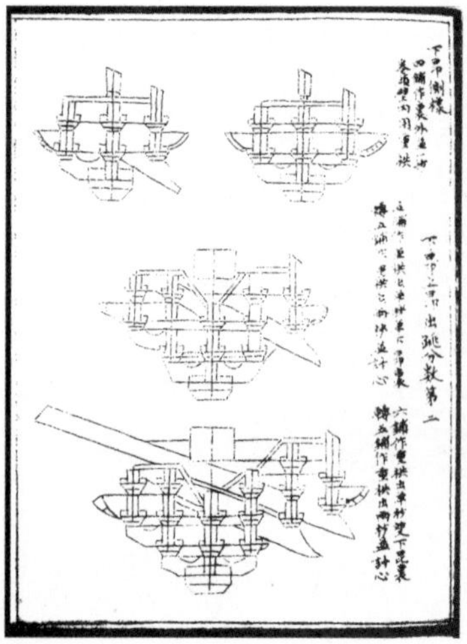

《营造法式》中的斗拱组合

历时多年，终于在元符三年（1100年）完成了《营造法式》的书稿，并于崇宁二年（1103年）刊刻出版。由于《营造法式》的突出成就，李诫升任将作监，负责整个部门的事务，参与了北宋末年许多宫廷建筑和庭院的营建工作。

营造法式立标准

李诫重新编修的《营造法式》共34卷，全书分为释名、各作制度、功限、料例和图样五大部分。另外还设有目录和介绍各工种制度历史和理论的“看样”各一卷。

卷一、卷二为“总释”和“总例”，考证介绍了当时各种建筑物或建筑构件的名称来源和历史，以及流行的各种俗称、别名，以便统一规范。“总例”介绍了全书通用的一些规定，如测定方向、垂直的方法，求方、圆等各种形状的实用数据、计算原则等。

第三至十五卷是“制度”部分，包括了石作、大木作、小木作、雕作、旋作、瓦作等13项具体工种的设计规范、施工方法、工序、标准数据等内容。

第十六至二十五卷是“功限”，详尽列举了各种工程施工和安装所需的工作量、各工种所需的辅助工及装卸设备的用工额度及其计算方法。

第二十六至二十八卷是“料例”，规定了各种材料的用料限额，以及不同性质、不同难易程度工程的质量要求。

最后的“图样”部分则对书中提到的建筑构件式样进行插图说明。全书各部分井然有序，层层推进，既互相独立，又相互关联，开创了传统建筑类书籍的写作范例。

《营造法式》为我国传统建筑修造提供了许多参考标准，尤其是确立了传统建筑用料的“材”。《营造

博学多才的李诫

李诫出身于官宦世家，是位博学多才的学者。除了建筑领域外，他还精通书法、绘画、地理、历史、音乐、游戏等各个领域。这些方面的才能，也对李诫的建筑营造事业产生了深刻的影响。李诫著有《续山海经》《续同姓名录》《琵琶录》《六博经》等著作，可惜这些著作大多失传了。

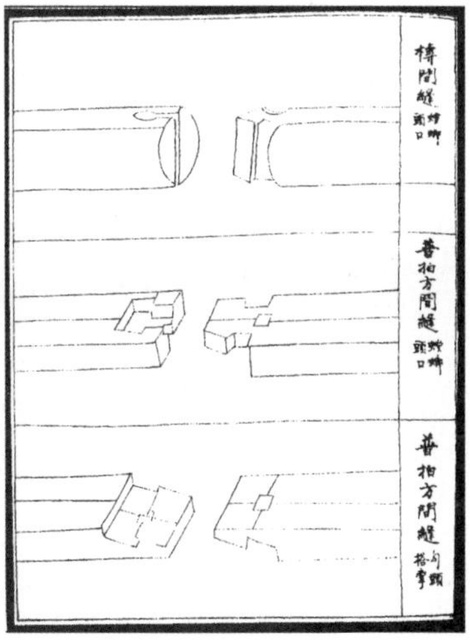

《营造法式》中的榫卯结构

法式》规定，木材的广度和厚度之比一律为3∶2，这样的长宽比可以让木料具有较高的强度。《营造法式》还规定，按照木材横截面的大小，将“材”划分为八等，以供不同性质和规模的建筑使用。这种模数化的用材制度在保证建筑质量的同时，便于部件的制作和组装，节约建造时间，提高工作效率。明清之后传统建筑采用的斗口制，便是由此发展而来。

《营造法式》的另一特色是为工程管理制定了标准。李诫在书中系统划分了施工过程中的工时定额和材料消耗定额，按照工人完成工作的时间和工作的难易程度进行了细致的划分。这些规定为工程预算和管理建立了严格的操作标准，有利于提高生产效率和管理水平。

建筑工程类书籍牵涉大量构造介绍和形制规定，单用文字很难将其表达清楚，因此李诫利用自己擅长的绘画技能，在书中细致地绘制了各类测绘图、建筑式样、斗拱构件组合图等。全书大约四成的内容都是各种插图。这不仅便于读者理解，也可以帮助人们在施工时按照书中样式进行复制。中国古代建筑重视彩绘纹样装饰，李诫系统地将这些艺术化的图案纹饰整理在书中，为之后中国建筑彩绘的标准化设计提供了重要的参考和指导。

《营造法式》中的斗拱

应县木塔的二等材转角铺作

应县木塔也叫佛宫寺释迦塔，修建于辽代，是中国现存最高的木塔。木塔使用了不同规格的斗拱54种，结构精密，反映了我国古代木建筑的高超成就。

泽被后世焕新彩

《营造法式》是中国现存最早、内容最丰富的官方建筑营造规范指南，这部巨著在出版之后直接指导着宋代的建筑营造工程，标志着宋代建筑技术走向标准化和定型化。

在之后的几百年里，《营造法式》对元、明、清时期的建筑营造产生了很大影响。元代水利工程中关于筑城部分的规定，几乎和《营造法式》中的完全相同。清代工部的《工程做法则例》也吸收了《营造法式》中的许多内容。

《营造法式》是当时全世界屈指可数的建筑专著之一，九百年来，它在流传过程中不免发生散失和缺漏。1919年，建筑学家朱启钤（qián）在原江南图书馆（今南京图书馆）发现了比较完整的《营造法式》宋代抄本。随着《营造法式》的重新发现，这部书成为今天人们研究中国古代建筑的重要典籍。（王　钊）

朱启钤

中国营造学社李庄旧址

1930年，朱启钤发起成立了“中国营造学社”，并特邀梁思成、刘敦桢入社。这是中国第一个研究、测绘并保护中国传统建筑的学术机构。学者们运用文献考证和实地调查的方法，保留了大量珍贵的古建筑资料，也给国家培养了一大批优秀的建筑专业人才。中国营造学社成立于北平，旧址在北京中山公园。抗日战争时期曾南迁至四川。右图为中国营造学社旧址，位于今四川宜宾李庄镇。

《清明上河图》

在漫漫的历史长河中，我们通过什么才能感受到古代的城市风貌和风土人情呢？史书中的记载当然算一种，但文字的描述毕竟不够具体形象。而北宋有一位大画家叫张择端，他用写实的笔法生动再现了当时的东京城。这幅名画流传至今，看着它，我们仿佛穿越了千年时空，一睹当时的都市繁华……

《清明上河图》与张择端

《清明上河图》是北宋画家张择端的传世精品，也是张择端唯一流传至今的画作。这幅画宽24.8厘米、长528.7厘米，是绢本设色画卷，浓缩并生动记录了北宋都城东京的城市面貌，以及当时社会各阶层人们的生活状况，再现了当年东京经济、文化的繁荣。

整幅画作使用了中国绘画特有的散点透视画法，画中的内容是东京和汴河两岸的自然风光及市井的繁荣景象，大致可以分为东京郊外春光、汴河场景和城内街市三部分。有人曾统计过，全卷画中有500多个人、50多头牲畜，还有众多的房屋和车船，场面十分宏大，但段落分明，组织有序，散而不乱。这幅画不但有很高的艺术价值，而且以写实的方式再现了当时的东京景象，相当于一幅当时的城市航拍图，具有极高的史料价值。

与《清明上河图》的举世闻名相比，绘画者张择端则显得默默无闻。他的生平在史书中没有任何记载，目前我们唯一知道的关于他的信息，是金人张著于金大定二十六年（1186年），在《清

散点透视法

画家作画时，把客观物体在平面上表现出立体感和空间感的方法叫透视法，也叫远近法。中国画和西洋画所使用的透视法不同。西洋画一般是采用焦点透视法，就是观察者像照相一样固定在一个立足点，把能进入镜头（眼睛）的物象如实记录下来。中国画用的是散点透视法，画家的观察点并不固定在一个地方，而是根据需要，把多个不同立足点上所看到的物象组织到同一幅画面上。

《清明上河图》（局部）

明上河图》后面写的一段只有几十个字的跋文。换句话说，如果没有这幅名画传世，这位大画家的名字或许就被永远地尘封在历史长河中了。

从张著的跋文中可知，张择端是东武（今山东诸城）人，生卒年不详。他早年到京城学画，宣和年间担任翰林图画院的待诏。张择端专攻界画，尤其擅长画宫室、舟车、市肆、桥梁、街道、城郭等。

千年辗转，终入故宫

《清明上河图》流传至今已有一千多年，在漫长的岁月里，这幅画也经历了一个个传奇故事。

宋徽宗赵佶是《清明上河图》的第一位收藏者，他在卷首用瘦金体楷书题写了“清明上河图”五字，并加盖了双龙小印。可惜在后来的流传过程中，宋徽宗的题签和印章部分被人裁掉，从此不见踪迹。明代的李东阳在跋文中描述这幅画的尺寸说，“图高不满尺，长二丈有奇（jī，多一点）”，但现在的故宫藏本却达不到这个长度，这很有可能是画前宋徽宗的题字和印章被人裁掉的缘故。这就像是被撕去封皮的一本书，谁还会知道这幅画的身份和价值呢？

北宋灭亡后，这幅画落到金人手里，所以才有了金人张著的题跋，这时距宋徽宗的题签已过了八十五年。张著根据《评论图画记》中的记载，判断这幅画就是《清明上河图》真迹。再后来，这幅画被后世皇家内府和私人辗转收藏，还在东北沦陷时期险些流入日本。直到1949年中华人民共和国成立后，这幅画才被送到北京故宫博物院珍藏。

画名的寓意

绘画是一门艺术，和文学作品一样，都要通过作品反映作者的某种想法。但画作毕竟是画作，它背后的寓意远不像用文字表述的文学作品那样容易被人理解。按照传统的解释，“清明上河”是指北宋当时的民间风俗，类似于现代的节日集会。人们在清明这天，会利用集会进行商贸活动。但近几十年来，学者们通过对绘画内容进行仔细观察，发现了很多前人没有察觉到的细节，对张择

界画

界画是中国绘画的门类之一，也被称作“宫室”“屋木”。作画时需要使用界尺画线，所以被称为“界画”。界画多用于画建筑物，如宫室、楼台、屋宇等，画中的其他景物则通常以工笔技法配合，两种技法合起来通称“工笔界画”。

端创作《清明上河图》的目的、用意及其他方面，提出了不同于前人的看法。这些不同的解读，都给这幅传世名画增添了许多神秘的色彩。

对“清明”的解释，目前学界存在三种不同的说法：一种认为是指清明节，一种认为是指清明坊，一种认为是指清明盛世。

三种说法都有道理，也都有不足。比如，画作中除了描绘磅礴气势的繁盛景象之外，也写实性地画了一些社会问题，如惊马闯郊市、街上乱跑的猪、桥上文官武将争道、税务官与商贩的矛盾、沿街乞讨的乞丐等场景。所以有学者认为，《清明上河图》也是一幅“盛世危图”，张择端是想通过绘画的方式，委婉地向宋徽宗表达对当时诸多社会问题的忧虑。这种不敢直言劝谏皇帝的方式，叫“曲谏”。

这幅著名的画作画成于宣和年间，但同为宣和年间编纂的《宣和画谱》中却没有对这幅画的任何记载，这也是关于《清明上河图》的又一个谜团。明代陆完在《清明上河图》后的题跋中对这个现象进行了解释。他认为，编纂《宣和书谱》和《宣和画谱》的主要负责人是蔡京，所以《宣和书谱》中没有收录苏东坡和黄庭坚，这两个人是蔡京深恶痛绝的。同样，《宣和画谱》里也没有收录张择端的《清明上河图》，说明张择端也一定不是依附蔡京的人……

围绕着《清明上河图》的一个个谜团，给这幅传世名作增添了几许神秘色彩。

艺术价值与历史价值

人们评价《清明上河图》的价值，往往是从艺术价值和文献价值两个方面来说的。《清明上河图》是“中国十大传世名画”之一，画中丰富的思想内涵、独特的审美视角和写实的表现手法，都使这幅画在中国乃至世界绘画史上被奉为经典。同时，这

《清明上河图》（局部）

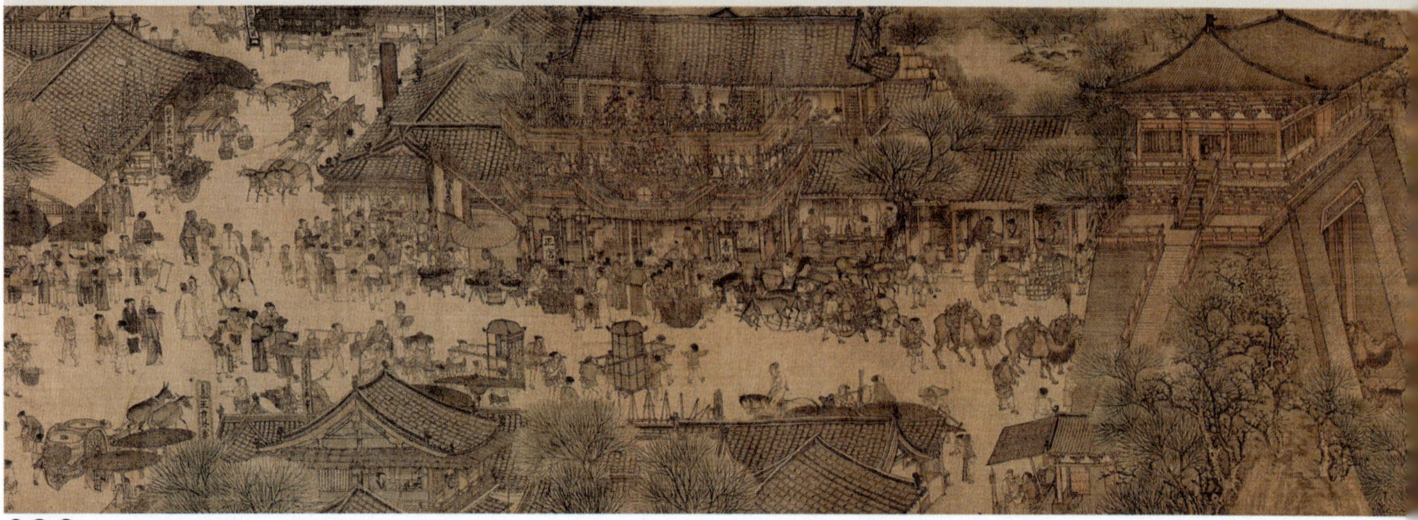

幅像照片一样的画作，也是当时的社会实录，为我们留下了北宋东京的第一手图像资料，其中所展现的建筑、交通、商业、手工业、民俗等，翔实可靠，具有重要的历史文献价值，为后世研究北宋的城市社会生活提供了珍贵的历史资料。

《清明上河图》可以看作是一幅具有重要历史价值的风俗长卷，画家成功地描绘出东京城内及近郊各阶层人民的生活景象。它主要表现的是劳动者和小市民，对人物、建筑物、交通工具、树木、水流之间的相互关系处理得非常巧妙，整体感很强，充分表现了画家对社会生活的深刻洞察力和高超的艺术表现力。此后历代绘制的都市风俗画，无不受其影响。（杨加深）

《清明上河图》的版本

目前世界各地博物馆收藏的《清明上河图》有30多个不同版本，但真迹只有一幅，就是北京故宫博物院藏本。其他都是后人仿作，当然这些仿品也都十分珍贵，如明代著名画家仇英就曾仿画过《清明上河图》，几乎能以假乱真，也具有很高的艺术价值。

《清明上河图》中的虹桥

《清明上河图》中的开封城门

《清明上河图》中的货船

花石纲与方腊起义

北宋末年的方腊起义威震东南，严重动摇了宋朝的统治，间接导致了北宋的灭亡。方腊起义的根本原因，是“冗官”消耗巨大，导致国库空虚，朝廷变本加厉地盘剥百姓；直接原因，则是“花石纲”之祸。而这二者的始作俑者，就是宋徽宗。

宋徽宗穷奢极欲

宋神宗去世后，皇位传给了他的儿子赵煦，也就是宋哲宗。宋哲宗膝下无子，病逝前将皇位传给了他的弟弟、宋神宗的儿子赵佶（jí），也就是宋徽宗。

宋徽宗是北宋的第八位皇帝，他的聪明才智在宋朝皇帝中首屈一指，还拥有非常高的艺术天赋，诗、词、书、画等各种文学艺术都很擅长。但宋徽宗并不是个好皇帝，他生活上穷奢极欲，政治上昏庸腐败。他有六个非常宠信的大臣，就是蔡京、王黼（fǔ）、童贯、梁师成、李彦、朱勔（miǎn）。这六个人互相勾结，排斥异己，买卖官位，大肆搜刮民脂民膏，被当时人骂作“六贼”。

宋徽宗画像

宋徽宗追求享乐，喜欢奢华的生活，特别痴迷于奇花异石。他在蔡京等人的怂恿下，在京城修建皇家园林“艮岳”（又名万岁山）。上有所好，下必甚之，一些大臣就不遗余力地投其所好，四处搜刮珍奇的花石竹木。特别是盛产奇珍异草的江南一带，百姓家中只要有可供赏玩的花木石头，全被指名强取。搜刮来的花石等物用大量船只运往京城，每十艘船组成一“纲”，称为“花石纲”。

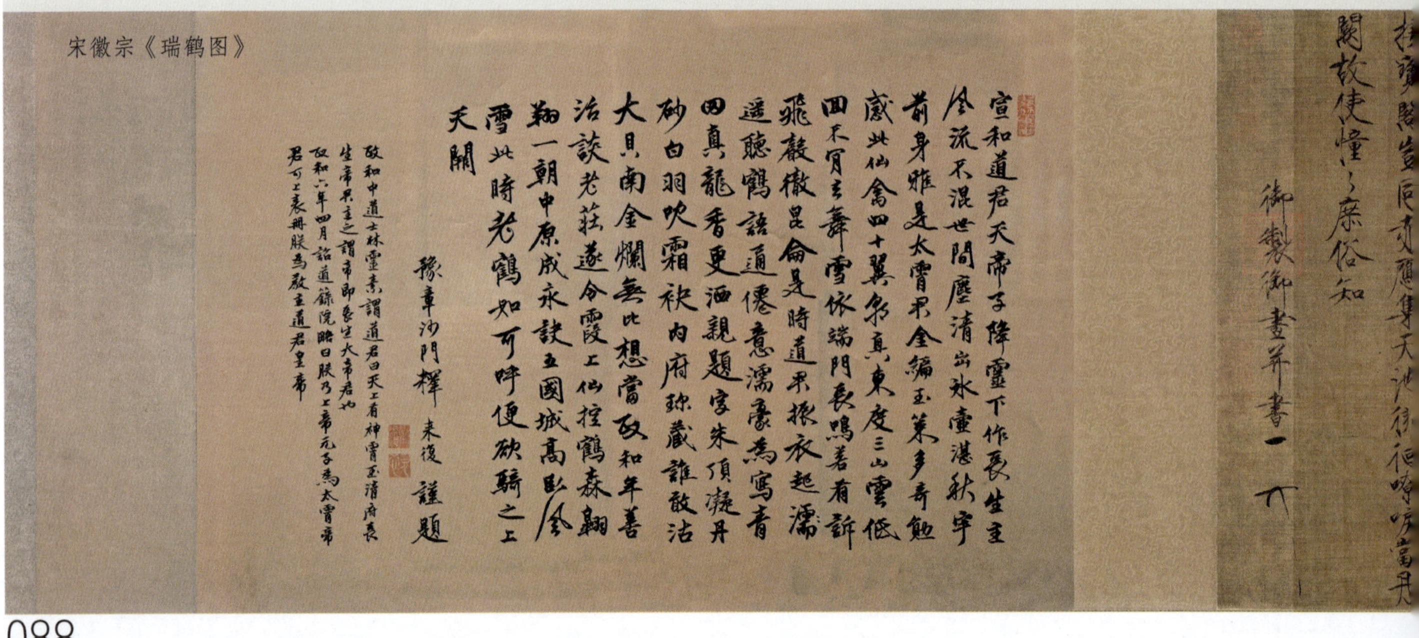

宋徽宗《瑞鹤图》

由于花木奇石体量较大，搬运不便，官吏们就拆屋毁墙，四处征用民夫牲畜等来运送，毫不顾惜人力物力，“花石纲”害得无数百姓倾家荡产。

石头获封“盘固侯”

有一次，朱勔的下属在太湖发现了一块巨大而奇特的太湖石。这块石头高约15米，重100多吨。朱勔想，这块举世罕见的大石头，皇帝肯定喜欢。于是，他千方百计地要把这块石头运走。

可是，这样一块巨石要从太湖送到东京，千里迢迢，实属不易。为此，朱勔耗费巨资建造了两艘崭新的大船。问题又来了，船太大了，遇到狭窄的河道怎么通行；石头太高，遇到矮桥怎么通过……诸如此类的问题，都没难倒朱勔。在运送石头的过程中，朱勔动用了几千个民夫在岸上拉纤，遇见矮桥过不去，就把桥拆掉；遇到护城河环绕的城墙太矮，就把城墙扒开豁口；实在不行，就牛拉人抬！反正，什么也挡不住这“花石纲”的去路，大奸臣朱勔毁屋拆房，根本不管百姓的死活。

几个月后，这块巨大的太湖石总算被运到了京城。宋徽宗一见，非常高兴，他让人专门给石头修建了一座亭子，并给它起了个响亮的名字——昭功敷庆神运石，还封这块劳民伤财的石头为“盘固侯”。

据记载，宋徽宗在位的二十多年时间里，从全国各地搜刮的石头达十万块以上。其中一块石头的运费竟然花了三十万贯钱，相当于当时一万户中等收入人家一年的花销。宋徽宗荒淫腐朽，如此劳民伤财，国家不亡，简直天理难容！

方腊起义战火燃

宋徽宗在朝堂上纸醉金迷，百姓在乡间间怨声载道。为满足宋徽宗及蔡京等人的享乐生活，各种苛捐杂税层出不穷，弄得民不聊生。就在宣和年间，农民起义在各地爆发。北方以宋江起义为首，南方则是声势浩大的方腊起义，它们从根本上动摇了宋朝的统治。

安徽休宁齐云山独耸峰上的方腊寨

此峰山势陡峭，唯有一条陡峭石径可登，有“一夫当关，万夫莫开”之势，相传当年方腊曾在此抵御宋军围剿。

文学作品中的方腊起义

后世有很多小说、话本、评书等对方腊起义进行演绎，足见其在民间的影响力。但需要注意的是，四大名著之一的《水浒传》中描写方腊是农民起义军领袖，是“四大寇”之一，最后被鲁智深擒获；在民间传说中，活捉方腊的是武松，“武松独臂擒方腊”成为后世元杂剧、评话等作品中的情节。这些都不符合历史事实。

方腊又名方十三，本是歙州（治今安徽歙县）人，后来迁居到睦州青溪县（今浙江淳安）。因为家贫，方腊只能去富人家做佣工。青溪是当时受“花石纲”危害的重灾区，这一带盛产竹木、生漆、茶等经济作物，朱勔不断派人来搜罗竹木花石，并与下属借机敲诈勒索。

宣和年间，当地农民的茶叶卖不出去，即使卖了也不够交税，农民只好不采茶，采了的也只能忍痛倒在溪水里。时值浙西大旱，连续几个月都不见有雨，禾苗焦黄，秋收无望，而官吏却还来逼税，百姓对朝廷残酷的剥削和压迫实在无法忍受。

方腊为人性情豪爽，又有较强的组织才能，在农民中很有影响力。宣和二年（1120年）十月的一天，方腊率领众人在帮源洞（现名方腊洞，位于今浙江淳安西北威坪镇）举起了起义的大旗。他杀了大地主方有常，誓师起兵。消息传开，当地百姓迅速响应，起义队伍很快发展到上万人。到了十一月初，方腊开始建立政权，他自称“圣公”，定年号为“永乐”。各路义军纷纷汇集到方腊麾下，起义军的声势更浩大了。

那个时候，中国的经济重心由北向南转移已经基本完成，朝廷赋税主要来自江南一带。方腊起义军的主要活动地点在江南地区，宋朝的经济命脉就这样被切断了。

得知方腊率领民众起义，当地官府非常震惊，两个主管地方军事的将官连忙带领五千人马前来镇压。方腊在一个叫息坑的地方设下埋伏，一下子就把这五千官兵全部歼灭了。起义军趁机攻进了青溪县城。起义军得到了广大农民的热烈拥护和响应，湖州、婺州（治今浙江金华）等地都有人领导当地农民参加起义。他们以“杀朱勔”为号召，在短短三个月内，接连打下了睦州、歙州等地，直逼杭州。

杭州当时是两浙路的首府，又是造作局所在地，是花石纲的指挥中心之一，聚集了大量的富商、地主、官员。起义军攻下杭州，杀死了两浙路的长官，抓捕了大量官吏，还掘毁了蔡京父祖的坟墓，大快人心。各地起义军纷纷响应，农民们望见义军的旗帜，听见鼓声，就跑来迎接，参加起义军的人更是“项背相望”。起义军队伍不断发展壮大，声势十分浩大，震动了整个东南地区。

官兵镇压义军败

方腊义军蓬勃发展，宋徽宗闻讯惊恐万状。他一方面急忙命令停运“花石纲”，罢免朱勔父子等人的官职，试图以此抚慰东南地区的农民，松懈起义军的斗志；另一方面调集京城一带的禁军和西北的边防军十五万人，派大臣童贯带领，前往东南地区镇压起义。大军出发时，宋徽宗哭丧着脸对童贯说：“东南的事情，就全靠你了！”

童贯兵分两路，一路攻打杭州，一路攻打歙州。起义军人数虽多，但缺乏作战经验，兵器也不足，接连吃了败仗，被迫退出杭州。杭州失守后，战争形势急转直下，许多州县陆续被官军收复，起义军遭受了重大伤亡。

宣和三年四月，方腊带领一部分起义军退守青溪县帮源洞，继续奋勇作战。一开始，官军摸不清帮源洞的路，打不进去。后来，官军由当地人引路，发起了总攻。方腊义军腹背受敌，最终战败。方腊及其妻儿、官员等五十多人被俘。这年八月，方腊被押解到东京，英勇就义。

方腊被俘后，起义军余部继续坚持转战浙东各地。直到宣和四年三月，最后一支残部被歼灭。

方腊起义的规模，远比《水浒传》等小说中描绘的更为浩大，虽然持续时间不长，但威震东南，辐射了宋王朝的半壁江山。两浙地区的经济受到严重破坏，大宋王朝本就摇摇欲坠，经此一役，更是雪上加霜，此时距离北宋灭亡已不足五年了。（张清河）

花石纲遗石

未能运到东京的石头，被称为“花石纲遗石”，也叫“艮岳遗石”。下图中这块“玉玲珑”，就是一块“花石纲遗石”，它重约3吨，如今坐落在上海豫园，成为该园的镇园之宝。

上海豫园花石纲遗石“玉玲珑”

宋江起义

在南方的方腊轰轰烈烈地率众起义时，北方也发生了宋江起义。一提起宋江，人们马上就会想起武松打虎、杨志卖刀、鲁智深倒拔垂杨柳等家喻户晓的故事，这得益于小说《水浒传》的广泛传播。小说《水浒传》里塑造的英雄好汉个个爱憎分明、有血有肉，仿佛他们真实存在过。

八百里水泊梁山

梁山在今山东梁山县境内，山体不大，海拔也不高。据说梁山原名良山，是汉代的皇家猎场。汉文帝有一个非常宠爱的儿子叫刘武，他被封为梁王。刘武喜欢游山玩水，经常到良山一带狩猎。他死后葬在良山北麓，良山便改名为梁山。

梁山周边地势比较低洼，从五代到北宋初年，黄河多次决堤，水汇于梁山周围，与南面的大野泽连成一片，形成了一个巨大的湖泊，这个湖泊被称为梁山泊（pō）。梁山泊占地面积很大，周围达八百里。

梁山泊形成之后，沿岸的老百姓靠在湖泽中捕鱼捉虾、采集蒲苇为生，倒也过得自在。宋徽宗时期，政治腐败，千方百计地搜刮民脂民膏，弄得许多百姓家破人亡。梁山泊中港汊交错，芦苇纵横，有许多天然小岛，地势险要复杂，许多走投无路的农民、手工业者纷纷逃到梁山泊里寻找生计。一时间，这里几乎成了躲避官府压榨的桃花源。

见梁山泊中的人越聚越多，官府觉得有利可图，便下令将湖泊收归公有，规定百姓凡进入湖泊捕鱼、采藕、割蒲，都要依船只大小缴纳重税，不纳税不准进入湖区，若有违规犯禁者，则以盗贼论处。官府的做法打破了梁山泊的太平岁月，百姓无法生活下去，只能选择铤而走险。

宋江和他的兄弟们

小说《水浒传》中说梁山泊有“一百单八将”，这是小说家的夸张之语，不足为凭。

北宋李若水的诗中有“去年宋江起山东”和“三十六人同拜爵”的简单记载。南宋时有一个叫龚开的人曾写过一篇《宋江三十六人赞》，记载说宋江的起义队伍中有三十六名头领，他们都是很有本领的好汉，如呼保义宋江、智多星吴学究、玉麒麟卢俊义、大刀关胜、花和尚鲁智深、行者武松、小李广花荣、青面兽杨志……

龚开生活的年代距离宋江起义已有一百多年的时间，这份名单的真实性很难考证，赞诗中提到的那些人物，如武松、关胜、史进、杨志等，在北宋历史上确有其人，但现存的资料中并没有他们参加宋江起义的记载。而南宋的另一部著名话本《大宋宣和遗事》里，也记载了参加宋江起义的三十六人名单，与龚开的《宋江三十六人赞》名单略有不同。不过，通过这两份名单我们可以推断出，宋江与梁山好汉的故事很早就在民间广泛流传了，这反映出人们面对社会的不公，渴望有英雄出世替天行道的普遍心理。

明代叶子戏中的宋江

起义军转战各地

小说《水浒传》里的主人公宋江在历史上确

有其人，他就住在梁山泊周边的济州郓城（今山东郓城），可能做过地方上的小吏。宋江为人比较仗义，结识了不少“英雄好汉”，在当地具有很高的声望。宣和元年（1119年），由于官府盘剥无度，宋江联合“三十六”位兄弟打出造反的旗号，招募义军，宣布起义。

宋江起义后并没有在梁山泊周围长期活动，而是采用流动战术，拉起队伍转战山东、河北各地，攻陷了十余个郡的城池。起义军所到之处惩治贪官，杀富济贫，赢得了百姓的拥护，队伍很快发展壮大起来。

宋江起义的消息传到京城，朝廷起初并不重视，认为这只是一小股农民起义，宋徽宗下令当地官府派兵镇压。但由于宋军久不征战，战斗力极差，竟连连吃了败仗。宋江与起义军威名远扬，声势越来越浩大。

就在宋江起义军转战各地之时，江南地区又爆发了方腊起义。宋军官兵穷于应对，很是狼狈。宋徽宗急召大臣商议对策，有个叫侯蒙的官员向宋徽宗献计说：“宋江以三十六个人横行不法，几万官军没有人敢抵抗，足见其才干过人！不如招降宋江，叫他去打方腊。”宋徽宗听了很是高兴，就派侯蒙去办理招降的事。但是，侯蒙还没有来得及出发就生病死了，招降的事也不了了之。

后来，宋江决定率军向南方发展。在经过沂州（治今山东临沂）时，起义军向知州联络，请求借道。这个知州很狡猾，表面上同意了宋江的请求，约定互不侵犯，却对经过的起义军发动了突然袭击。起义军猝不及防，损失惨重，只好向北回撤，退到龟蒙山一带活动。

宣和三年初，起义军再次南下，在经过沭阳县时，遭到了该县驻防官军的阻击。经过奋力搏杀，起义军终于顺利抵达海州境内。

宋徽宗《文会图》

接受招安

得知宋江义军进入海州，宋徽宗急忙命令海州地方官张叔夜前去镇压和招降宋江。

张叔夜是北宋末年的名将，他文武双全，擅于用兵。张叔夜接到任务后便派人侦察起义军的动向，当得知起义军在海州夺了十几艘大船，载满粮草衣物，准备从海上启航时，张叔夜就预先在岸边埋伏下精兵，决定用声东击西之计拿下起义军。

当天夜里，一小支官兵部队首先向海上起义军满载货物的大船发动袭击。宋江下令歼灭这些官兵，以保护船只货物。起义军向官兵围过来，双方激战片刻，官兵佯装败阵而逃。起义军尾随追杀，越战越勇，渐渐离船上岸。这时，张叔夜悄悄派遣了另一支官兵队伍趁起义军追击之时，点燃了起义军的大船。

宋江回头看到满载货物的大船上火光冲天，知道自己中计了，急忙命令大队人马撤回海边。结果，埋伏在附近的精锐官军一齐杀了出来，把起义军团团包围。起义军完全乱了阵脚，他们与官军人数悬殊，根本无法突围，进退两难。这时，张叔夜拿出了宋徽宗招安的圣旨，高声宣读。宋江走投无路，只得率众接受了朝廷的招安。

宋江率领部众接受招安后，一部分留守在梁山泊的起义军仍然坚持斗争，宋江的部将史斌后来还在兴州（治今陕西略阳）起兵反抗，但这些斗争最终都失败了。宋江起义虽然失败了，但它和南方的方腊起义一样，给风雨飘摇的宋朝造成了沉重打击。（何昭旭）

梁山泊的斗争传统

金灭北宋后，梁山泊的渔民张荣聚众起义抗金，后来成为著名抗金将领，人称“张敌万”。他麾下曾形成一支有数百艘船只的水军，坚持不懈地与金军作战。

小说《水浒传》问世之后，梁山泊更是成为农民起义的“圣地”。明朝末年，这里又爆发了李青山起义，朝廷费了九牛二虎之力才把这次起义镇压下去。崇祯皇帝就此认为《水浒传》教唆天下百姓造反，将其列为禁书，下旨把天下的《水浒传》通通烧掉。殊不知，百姓造反的根源在于朝廷政治腐败，崇祯皇帝不反躬自省，反而迁怒于一部民间小说，实在是荒谬。

靖康之变

宋徽宗志大才疏，妄图联金灭辽，开疆拓土，不料却暴露了宋朝的腐败无能。见此情形，金军趁机大举南侵，掳走了宋徽宗、宋钦宗二帝，以及大批皇室宗亲、工匠、宝藏，这一幕惨剧，就是靖康之变。北宋王朝宣告灭亡。

金兵进犯，徽宗退位

北宋末年，女真人建立的金朝迅速崛起，把辽军打得节节败退。昏庸的宋徽宗被开疆拓土的美梦冲昏了头脑，迫不及待地与金朝订立了“海上之盟”，约定与金军共同出兵攻打辽朝，想要收复被辽朝统治数百年的燕云十六州。腐败不堪的辽军原本碰到金军一触即溃，哪料到宋军比辽军更不经打，竟在对辽作战中连吃了几个败仗。

> **道君皇帝**
>
> 宋朝皇帝大多信佛，但宋徽宗却格外崇信道教，时常请道士在宫中讲道，自称“教主道君皇帝”。他采纳道士的建议，依照科举制度设立道学，每年选拔道士做道官，并广修道观，规模大的道观甚至拥有上千顷田地，每年都要消耗不少钱粮。

宋钦宗画像

金军很快俘虏了辽天祚帝，灭亡了统治北方两百多年的辽朝。志大才疏的宋徽宗虽然联合金军一起灭了辽朝，却也把宋朝的腐败和宋军战斗力薄弱的缺点暴露了出来。看到宋朝对辽作战时出的丑，金太宗很快转换目标，打起了宋朝的主意。他连续三次以不同名义派使臣到宋朝，打探从北方到宋朝都城东京的道路以及宋朝军队的防守情况。

宋宣和七年（1125年）十月，金太宗借口宋朝收留金朝叛将张觉，出兵南侵。金军兵分两路，西路军由完颜宗翰率领，进攻太原府；东路军由

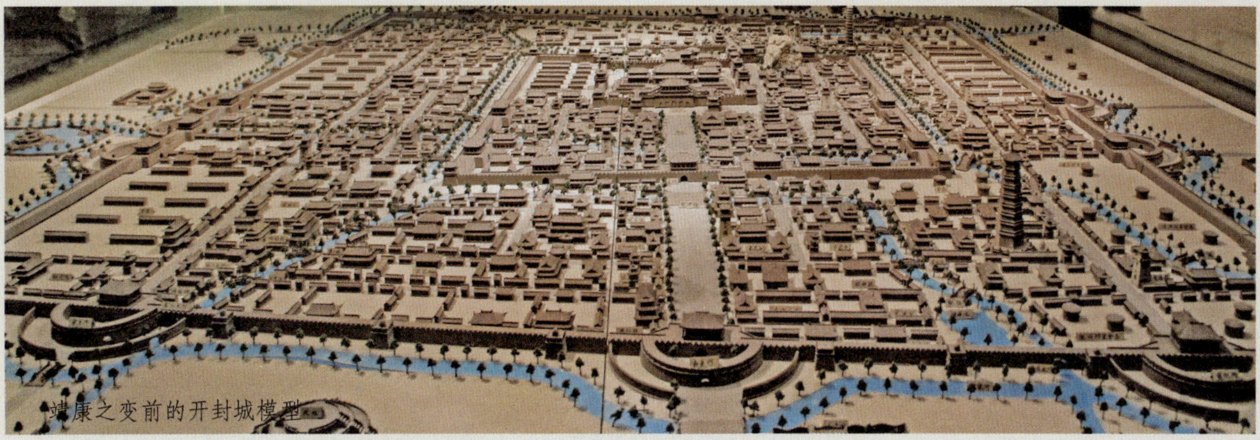

靖康之变前的开封城模型

完颜宗望率领，进攻燕山府（治今北京城西南）。金军的西路军遭到太原守军的坚决抵抗，东路军则进展顺利，一到燕京，守将郭药师就投降了金军。这一路金军在郭药师的引导下长驱直入，直奔东京。

宋徽宗接二连三地收到金军进逼东京的消息，吓得魂不守舍，赶忙命人起草罪己诏。在太常少卿（掌管宗庙礼仪的官员）李纲的建议下，当年十二月，宋徽宗退位，自称“太上皇帝”。他的儿子赵桓登上皇位，这就是宋钦宗。

钦宗畏敌，摇摆不定

宋钦宗即位次年，改元“靖康”。他算是个勤勉朴素的皇帝，但他为人优柔寡断，缺乏勇气，在主战与主和之间徘徊不定，埋下了北宋亡国的祸根。

面对步步逼近的金军，靖康元年（1126年）正月初，宋钦宗在大臣李纲的反复规劝下，暂时放弃了出逃的念想。他任命李纲为亲征行营使，全面负责东京的守卫事宜。

李纲很快就完成了守城部署，宋朝的西北军以及各地驻军也陆续赶来增援。金军虽然进展神速，但长途奔袭，孤军深入，又被挡在防守严密的东京城下，一些先头部队被东京守军击败，犯了兵家的大忌。此时，只要宋朝君臣百姓齐心协力，同仇敌忾，还是很有可能守住东京、重创敌军的。

然而，宋钦宗本人却畏敌如虎，从东

京保卫战一开始，他就接连派使者向金军乞和。他根本不相信宋朝军民能够挽救危亡，无论李纲如何劝谏，都打消不了宋钦宗的求和之心。

金人狮子大开口，提出了极其苛刻的议和条件，向宋朝索要黄金五百万两、银五千万两、绸缎百万匹、牛马万匹，还要宋朝割让北方重镇以及赵氏祖坟所在的太原、中山、河间三镇，并以亲王和宰相为人质以示诚意。

尽管条件如此苛刻，为求相安无事，宋钦宗还是全盘答应。他将康王赵构和少宰张邦昌作为人质送往金军大营，同时下令搜罗东京城内所有的金银，将民间积蓄搜刮一空，好不容易凑到金二十万两、银四百万两。

正当宋钦宗因金银不够而大伤脑筋时，正月二十，种师道、姚平仲率领西北军开到京城，其他勤王军队也陆续赶到，二十余万宋军云集城外。西北军长年和西夏作战，是宋军最英勇善战的精锐部队，种师道又是德高望重的名将，他们的到来使守城的宋军士气大振。

见到那么多增援部队，宋钦宗又倒向了主战派。西北军大将姚平仲自告奋勇，请求率领敢死队杀入金营，捉拿金军主帅。这一提议得到了宋钦宗的认可，他极力支持姚平仲速战速决的主张，命他出兵偷袭金营。结果消息泄露，早有准备的金军设伏击败了宋军，姚平仲畏罪逃亡。种师道提出不如将计就计，当晚再派兵劫营，如果每晚派兵骚扰金军，即使不能取胜，也会让敌人疲惫不堪，最终撤退。但宋钦宗却吓破了胆，再也不敢提开战的事了。

主和派的李邦彦、白时中趁机造谣，说勤王

北宋四大将门

北宋历史上有四大将门世家，先后几代人为朝廷领兵杀敌，浴血奋战，他们分别是：

杨家，也就是著名的杨家将，活跃于北宋初年，北宋中期后逐渐淡出历史。

折（shé）家，来自陕西，从唐末五代时便是著名的将门豪族。杨家将故事里的佘太君，原型便来自折家，历史上擒获宋江的折可存也来自折家。

种（chóng）家，原籍洛阳，北宋中后期，以种世衡为代表的种家将异军突起，立下了不少战功，种师道便来自种家。

姚家，来自陕西，和种家一样崛起于抗击西夏的战争中。姚平仲来自姚家，曾在镇压方腊起义的战争中立下大功。

古代攻城部队使用的云梯车复原模型

古代守城部队使用的塞门刀车复原模型

大军已全军覆没。宋钦宗听了，更加恐惧，生怕金人前来问罪，于是慌忙解除了种师道的兵权，又将李纲革职，还想把他绑了交给金军使者。

主和派的倒行逆施让东京百姓义愤填膺，数百名太学生在陈东的带领下上书朝廷，斥责李邦彦、白时中、张邦昌等奸臣投降误国，要求坚持抗金，恢复李纲、种师道的官职。宋钦宗无奈之下，只好将李纲、种师道官复原职。

看见东京城内军民同仇敌忾，勤王大军日益壮大，金军深感形势不妙，不等宋钦宗凑足金银，就取了割让三镇的诏书，让肃王赵枢代替康王赵构做人质，匆匆退兵。

古代的守城和攻城武器

为了保护城池，中国古人发明了千奇百怪的守城武器，比如放置在城门、插满利刃的塞门刀车，挂在城墙上、钉满尖刺的狼牙拍等。为了应对这些守城武器，攻城的一方也发明了可以移动的云梯车、用木板和皮革加强防御的攻城槌等武器。这些古代的攻城和守城武器，在宋代的兵书《武经总要》中都有描绘和介绍。

《武经总要》中描绘的飞钩和狼牙拍

文恬武嬉，北宋灭亡

金军撤退之后，宋钦宗和一帮大臣以为从此平安无事，就把各地赶来救援的勤王大军打发回去。宋钦宗不认真备战，反而忙着内斗和控制舆论，他先是严禁百姓和士子上书，然后迎回了宋徽宗，把他严密控制起来。

宋钦宗早就对性格耿直的李纲非常反感，斥责他专横跋扈。他先是让李纲去当河北宣抚使，把他调离朝廷，后来又几次找借口将他贬谪。

金人则抓住机会，一面答应讲和，以此麻痹宋朝君臣，一面照旧攻城略地，凭借军事胜利逐步提高议和条件，迫使宋朝屈服。几个月后，金军再度南下入侵，很快攻占了太原。十一月，金军又一次打到了东京城下。

东京第二次被围，形势比第一次更加危急。此次金军兵分两路，兵力更加充沛，把东京城围得水泄不通。连接西部的重镇潼关也被金军封锁，致使宋军最精锐的军队难以前来增援。而开封城内守军不足七万，各地勤王之师又受主和派“不得妄动”的命令制约，裹足不前。虽然宋钦宗接连派使者命令勤王大军救驾，但为时已晚，许多使者都被金军截获。

这时，有个名叫郭京的骗子自称能用“六甲法”打败金军，只要给他七千七百七十七人，就能活捉金军统帅完颜宗望和完颜宗翰。宋钦宗听信了他的鬼话，打开城门，派他带领所谓的“神兵”出战，结果大败，东京失守。

东京城被攻破，宋钦宗亲自到金营递交了降表，答应向金称臣，并割地议和。结果他刚到金营，就被扣押起来。没过几天，宋徽宗也被押送到金营。金太宗下诏废宋徽宗、宋钦宗为庶人，立张邦昌为伪楚皇帝。金军撤退时，把宋朝的后妃、宗室、臣僚等三千余人一起押送回金朝，同时掠夺了大批金银财宝、仪仗法物、图书典籍等，繁荣一时的北宋就此灭亡。

金军入侵灭亡北宋的这幕惨剧，是在宋钦宗靖康年间发生的，历史上因此称之为“靖康之变”。（江小涛）

宋徽宗《听琴图》

右图画面上题有用瘦金体书写的“听琴图”三字，左下有宋徽宗“天下一人”花押，历来被认为是宋徽宗赵佶的画作，但也有专家认为此画出自宣和画院画家的手笔。据说画中头戴道冠抚琴的正是宋徽宗本人。

南宋景德镇窑青白瓷缠枝纹瓶

烟笼江南

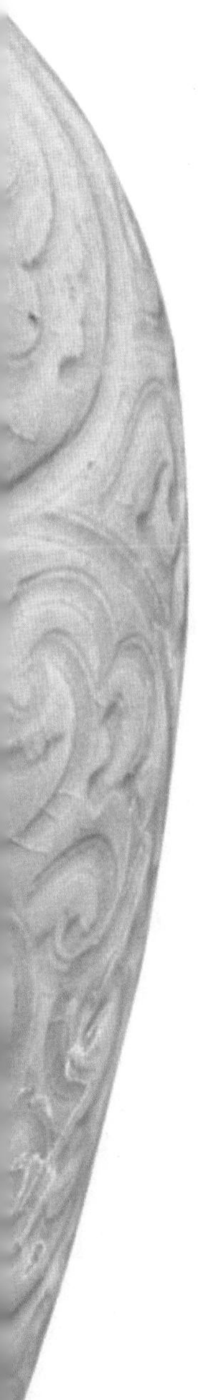

《烟笼江南》主要讲述了南宋（1127—1279）的故事。

北宋灭亡后，侥幸逃脱金兵抓捕的宋徽宗第九子赵构于河南商丘称帝，这一政权后来定都杭州临安，史称南宋。

作为一个偏安江南的政权，南宋一直承受着北方金国以及后来蒙古国（元）的军事压力。同北方政权讲和，抑或进兵以恢复故土，一直是朝政的核心关切和朝臣争论的重要议题。烟笼寒水、战和交织中，涌现出岳飞、文天祥等千秋英烈，他们的事迹传颂至今。最终，南宋政权为元军所灭。

中国的经济重心在南宋完成了从黄河流域向长江流域的历史性转移，苏州、湖州一带成为农业高产的富庶之乡，有“苏湖熟，天下足”之说。科学技术也有新的发展，突出表现为管状火药武器的出现，以及《洗冤集录》所代表的法医技术和《数书九章》所代表的数学成就。

在科举取士政策的推动下，士人阶层不断发展壮大。理学大师朱熹、陆九渊等各立门派，讲学授徒，朱熹成为“程朱理学”的集大成者。李清照、辛弃疾、陆游等文学大家，将宋诗、宋词推向新的高峰。

泥马渡康王

在翻天覆地的"靖康之变"中，北宋的大批皇室成员被金军掳走。国难当头，康王赵构在奉命出使金营的路上逃脱，侥幸避免了被金兵掳走的命运。他建立了南宋政权，也留下了"泥马渡康王"的传说。

康王泥马渡黄河

赵构是宋徽宗的第九子，在当皇帝之前，他的封号是康王。赵构的母亲韦氏是一个地位较低的妃嫔，因此他在众皇子中地位不高。他本来与皇位无缘，然而在"靖康之变"中，北宋的皇室成员几乎全都被金军掳去，他意外地有了改变命运、当上皇帝的机会。

宋高宗画像

靖康二年（1127年），作为宋徽宗唯一一个留在中原的儿子，时年二十一岁的赵构在南京（今河南商丘南）登基，延续了宋朝的国祚，他就是宋高宗。此时的宋朝失去了北方的大片国土，都城后来也迁到了江南的临安（今浙江杭州），后人为了有所区别，就称其为南宋。

暖风熏得游人醉，直把杭州作汴州。
——［宋］林升《题临安邸》

从"靖康之变"到绍兴十一年（1141年）宋、金订立"绍兴和议"，这十几年里，赵构一直都是金军追杀的首要目标。尤其是在即位前后的几年里，他经历了一段颠沛流离的逃难时光，甚至一度十分危险。民间流传的"泥马渡康王"的故事，说的就是赵构在逃亡中的一次危险经历。这个故事有几个不同的版本，其中最流行的一个版本是这样说的：

赵构奉旨前往金营求和，在北上途中逃脱。当他逃到磁州（治今河北磁县）附近的崔府君庙过夜时，梦里有个神仙说金兵将至。赵构从梦中惊醒，看见庙外已备好一匹马，于是立即骑马狂奔。不久之后，金军大将完颜宗弼（也叫兀朮）果然带兵追赶而来。赵构骑马跑到了黄河的一条支流边，前有大河拦路，后有追兵穷追不舍，赵构急得如热锅上的蚂蚁。情急之下，他纵马跳入河中。他和马如在雾里一般，浮在水面上疾行，岸上的金军却看不到他。过河后，赵构骑马来到了一片树林边。那匹马把赵构轻轻放到地上，随后跑进树林不见了。赵构心想："马啊马，你若有心救我，再驮我一程多好，怎么把我抛到这里就走了？"

这时天色已晚，赵构只得走进树林，想找个地方过夜。没想到林中有一座古庙，赵构抬头一看，只见庙门上有块匾额，上面写着"崔府君神庙"。赵构推开门走进去，发现院子里有一个马槽，槽旁卧着一匹泥马，颜色与自己刚才骑的那匹马一模一样，它湿淋淋的，浑身是水。赵构暗

宗泽画像

宗泽是宋朝的抗金名臣，曾联络组织义军抗金，发掘了抗金名将岳飞。建炎二年（1128年），宗泽忧愤成疾，临终前，他仍不忘抗金，连呼三声“过河”，离开人世。

想：“难道渡我过河的，就是此马不成？”他想了又想，忽然失声说，“这马是泥做的，既然沾了水，怎么不坏？”话音刚落，只听见一声响，卧着的泥马就化成了一摊泥。赵构这才明白，这是崔府君神在护佑他。于是他进入殿中对神仙表达了谢意，并许诺将来若能复得大宋江山，一定会为神仙重修庙宇，再塑金身。后来，赵构果然成为南宋的第一位皇帝——宋高宗。

这个神仙显灵救赵构的故事，显然是虚构的，不能当真。它的流传，主要是用来表明赵构即位得到了神仙的护佑，是天命所在。同时，我们也能从这个故事中看出，赵构那段逃难的经历充满了艰辛和危险。

传说背后有故事

那么，从北宋灭亡到南宋政权稳固下来，在连续的战乱和动荡中，历史上的赵构实际都经历了什么呢？

根据史书记载，靖康元年秋，金军分东、西两路再次南下，宋朝的都城东京（今河南开封）已无法组织起有效的防御。宋钦宗被迫任命康王赵构为告和使，同副使王云、参议官耿延禧等赴金营请和。一行人北上到达磁州时，知州宗泽建议赵构不要继续前往金营了，以免像其他皇子那样被金军扣押。赵构有些犹豫，公然违抗圣旨可不是闹着玩的。

此时发生了一段小插曲：赵构由宗泽陪着，去拜谒了磁州当地的一座崔府君庙。庙里供奉着崔府君，还有一匹神马。当时有许多民众聚集在庙周围，劝谏赵构不要再继续北行前往金军大营。混乱中，力主使金的王云被杀。赵构于是留了下来，一行人又退回相州（治今河南安阳）。这个小插曲后来就成为民间传说“泥马渡康王”的缘起，被赵构等人利

衣冠南渡

这个词出自唐代史学家刘知几的著作《史通》，本来是指西晋末年“永嘉之乱”后，晋元帝带着大批中原臣民南渡，在建康（今江苏南京）重建政权。后来，这个词逐渐演化为中原政权、文明南迁的事件。宋代“靖康之变”后，宋高宗赵构率大批臣民南迁，后来定都临安，也被称为“衣冠南渡”或“建炎南渡”。这几次人口大规模迁徙，极大地改变了中国的人口和经济格局，中国的经济重心逐渐从中原转移到江南地区。

南宋哥窑葵口盘

南宋龙泉窑青釉堆塑蟠龙盖瓶

宋高宗手书《天山诗》

作为宋徽宗的儿子，宋高宗也遗传了父亲的艺术细胞，尤其是在书法方面，成就颇高。据史书记载，宋高宗对楷书、行书、草书都非常精通，他从少年时便醉心于书法，当上皇帝后，更是身体力行，提倡大众研习书法，对南宋书坛颇有影响。

用，成为自己“天命所归”的佐证。

这年冬天，两路金军会师东京城下，形势危急。宋钦宗派人送“蜡弹”（封在蜡丸里的秘密文书）到相州，任命赵构为河北兵马大元帅，火速发兵救援东京。赵构率军进入大名府（治今河北大名东），发布檄文，要求河北各地的勤王兵马到大名府会合，听候指挥。此时传来了东京失陷的消息，宋钦宗派人送来了另一封蜡诏，要求赵构率领“天下勤王兵”驻屯在东京附近，形成进逼之势，以迫使金军讲和。但是赵构在和副元帅汪伯彦等人商议后，决定兵分两路：一路由宗泽率领南下，救援东京，并掩护赵构率领的另一路人马，而赵构这一路人马则向东逃往东平府（治今山东东平），由此开启了他一路逃亡的旅程。

颠沛流离逃亡路

靖康二年正月，赵构一行到达东平府，接着又向南逃往济州（治今山东巨野南）。三四月间，金人将宋徽宗、宋钦宗，连同后妃、宫女、宗室、贵戚、官员、工匠等一万四千余人，一起掳掠北上，赵氏皇族几乎被一网打尽。赵构得知这一消息后，如五雷轰顶，顿时没了半点主意。此时，残留的皇族成员和赵构身边的臣僚，都劝他即位以安天下人心。赵构一行又由济州前往南京应天府，经群臣再三劝进，当年五月初一，赵构登基即位，改年号为建炎，他成为南宋的开国皇帝，也就是宋高宗。

当时的官吏军民对新成立的政权寄予厚望，期望宋高宗能够矫治北宋末年的弊政，率领军民收复故土，重整山河。但宋高宗和宰相汪伯彦等人的想法却是割让黄河以北的领土给金人，以求“议和”。因此，宋高宗排斥坚持抗金的李纲、宗泽等大臣，在未能与金“议和”之前，以逃避金兵为上策。当年十月，宋高宗逃离南京应天府，来到了扬州。

南宋郊坛下官窑鬲式炉

郊坛下官窑遗址位于今杭州南郊的乌龟山，在南宋郊坛之东，其产品均为青瓷，以祭祀用品为主，也生产宫廷日用器物。下官窑瓷器造型古朴典雅，胎体质地细腻，釉面有玉器一般的质感。

扬州风景秀丽，物阜民丰，一派和平的景象。长期颠沛流离的宋高宗初到此地，十分满意。可惜好景不长，建炎三年（1129年）春，金军又大举南侵，急袭扬州。宋高宗吓得魂飞魄散，匆忙带领手下逃出城，找了一条小船渡过长江。他经由镇江、建康等地，辗转到达临安。把临安作为临时驻地的宋高宗，又经历了几次危及皇位甚至生命的事件。他刚到临安不久，率部戍守临安的武将苗傅、刘正彦，诛杀了弄权的宦官和奸佞，逼迫宋高宗退位，拥立宋高宗唯一的儿子赵旉（fū），史称“苗刘兵变”。后来在勤王大军的帮助下，宋高宗得以复位。九月，金兵渡江南侵，宋高宗率领一众大臣继续向南逃亡，一直逃到明州（治今浙江宁波），甚至一度漂泊海上。直到建炎四年夏，金兵撤离江南后，宋高宗才又回到临安。绍兴八年（1138年），宋高宗正式下诏建都临安，南宋朝廷偏安东南一隅。绍兴十一年，南宋与金达成“绍兴和议”，宋高宗的皇位和南宋政权最终稳固下来。（葛焕礼）

南宋黑面犀山茶纹漆盒

这件茶纹漆盒使用了雕漆工艺。雕漆始于唐代，做法是在器物胎骨上反复涂漆，直到累积到相当厚度，然后再进行雕刻。

《咸淳临安志》中的南宋杭州皇宫图

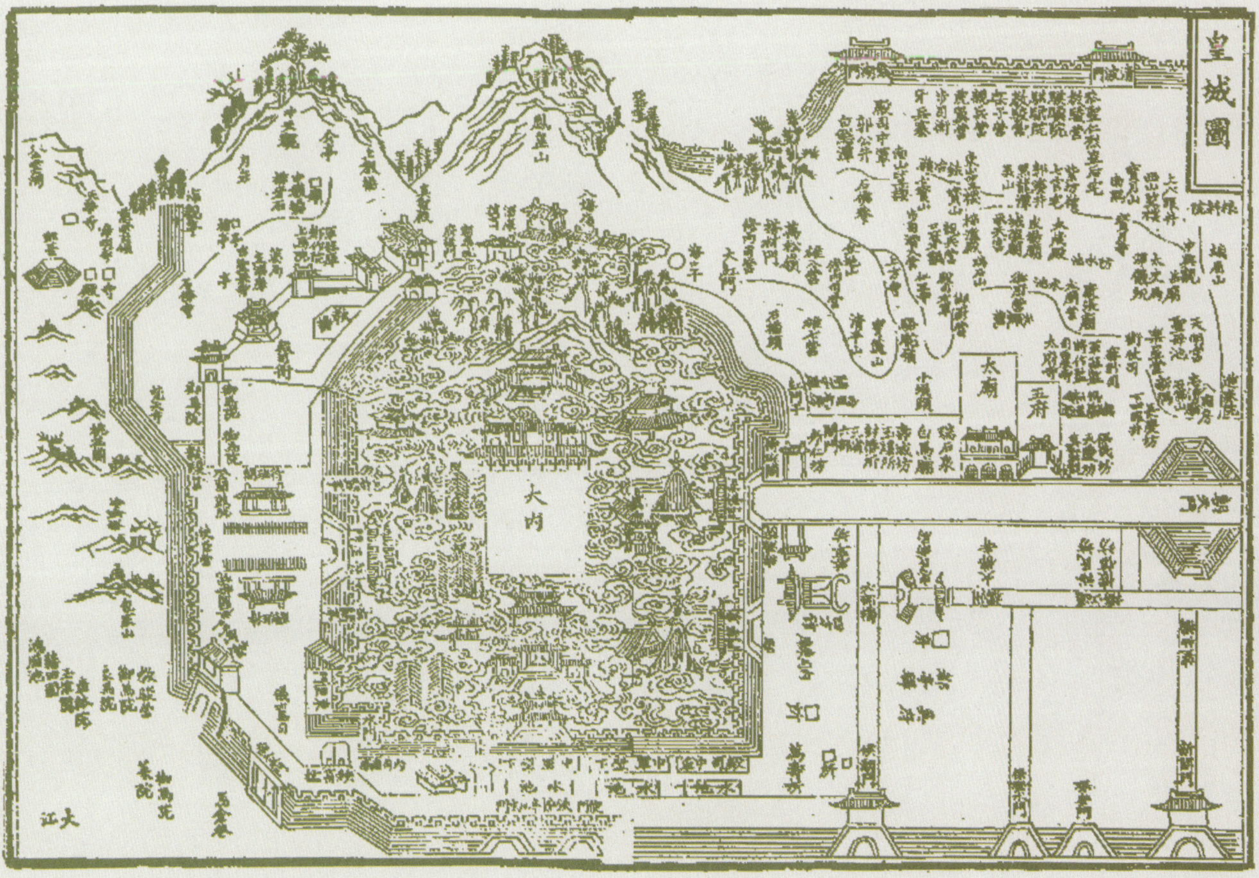

千古才女李清照

和宋高宗赵构一样迫于金军追击，南下逃难的宋人有千千万万，女词人李清照就是其中的一员。她是宋词“婉约派”的代表人物，也是中国古代最著名的女文学家之一。

志同道合，琴瑟和鸣

李清照，号易安居士，齐州章丘（今属山东）人。她出身于书香世家，幼时就颇有才名。十八岁时，李清照嫁给了太学生赵明诚。婚后夫妻二人十分恩爱，生活幸福。李清照在这个阶段写了许多婉约多情的词作。赵明诚要出游，李清照依依不舍，写下了“此情无计可消除，才下眉头，却上心头”的名句。夫妻俩有共同的兴趣爱好，他们诗词唱和，日子过得其乐融融。

据说有一年重阳节，李清照写了一阕（què）《醉花阴》给赵明诚。赵明诚为了胜过妻子，闭门谢客三日，废寝忘食，填词五十余首。之后他把李清照的词混在其中，一起拿给友人陆德夫品鉴。陆德夫看完后说有三句绝佳，赵明诚问是哪三句，陆德夫回答说：“莫道不消魂，帘卷西风，人比黄花瘦。”这正是李清照所写的《醉花阴》中的词句。

李清照画像

花自飘零水自流，一种相思，两处闲愁。此情无计可消除，才下眉头，却上心头。

——［宋］李清照

“词女之夫”

据说赵明诚幼年时曾在梦中看过一本书，醒来后，他只记得书中有一句话：“言与司合，安上已脱，芝芙草拔。”他百思不得其解，便向父亲赵挺之请教。父亲思考了一会儿，告诉他这是一个字谜，谜底是“词女之夫”，预示着他将娶一位会作词的女子。“言与司合”，言字和司字在一起就组成了“词（詞）”字；“安上已脱”，安字的上半部分没有了，剩下的就是“女”字；“芝芙草拔”，芝字和芙字的草字头去掉，就留下了“之夫”二字。“词女之夫”四字就这样解出了。

赵明诚酷爱金石碑刻，是著名的金石学家。他和李清照结婚之初并不富裕，当时他还是太学生，没有俸禄，甚至要典当衣物换钱去购买碑帖。李清照对此从无怨言，每次与他一同欣赏碑帖作品，两人还会因没钱买入心仪作品而唏嘘怅惋。后来，李清照随赵明诚回到赵氏老家青州，夫妻俩在这里潜心搜集、研究金石，过了一段平静、安宁的乡居生活。他们每得到一部新的古籍就校勘整理，对收藏的书画、鼎彝、石刻等把玩品评，彻夜不眠。

在青州乡居十年后，赵明诚再次出仕为官。

《金石录》

赵明诚完成的《金石录》并不是我们今天看到的版本，而只是初稿。在他去世后，李清照又对《金石录》进行修改整理，完成了全部文稿。后人评价《金石录》考证精凿，可补史书的缺失。此后，李清照还写下了著名的《金石录后序》，记叙了《金石录》资料收集、整理及藏品散佚的过程，并借此回忆了自己的一生。全文层次分明，情感丰沛，是李清照留给世人的一篇佳作。

在此期间，他在李清照的协助下，完成了金石学名著《金石录》，这是我国现存最早的碑刻目录和研究专著之一。

国破家亡，晚景凄凉

李清照夫妻恩爱、闲适的生活敌不过社会的动荡。靖康二年（1127年），金兵入侵，灭亡了北宋。当时赵明诚在外任职，李清照独守家中，惶惶不可终日。这一年赵明诚的母亲在江宁府（治今江苏南京）去世，他南下奔丧，后赴江宁府任职。

李清照打算南下与丈夫会合，临走之前，收拾、整理了两人收集的各种书籍、画作。经过多次精简，仍装满了十五辆车。剩余的书籍留在青州老家，占用了十间房，由此可见夫妻二人多年收集的累累成果。可惜的是，随着金军南下，各地兵变四起，李清照留在青州老家的这批书籍在兵变中被一把火烧为灰烬。

李清照带着这十五车书籍器物，一路历经艰险，好不容易到达江宁。夫妻二人在江南再次重逢，并把家安在池阳（今安徽池州）。随后赵明诚又奉旨出任湖州知州，临行之前，李清照问他，如果遇上金军入侵，要怎么处理两人的藏品。赵明诚说："万不得已时，先丢弃箱笼辎重，然后丢

［宋］李迪《雪树寒禽图》

此画结合了工笔和写意的画法，描绘了冰天雪地中，一只停留在虬曲枯枝上的伯劳鸟。画面视野开阔，主题突出，展现出伯劳鸟顽强的生命力，是南宋花鸟画的佳作。

衣服和被褥，再丢掉书籍、卷轴和古器。但是那些宗庙祭器等贵重物品一定要随身携带，与自身共存亡，千万别忘了。”说完，赵明诚便策马离去。

词的“上阕”和“下阕”

“阕”有乐曲终结的意思，因此，一首乐曲也称“一阕”。词是与乐曲有密切关系的文学形式，一首词也称“一阕”。一首词一般由上、下两片组成（慢词也有三片、四片的），也常用“阕”来指称，称为上阕、下阕或者前阕、后阕。

谁也没想到，这次夫妻分别竟是生死离别。赵明诚一路奔波，刚到天子所在地建康府（建炎三年由江宁府改）就病倒了。李清照听说后急急赶去，在赵明诚病危之际，她与丈夫见了最后一面。

丈夫去世，家园被毁，这给李清照带来了极大的打击，也使她的生活陷入困苦。李清照后期的词作充满了凄凉哀伤的思念之情，如“物是人非事事休，欲语泪先流”（《武陵春》）、“谁怜憔悴更凋零，试灯无意思，踏雪没心情”（《临江仙》），以及极负盛名的“寻寻觅觅，冷冷清清，凄凄惨

婉约派

婉约派是宋词的风格流派之一。婉约词的内容注重儿女情长，结构深思缜密，韵律婉转和谐，语言清丽圆润。李煜、晏殊、柳永、秦观、李清照、姜夔等人，都是婉约派词的代表作家。

宋、元年间的黑漆嵌螺钿人物图盒

螺钿是中国的一种传统工艺，至迟诞生于西周时。用贝壳薄片制成人物、鸟兽、花草等图像，嵌在器物上作为装饰，这种工艺可以和雕漆、描金等工艺结合。

惨戚戚”（《声声慢》），从中可以看出生活经历对李清照创作风格的深刻影响。

后来，李清照携带家中所有收藏，追随逃难的宋高宗，欲将物品献给朝廷。这些物品、藏书在颠沛流离中或丢失、或遭窃，仅有极少数留存下来。李清照随着宋高宗逃难的路线，在浙东一带辗转漂泊，境遇十分悲惨。

婉约才女，爱国豪杰

李清照工诗能文，但她在词的创作上取得了更高的艺术成就。李清照是宋词婉约派的代表人物，她的词有着女性作者独有的含蓄婉转、灵动细腻，以吟唱爱情、人生为主。李清照的前半生写了许多描绘悠闲生活的词，感情真挚，刻画细腻，其中洋溢着对大自然的热爱和对美好爱情生活的向往。后来，随着家国境遇的变迁，她的作品风格也随之改变。

南渡之后，李清照的词一改早期的明快、清丽，充满孤寂、凄苦之情。国破家亡、颠沛流离的悲惨遭遇，都一一反映在她的词作之中。

李清照心怀家国天下，对江山社稷始终非常关切。“靖康之变”后，目睹当时朝廷的懦弱和退守，她悲愤不已，写下了“生当作人杰，死亦为鬼雄。至今思项羽，不肯过江东”（《夏日绝句》）这一流传千古的豪迈诗句，充满了浓浓的爱国主义情怀。这一时期，李清照诗、文的思想性都有了显著变化。

李清照晚年定居临安，在凄凉苦楚中悄然离世。去世后不久，她协助整理的《金石录》终于刻印问世。李清照的诗文集在当时就曾刻印行世，据记载，有《漱玉集》《易安居士文集》等，可惜大多没有保存下来。现在流传下来的李清照的诗文及词作都是后人所辑，有不同版本的《漱玉词》《漱玉集》留存于世。

李清照留存的诗、词数量不多，诗有十几首，词有四十多首。她留下来的诗、词脍炙人口，首首精品，尤以词作著称。李清照将婉约派词推向了新的高峰，她的词也被称为“易安体”。李清照可以说是中国文学史上成就最高的女词人，被誉为“千古第一才女”。（郭　炜）

山东济南李清照纪念堂旁的漱玉泉

此泉得名于《世说新语》中“漱石枕流”这一典故。相传李清照常在这座泉畔构思词作，因此她的作品集便被命名为《漱玉集》。

韩世忠黄天荡大破金军

南下的金军一路势如破竹，终于碰到了难啃的“硬骨头”。在黄天荡，抗金名将韩世忠指挥宋军挫败了金军的进攻，使金军此后不敢轻易渡江南犯，保全了南宋朝廷的半壁江山。

沿江布局阻敌

建炎三年（1129年）秋，金朝以完颜宗弼为统帅，率领十万金军渡过长江，大举南犯。宋高宗一路逃亡，逃到了明州、台州。金军攻破建康，直逼临安。南宋军民对金军的入侵非常愤慨，纷纷抵抗。金军进攻受阻，满载着搜刮来的战利品，准备沿运河北撤。宋军将领韩世忠率领水师八千人，乘海船从长江口急趋镇江，准备截断金军的归路。

韩世忠是延安人，他十八岁从军，性格粗犷、豪爽，打仗十分勇猛，早在宋军与西夏作战时就立下不少战功。宋金战争刚开始时，韩世忠率部众在河北一带抗击金军，是北宋末年为数不多的一支劲旅。后来他跟随宋高宗南下，在“苗刘兵变”中护驾有功，深得宋高宗信任。他的夫人梁氏文武双全，常常协助丈夫指挥作战，是一位巾帼英雄。

当时，韩世忠侦察到完颜宗弼率军北撤的情况后，决定在镇江进行阻击。他故意兵分三路，分别驻守通惠镇、江湾和海口（皆在今上海一带），摆开阵势，操练水战，使金军不敢从这些地方通过。

为了迷惑敌人，次年上元节（即元宵节），韩世忠又下令在秀州（今浙江嘉兴）城中张灯结彩，大闹元宵。正当大家欢庆佳节的时候，他悄悄率领兵马，连夜直奔镇江。

完颜宗弼侦察到通惠镇、秀州等地都有韩世忠的驻军，果然不出所料地避开了那些地方，带领大队人马沿着运河北上，准备从镇江渡江北撤。

> **梁红玉其人**
>
> 民间流传着韩世忠妻子梁红玉击鼓抗金的故事。这种说法最早见于民间的野史和话本，到了明代张四维所写的传奇《双烈记》中，才出现了“梁红玉”这个名字。史籍中并没有记载韩世忠妻子的具体名字和生卒年，只称她为梁氏。

险捉完颜宗弼

建炎四年三月，完颜宗弼率军抵达镇江，他发现江面上都是韩世忠的兵船，这才觉得情况不妙。完颜宗弼想探查一下宋军的虚实，就带领四名部将，骑马悄

韩世忠画像

江苏镇江“黄天荡”石碑

悄登上了江边山上的龙王庙，暗中观察宋军部署。

谁知这一切早在韩世忠的预料之中。镇江位于运河与长江的交汇处，西临建康，北接长江，东、西有焦山和金山可控制江面。韩世忠猜想敌人会登上江边山上的龙王庙查看军情，于是他预先派了两百名精兵埋伏在龙王庙内，又派两百名精兵埋伏在山脚下，约定听到鼓声后，山脚下的伏兵首先出击，截断敌人的退路，庙里的伏兵再跟着杀出来，前后夹击，以活捉敌将。

完颜宗弼一行来到山顶，埋伏在庙里的宋军杀敌心切，还没等到鼓声响起就杀了出来。结果只捉住了两个敌人，另外几人拨转马头，夺路而逃。其中一人衣着华丽，显然不是普通金兵。只见他在慌忙中跌下马来，又立刻跳上马背，狂奔而去。后来宋军审问抓来的俘虏，才知道那人就是完颜宗弼。

镇江水战大捷

完颜宗弼见宋军已有准备，知道一场恶战无法避免。他倚仗人多势众，就派人和韩世忠约定日期决战。韩世忠深知敌强我弱，因此做了周密部署。他布置大战船封锁江面，不让金军向北逃窜，以示全歼金军的决心。

决战日到来，双方在长江南岸江边摆开阵势。当时宋军只有八千人，金军却多达数万，兵力相差悬殊。但韩世忠毫不畏惧，亲自披挂上阵，率领战船冲入敌阵。他的夫人梁氏也全身戎装，立在高处击鼓助威。宋军将士见主帅夫妇一同上阵，深受鼓舞，奋力拼杀。金军劳师远征，虽然人多势众，但将士们都十分疲劳，再加上不擅水战，哪里是宋军的对手！此次水战，宋军大获全胜，歼灭不少敌人。

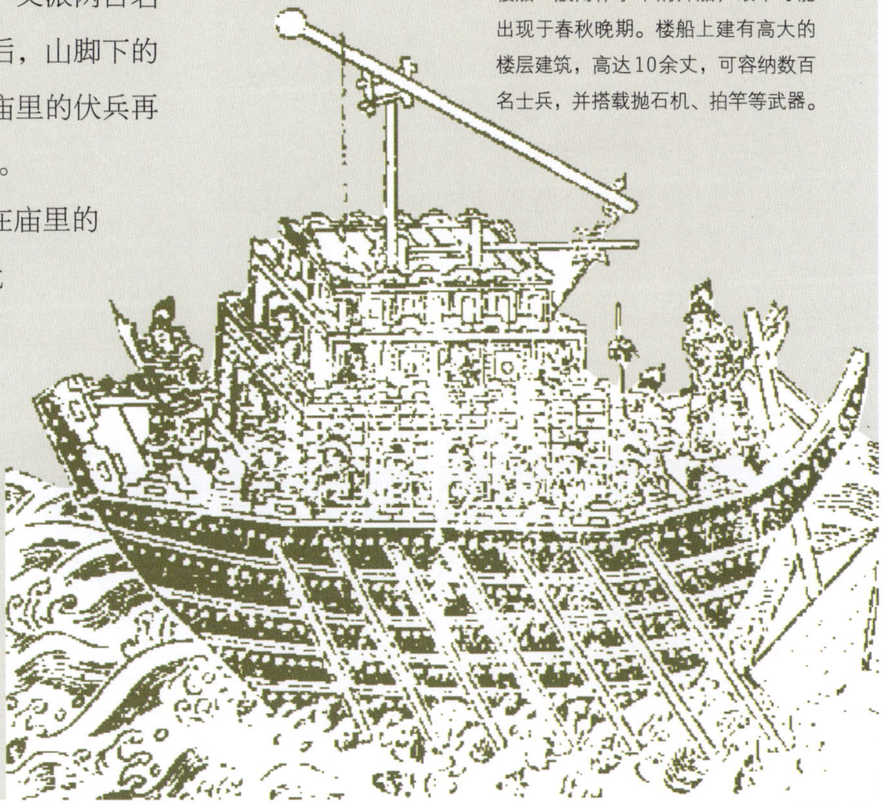
《武经总要》中的宋代楼船

楼船一般用作水军的帅船，最早可能出现于春秋晚期。楼船上建有高大的楼层建筑，高达10余丈，可容纳数百名士兵，并搭载抛石机、拍竿等武器。

锁敌黄天荡

完颜宗弼见无法战胜宋军，便派人向韩世忠请求借道渡江，并愿意交还自己一路掠夺的财物、人马，但被韩世忠拒绝了。无奈之下，完颜宗弼只得带领剩余人马，沿长江南岸西上，寻找渡江之路。韩世忠则率水军一路堵截。在宋军的追击之下，不熟悉长江水道的金军退到了黄天荡（长江下游的一段，在今江苏南京东北）。黄天荡一带虽然江面辽阔，但地势不利于进攻，出口处又被宋军封锁。金军既渡不了江，又无法撤退，进退两难，处境非常不利。

[宋]马远《水图·洞庭风细》

[宋]马远《水图·云生苍海》

[宋]马远《水图·长江万顷》

江北的金军听说完颜宗弼被围困在黄天荡，分头乘着轻舟渡江，前去救援。哪知韩世忠对此早有准备，他派大战船封锁江面，船上备有用铁链连接的大铁钩。金军小船一旦靠近，宋军就抛出大铁钩，钩住小船，然后用力拉动铁链，把金军的小船掀翻。金军小船接二连三地被掀翻，沉入江中，那些还没有被宋军钩住的小船，都纷纷逃回江北去了。

完颜宗弼一筹莫展，亲自到阵前向韩世忠哀求，请求放他们一条生路。韩世忠厉声回道："除非你们放还掳走的两位大宋皇帝，归还大宋疆土，才可以放你们过去！"完颜宗弼听了，无言以对，只得灰溜溜地回营。过了几天，完颜宗弼又要求在阵前会见韩世忠，他在阵前出言不逊，韩世忠一听，愤怒地拿起弓箭要射死他，吓得完颜宗弼连忙逃了回去。

金军被围困在黄天荡一个半月，内无粮草，外无救兵，形势危急。完颜宗弼急得像热锅上的蚂蚁，他召集众将想办法。有人献计说："黄天荡北面有一条淤塞的河道，只要把它挖通，便可直达宋军上游，这样便可绕过宋军，渡江北撤。"

完颜宗弼一听，喜出望外，连夜派兵挖通了三十里长的淤塞河道，又杀了白马，割破自己的额头祭天。第二天清晨，风平浪静，金军乘着轻舟，向北逃去。宋军船队虽然严阵以待，但风力不足，

南宋“绍兴十四年”铭银塔

这件文物出土于浙江宁波天封塔地宫。天封塔是宁波市内的一座佛塔，最早建于唐武周时期。宋建炎四年（1130年），南下的金军占领了明州，天封塔及所在的天封寺被焚毁。绍兴十四年（1144年），天封塔重建，后来又多次重修。20世纪80年代，在对天封塔重修的同时进行了考古挖掘，出土了大量珍贵文物。天封塔的这段历史反映了南宋人民顽强抵抗金军的斗争史。

黄天荡之战的规模

关于黄天荡之战的具体规模，《宋史》和《金史》中的记载差别很大。《宋史》中说金军有十万人，不过按照金军战船的数量，显然不足以运载那么多士兵。而《金史》中说金军只有四千人，但按照之前的折损和黄天荡之战挖通河道的速度来看，人数应该不止四千。对立双方的史书各说各话，这在历史中是常有的事情。

宋军的大船没法追上金军灵活的小船，让敌人抢占了先机。此时金军又射来火箭，宋军战船纷纷起火，只好眼睁睁地看着完颜宗弼率领残兵逃走。

通过这一系列水战，韩世忠以八千人的军队，将金军围困在黄天荡长达四十八天，把完颜宗弼的数万大军打得狼狈而逃，一举扭转了南宋朝廷一味仓皇败退的局势。此战之后，金军再也不敢轻易渡江南犯，这也为南宋朝廷的稳定争取了宝贵的机会。（葛焕礼）

［宋］马远《水图·黄河逆流》

《水图》共12幅画面，分别名为《波蹙金风》《洞庭风细》《层波叠浪》《寒塘清浅》《长江万顷》《黄河逆流》《秋水回波》《云生苍海》《湖光潋滟》《云舒浪卷》《晓日烘山》《细浪漂漂》。画家通过高超的笔墨技法描绘了江、河、湖等不同类型的水，在不同状态下的动态和光感，是中国古画中相当少见的作品。

撼山易，撼岳家军难

在抗击金军的过程中，南宋涌现出了一批骁勇善战的名将，岳飞就是其中最耀眼的一个。他率领纪律严明的“岳家军”多次大败金军，以至于金人惊呼：“撼山易，撼岳家军难！”

少年英雄，骁勇善战

岳飞出身于相州汤阴（今属河南）的农民家庭，他自幼习武，膂（lǚ）力过人，二十岁不到就能拉开三百斤的弓。岳飞从小就崇拜关羽、张飞等英雄豪杰，喜欢读《左传》和三国故事，想要建立一番功业。

岳飞画像

北宋末年，战乱频繁，二十岁的岳飞如愿以偿上了战场。此后，他数度从军，最后归属于河北兵马大元帅府武翼大夫刘浩麾下。目睹金军入侵带来的生灵涂炭，岳飞义愤填膺，他毅然告别母亲、妻儿，投身到如火如荼的抗金战争中，并在刘浩、宗泽的抗金义军中屡立战功。

宋高宗即位之初，岳飞不顾自己官职低微，上书宋高宗要求抗金，反对消极避战，结果被扣上“小臣越职，非所宜言”的罪名，被革去官职，开除军籍。但他始终不忘抗金报国之志，后来又投奔河北西路（治今河北正定）招抚使张所，被破格提拔。此后，岳飞辗转于不同主帅麾下，展现出卓越的军事才能，终于受到宋高宗嘉奖，成为独当一面的主将。

《说岳全传》与“岳母刺字”

南宋以来，岳飞的传奇故事广泛流传于民间，元、明时期，人们编写了数不清的杂剧、传奇、演义小说，缅怀这位悲剧英雄。在这些文艺创作的基础上，由清代小说家钱彩编次、金丰增订的《说岳全传》，成为此类英雄传奇小说中的佼佼者。

传说，岳飞从军前，母亲在他背上刺了“精忠报国”四个字，希望他能够矢志不渝地报效祖国。但这一故事并未见于宋人笔记、野史等，元人所修的《宋史》中也只提到岳飞背部刺有“尽忠报国”四个大字，没有说明是何人所刺。“岳母刺字”一事最早见于《说岳全传》，流传于后世，成了家喻户晓的故事。

颐和园长廊彩画《岳母刺字》

建炎三年（1129年）秋，金朝发动大军南侵，准备打过长江，消灭南宋。十一月，金军中路军主帅完颜宗弼突破了长江防线，对宋高宗穷追猛打，相继攻占建康、明州等地。宋高宗被迫渡海逃亡，一度逃到了海上。

金军的残暴掠夺激起了南宋军民的奋力反抗，惯于骑马征战的金军不适应江南河湖遍地的地形，不得不于次年二月北撤。退到镇江时，数万金军受到宋军名将韩世忠阻击，在黄天荡受困四十八天后仓促突围。金军撤退途中，岳飞率军斩获数千名金军，收复东南重镇建康，取得了一次大胜。

收复六郡，威名远播

金军的全面进攻没能灭亡南宋，反而付出了不小的代价。于是金朝统治者改变了策略，册立北宋的降臣刘豫为大齐皇帝，建立了一个傀儡政权——伪齐政权，接管黄河故道以南的河南、陕西地区，作为金和南宋之间的缓冲地带。同时，金朝将全面进攻的战略改为西攻东守，集中力量进攻四川、陕西等地，企图从西面迂回包围南宋。

南宋方面主持西北战事的张浚轻敌冒进，派出川陕五路大军在富平与金军展开激战。结果因仓促迎战，五路人马各自为战，其中赵哲一路先逃，致使宋军大败。张浚率部退往和尚原（今陕西宝鸡西南）一带据险防守，手下大将吴玠、吴璘兄弟俩在和尚原苦战死守近一年，最终打败金军，这才稳住了川陕防线。

和尚原之战

富平之战后，金军乘胜追击，进据陕西渭水北岸，直接威胁到南宋由陕西进入四川的交通要道。川陕宣抚处置使张浚命令大将吴玠在大散关（今陕西宝鸡西南）一带据险设防。吴玠拒绝了部下退守汉中的建议，招募士兵，在大散关以东的险要之地和尚原修筑工事，积聚粮草，决心死守。

绍兴元年三月至五月间，金军向和尚原发动数次试探性攻击，都被吴玠击退。十月初九，金军元帅完颜宗弼为一雪前耻，发动十万大军猛攻和尚原。宋军依托地形和弓弩的优势，与金军苦战数日。十一日晚，吴玠自领精兵迂回至金军后方，截断了金军的粮道，又让弟弟吴璘率军埋伏在金军撤退的必经之地。第二天凌晨，金军人困马乏，在撤退的路上被宋军伏击，金军大败，完颜宗弼身中两箭，狼狈败逃。这就是宋金战争中著名的和尚原之战，也是宋、金开战以来宋军的首次大捷。

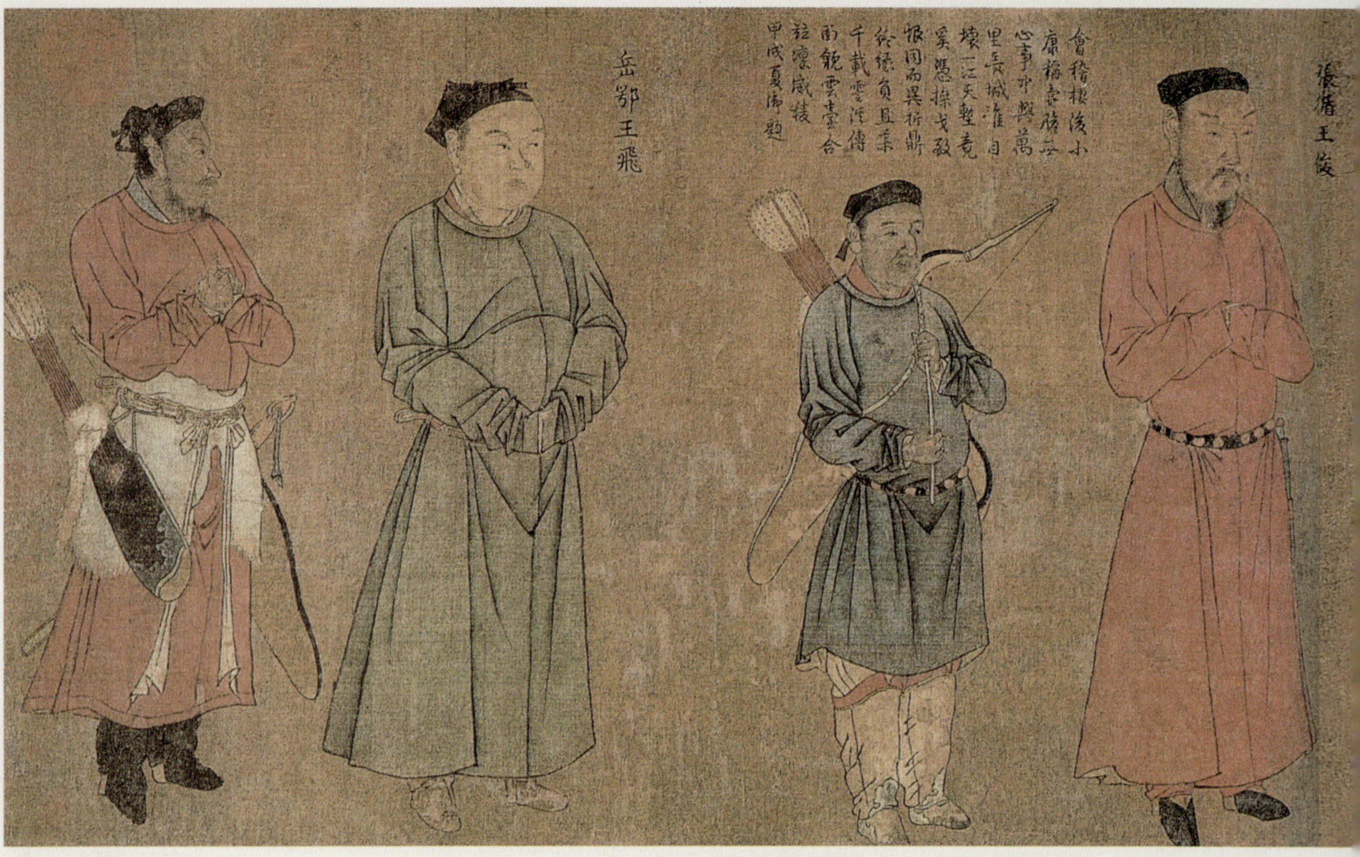

［宋］刘松年《中兴四将图》

图中从左到右四个主要人物分别是岳飞、张俊、韩世忠、刘光世，他们是南宋初年著名的抗金军事统帅，并称“中兴四将”。不过中兴四将的战功差距很大，其中刘光世一向畏惧金军，虽然手下兵员众多，却经常怯战逃避，张俊晚年更是投靠秦桧，成为迫害岳飞的主要帮凶之一。反而是不在中兴四将之列的吴玠，曾多次打败金军，保全了南宋的巴蜀之地，战功并不逊于这几位“中兴”之将。

满江红

［宋］岳飞

怒发冲冠，凭阑处、潇潇雨歇。抬望眼，仰天长啸，壮怀激烈。三十功名尘与土，八千里路云和月。莫等闲、白了少年头，空悲切。

靖康耻，犹未雪。臣子恨，何时灭。驾长车，踏破贺兰山缺。壮志饥餐胡虏肉，笑谈渴饮匈奴血。待从头、收拾旧山河，朝天阙。

这是一首传诵千古的名作，表达了作者以国家存亡为己任的赤胆忠心。也有学者认为这首词并不是岳飞所作，而是托名岳飞之作。但不管怎样，词作里强烈的爱国主义精神感染了一代又一代人。

绍兴三年（1133年），伪齐政权在金兵配合下占领了襄阳等地。襄阳位于长江中游，自古以来便是兵家必争的战略要地。伪齐占据了襄汉地区，就切断了南宋东南地区与川陕的联系，威胁到南宋朝廷的安全。意识到事态的严重性，第二年，岳飞向朝廷上书，提出收复襄阳六郡的主张，并认为若要收复中原，就一定要先夺回襄阳。宋高宗采纳了岳飞的建议，命他出兵收复襄阳，但又严令岳

南宋哥窑五足洗

飞只准收复襄阳等六郡，不得越界用兵，也不准打出北伐的旗号。

绍兴四年四月，岳飞率兵出征，屡战屡胜，不到三个月就相继收复了郢州、襄阳、邓州等地。岳飞领导的军队在战斗中军纪严明，勇敢善战，“冻死不拆屋，饿死不掳掠”，是当时战斗力最强的军队之一，赢得了“岳家军”的美称。就连金军也直呼：“撼山易，撼岳家军难！”

接到岳飞收复襄阳六郡的捷报，宋高宗喜出望外。年仅三十二岁的岳飞也因此被封为清远军节度使，成为南宋抗金的中流砥柱。

> **八字军**
>
> 建炎元年，宋军将领王彦北上败于金军，率领部下退入太行山，因所有将士面部都刺有“赤心报国，誓杀金贼”八个字，这支军队得名“八字军”。后来八字军不断发展壮大，曾多次击败金军，成为南宋初年一支著名的抗金力量。绍兴十年，由刘锜率领的八字军在顺昌之战中大败金军主力。

尽忠报国，冤死狱中

绍兴六年，岳飞率军北伐伪齐，收复今河南、陕西的大片失地。伪齐军队不堪一击，宣告金朝“以汉治汉”方略的破产，于是金熙宗废除了伪齐政权，直接统治河南、陕西地区。

经过多年浴血奋战，宋军越战越勇，一改立国之初不战自溃的景象，涌现出岳飞、韩世忠、吴玠等一大批杰出的抗金将领。金军伤亡惨重，金朝统治者意识到无法通过战争灭亡南宋，于是转而同

秦桧画像

南宋议和。

绍兴八年初，宋高宗再次起用坚决主张议和的秦桧，到这年年底，宋、金两国达成初步协议。双方约定以黄河为界，南宋向金称臣，每年向金进贡银二十五万两、绢二十五万匹。金朝同意“赐还”原伪齐所辖的河南、陕西等地，并归还宋徽宗和郑皇后的梓宫（帝、后的棺椁，此时宋徽宗已去世）。宋、金之间取得了暂时的和平。因为这一年是金熙宗天眷元年，所以又称“天眷和议”。

这时，金朝统治阶级上层发生了激烈的权力斗争。金熙宗在完颜宗弼的支持下，以谋反的罪名诛杀了操纵军政大权的完颜宗磐、完颜宗隽等人。大权在握的完颜宗弼属于坚决的主战派，他强烈反对把河南、陕西归还给南宋。为了重新夺回河南、陕西等地，绍兴十年五月，金朝悍然撕毁和议，兵分四路，大举攻宋。

杭州岳王庙中的秦桧及其妻子秦王氏跪像

在南宋朝廷内部，秦桧是主和派的主要代表，他在位期间结党营私，排斥异己，陷害忠良，是中国历史上有名的奸臣。成语“东窗事发”以及杭州著名早点“葱包烩”，都和秦桧这个奸臣有关。

完颜宗弼率军南侵，给了宋高宗和秦桧当头一棒，铁的事实证明：一味屈膝求和，并不能带来真正的和平。

为了挽救危亡之中的宋朝，广大爱国民众配合宋军浴血奋战。在顺昌（治今安徽阜阳），完颜宗弼率领的金军主力被南宋名将刘锜的八字军击败，退回开封。岳飞趁势反击，先后在郾城、颍昌（治今河南许昌）战胜金军，收复了河南广大地区。与此同时，岳飞命令部将梁兴等人渡过黄河，深入金军后方，联络河北、山西等地的义军，对金军进行南北夹击，战争胜利的天平开始偏向南宋一方。

正当岳飞准备举兵收复中原之时，宋高宗和宰相秦桧却只求自保，一心想要与金人议和。一日之内，朝廷连发十二道金牌，强令岳飞退兵。接到如此荒唐的命令，岳飞悲愤地感叹道：“十年之力，废于一旦！”他多年征战所收复的失地也重新沦入金军之手。

绍兴十一年，岳飞被召回临安，很快被解除了兵权。他仍反对议和，遭到秦桧及其党羽的弹劾。但岳飞自二十岁从军以来，戎马倥偬多年，始终战斗在抗金最前线，念念不忘以恢复中原为己任。他不蓄姬妾，不营私财，廉洁正派，在南宋朝廷中极为罕见。任凭秦桧一伙如何绞尽脑汁，罗织罪名，他们也无法将岳飞定案，只得以“莫须有”的罪名，将岳飞秘密处死。一代抗金名将未能马革裹尸、战死疆场，却死于自己所捍卫的朝廷之手，真是可悲可叹！（江小涛）

[宋] 苏汉臣《秋庭婴戏图》

此图描绘了秋日庭院中儿童游戏的场景，画中的小朋友表情全神贯注，衣着整洁，圆润可爱，生动形象地表现了宋代儿童的生活场景。

书生采石勇退敌

岳飞死后，宋、金两国达成了短暂的和平，但没过多久，金朝再次发动大军，意欲灭亡南宋。危急关头，一位书生挺身而出，率军以寡击众，打败了金军，挽救了危亡之中的南宋。

宋金对峙，剑拔弩张

绍兴十一年（1141年），宋、金两国达成和议，约定东以淮河中流为界，西以大散关为界，划定疆域，宋朝割让之前被岳飞收复的邓州等地，宋向金称臣，每年向金缴纳贡银二十五万两、绢二十五万匹，这就是“绍兴和议”。两国停兵休战，各守国境。此后近二十年，宋、金双方维持和平的局面，并无大战发生。

看似宁静祥和的气氛下，北方的金朝却酝酿着一场巨变。

绍兴十九年十二月，身为金朝丞相的完颜亮发动政变，杀死金熙宗完颜亶（dǎn），自立为帝，他就是海陵王完颜亮。完颜亮是金太祖完颜阿骨打的孙子，自幼崇尚汉文化，他的性格和隋炀帝有些相似，才智过人，却好大喜功，为人残暴。金朝的许多重要改革都是在完颜亮统治时期开始的。完颜亮夺得皇位之后便开始谋划向南迁都，将都城从偏远寒冷的上京会宁府（今黑龙江哈尔滨阿城区南）迁到燕京（今北京），以加强对北方和中原地区的控制。

海陵王完颜亮雕像

绍兴二十八年，完颜亮征调人手，夷平北宋时修建的宫殿，大肆营造南京（原北宋都城东京，今河南开封），准备以此为基地，为攻打南宋做准备。他一面命人建造战船，一面征调兵马，试图一举灭亡南宋。

至于南宋这边，自绍兴和议以来，宋高宗赵构不思进取，置边境防务于不顾。他对完颜亮的野心毫无察觉，满足于偏安一隅，朝中大臣也一味主和，对即将到来的危险置若罔闻。

> 提兵百万西湖上，立马吴山第一峰！
> ——［金］完颜亮

危急关头，书生主战

在南宋朝廷中，虞允文是少数察觉到金军动向的人。他出生于隆州仁寿（今属四川），自幼聪颖好学，为人光明磊落，胸怀大志，说话做事都有法度。人们见了他，都觉得此人将来会成为国家的栋梁。

绍兴三十年，虞允文出使金朝，他发现金人正在大规模地运粮造船。辞行之际，完颜亮又说道：“我要到洛阳去看牡丹花。”虞允文回朝之后，将他在金朝的所见所闻一五一十地奏报给宋高宗，恳求朝廷加强淮河沿线的防务力量。

第二年九月，金人在淮河上建造浮桥，为渡河做准备。完颜亮亲自率兵出征，号称百万大军。金军的毡房一座连着一座，战鼓之声雷鸣不绝，声势浩大。负责淮西防务的王权不战而退，导致金军如入无人之境，顺利渡过淮河。

听到金军来犯的消息，南宋都城临安城内一片慌乱，很多官员收拾好金银细软，随时准备带着妻儿老小逃跑，就连宋高宗本人也打算再度乘船逃到海上。在陈康伯、虞允文这些主战派人士的坚持下，宋高宗不得已才下令准备应战，任命叶义问到江淮督战，虞允文任参谋军事。

当叶义问、虞允文到达前线之时，金军已将战线推进到长江沿岸。十一月初，完颜亮率领大军逼近采石（今安徽马鞍山西南），计划从采石渡江，夺取建康。

为了重振长江防线，朝廷罢免了王权，命李显忠接替主帅之职。叶义问派虞允文催促李显忠到任，并到采石犒劳军队。到达采石后，虞允文看到宋军群龙无首，士气低落，士兵们脱掉铠甲，解下马鞍，三三两两地散坐在路旁。眼前的形势让虞允文感到非常紧迫，他觉得若要坐等李显忠上任，定会贻误战机，必败无疑。

于是他立即召集将士，用忠义之道勉励他们，对他们说：“金帛财物、朝廷旨意都在这里，等打了胜仗就给大家论功行赏。”众人听了虞允文的一席话，马上振作起来，纷纷回应道：“既然有您做主，我们愿意拼死一战。”

这时，有人劝告虞允文说：“您是奉命来犒劳军队的，并未受命督战，若打了败仗，难道要让

海战中的火器

采石之战中，宋军使用了霹雳炮等火药武器攻击金军。在此之前，宋军在唐岛海战中也曾使用火器大败金军，这是人类历史上首次在海战中大规模使用火器。

《武经总要》中描绘的爆炸性火器“霹雳火球”

安徽马鞍山采石矶风光

《古今图书集成》中描绘的海鹘船

海鹘船头低尾高，前宽后窄，两侧配有鹘翼形浮板，稳定性好，不易翻船。

您来承担这份罪责吗？”虞允文听了斥责道：“如今江山社稷已岌岌可危，我又能退避到何处？”

于是，虞允文这个从未带兵打过仗的书生，义不容辞地承担起了主帅的职责。

采石之战，大破金军

此时，宋、金双方兵力悬殊，宋朝军队只有一万多人，面对来势汹汹的金军，简直就是以卵击石。

大敌当前，虞允文亲自视察战场，他命令将士们排好阵形，按兵不动，把战船分为五队，两队沿东西两岸巡行，一队驻守长江中流，埋伏精兵准备战斗，两队藏在小港中以备不测。

虞允文刚布置完毕，完颜亮就手持小旗子，指挥金军横渡长江，七十艘金军战船转眼间就到达长江南岸，杀向宋军，逼得宋军被迫后退。这时，虞允文奔入阵中，拍了拍大将时俊的后背说：“大家都知道将军胆略过人，现在怎么能像胆小鬼一样躲在军阵后面呢？”

时俊被虞允文一激，燃起了斗志，挥舞着双刀冲向敌人，其他将士也都纷纷跟上，与敌人展开殊死搏斗。江中的宋军战船趁机冲向敌船，还使用霹雳炮，击沉了许多金军战船。金军士兵纷纷落水身亡，剩下的金兵还在继续作战，直到日暮时分也没有撤退。

这时，恰巧有一批从其他战场上败下阵来的宋军残兵到来，虞允文让他们拿着军旗战鼓从山后面冲出来，以此来迷惑敌人。金军以为是宋军的援军到来，吓得赶紧撤退。虞允文又命弓箭手一阵猛射，大败金军。这一战宋军杀死金军四千多人，俘虏五百余人。那些逃回江北的金兵，完颜亮认为他们没有拼命战斗，就把他们都杀了。

虞允文雕像

虞允文行孝

虞允文对父母十分孝顺。母亲过世后，他因过度悲伤而变得瘦弱不堪，一天到晚在母亲的墓旁哭泣，悲痛的哭声甚至引来两只乌鸦在墓旁干枯的桑树上筑巢。虞允文惦念父亲孤身一人且身患疾病，七年没有调动官职，一直留在父亲身边。等到父亲去世后，他才在绍兴二十三年（1153年）考取进士，到其他地方任职。

采石之战的规模

关于采石之战的具体规模，历来有很多争议。许多文章说虞允文以一万多宋军击败了四十万金军，对这种说法，南宋时就有人提出过质疑。因为金军在淮河一带推进很快，许多战船来不及抵达长江，只得在当地砍树拆房，建造新船。另外，根据史籍中的记载，虞允文在采石之战中击毁、烧毁了数百艘金军战船，这些战船显然不足以装载四十万金军。

虞允文向朝廷上奏捷报，又犒赏了将士。不过他担心敌人还会卷土重来，提醒大家说："敌人今天被打败了，明天一定会再来。"果然不出虞允文所料，第二天，金军又杀了过来。在虞允文的布置下，宋军早有准备，从两面夹击金军，焚烧了三百艘金军战船，敌人仓皇逃走。

采石之战失利之后，完颜亮率军赶赴瓜洲（今江苏扬州南），企图改由此处渡江，又遭到虞允文等所率宋军主力的阻击。金军连吃败仗，军心不稳。而完颜亮为人残暴，吃了败仗后急于求成，杀了一大批宗室、大臣，金军内部发生动乱，完颜亮被部下杀死。而后方的完颜雍趁完颜亮南征，已在金朝东京（治今辽宁辽阳）即位称帝。为了稳定局势，他主动派人与南宋议和。

采石之战中，南宋军队在虞允文的指挥下，力挫金军主力部队，打破了金朝想要灭亡南宋的计划，为南宋赢得了喘息之机，南宋与金从此进入对峙的格局。

世人常言"百无一用是书生"，但虞允文一介书生，受任于败军之际，救国家于危难之间，他的事迹为人们广泛传颂，成为书生报国的典范。（王超群）

安徽马鞍山三台阁近照

三台阁始建于明崇祯年间，位于采石矶的最高点，可居高临下，俯瞰万里长江。

爱国诗人陆游

南宋朝廷偏安江南，一味求和，引起了广大军民的强烈不满，著名的爱国诗人陆游就是其中的代表。他主张北伐抗金，收复故土，一生创作了大量诗歌，记录了南宋的国家政治、百姓生活、山川风景，堪称一部诗歌版的南宋历史。

抹不去的童年烙印

陆游刚出生不久，就发生了“靖康之变”。动荡的局势之下，生灵涂炭，民不聊生，陆游一家也四处逃难，居无定所。有时半夜听到金兵打来的消息，家人们不得不带着年幼的陆游马上逃走，怀揣干粮躲在草丛中，甚至十来天都不能烧火做饭。在外逃难多年，直到九岁的时候，陆游才随家人回到故乡山阴（今浙江绍兴）。这段经历在陆游心里留下了深深的烙印。

陆游的父亲陆宰知识渊博，且富有爱国思想，在山阴居住时，家中经常有爱国人士来访，他们一起谈论国事，每到激动之时甚至愤然而泣，食不下咽。童年的遭遇、父辈的言行对陆游产生了很大影响，他从小就树立了报国杀敌、收复失地的壮志。

绍兴二十三年（1153年），二十九岁的陆游进京应考，他在锁厅试中名列第一，超过了一起应考的权臣秦桧之孙秦埙（xūn）。当时的主考官是陈之茂，他并没有因为秦埙的特殊身份而加以照顾，这让秦桧很恼火。第二年陆游参加礼部复试，仍被判为第一，这彻底惹怒了秦桧。又因为陆游在文章中力主收复中原，他被秦桧罢黜官职。幸而秦桧在第二年就死了，陆游才做了福建宁德县主簿，开始了坎坷的仕途之路。

锁厅试

锁厅试是宋代特殊的科举考试方式，由现任官员参加。陆游出身官宦世家，承恩荫入国学读书并被补登仕郎，有官阶在身，因此参加锁厅试。

陆游画像

隆兴和议

宋孝宗即位后，起用张浚主持北伐，但宋军战力不济，无力战胜金军。朝中主和派的宰相汤思退甚至暗中勾结金人，希望金军能出兵两淮，逼宋议和。隆兴二年，金军南下攻破两淮，直逼长江。无奈之下，这年冬天，宋、金两国达成新的和议条款，议定宋、金为叔侄之国，金为叔，宋为侄，改岁贡为岁币，减少南宋每年给金的银、绢数量，并让两国疆界恢复到绍兴和议时的状态，史称“隆兴和议”。隆兴和议后，宋、金两国之间维持了将近四十年的和平。

陆游雕像

此雕像位于今福建宁德南漈（jì）山。陆游曾在宁德为官，在任期间，他时常独自一人前往南漈山吟诗作赋。

浮沉仕途创作路

陆游一生仕途浮浮沉沉，他亲身经历了南宋朝堂的时局变化，他的诗歌就如同一部包罗万象的史书，既展现了陆游本人跌宕起伏的人生，也描绘了南宋的市井民生。

> 集中什九从军乐，亘古男儿一放翁。
> ——梁启超

采石之战后，绍兴三十二年，宋高宗将皇位禅让给养子赵昚（shèn），也就是宋孝宗，他自己则当了太上皇。宋孝宗即位后，立志收复河山。他为岳飞平反，并命老将张浚北伐。坚持北上收复中原的陆游在朝堂之上如鱼得水，提出了许多收复失地、改革政治的主张。然而，北伐失败，隆兴二年（1164年），宋、金两国订立了隆兴和议。力主北伐的陆游随后被罢免官职，回到了山阴老家。这一时期，陆游的诗歌创作注重模仿前人的优秀作品，追求辞藻装饰。后来他晚年在整理诗集时，大量删除了这一阶段的作品，使得我们如今无法看清他早期诗歌的全貌。

乾道五年（1169年），陆游再次被起用，先后于夔州（治今重庆奉节）、川陕等地任职。陆游从家乡山阴一路入川陕，领略了祖国的大好河山，开阔了眼界。他曾在川陕宣抚使王炎的幕府中处理军务，因此有机会进入军营，体验军旅生活。陆游与将士们同吃同住，奔走于前沿阵地，还曾参加了两次战斗。后来范成大聘陆游为幕僚，二人年岁相近，以文会友，结为莫逆之交。

川陕从军的经历深刻改变了陆游，两地雄奇的山川风光、迥异的物产风情、豪放的军旅生活时刻激发着陆游的创作热情。他的爱国信念变得更加坚定，诗歌创作也更加

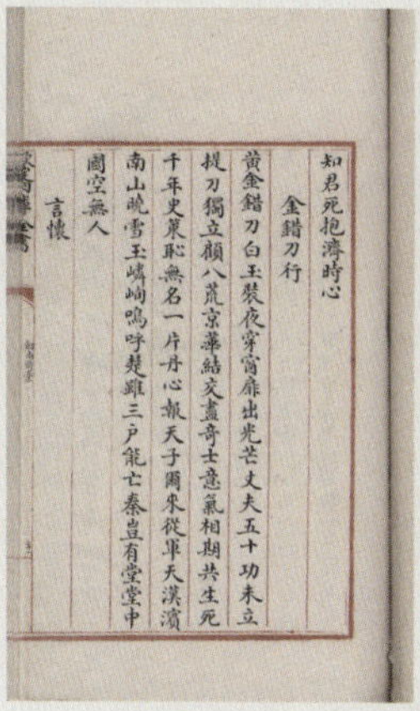
知君死抱濟時心
金錯刀行
黄金錯刀白玉裝夜穿窗扉出光芒丈夫五十功未立
提刀獨立顧八荒京華結交盡奇士意氣相期共生死
千年史策恥無名一片丹心報天子爾來從軍天漢濱
南山曉雪玉嶙峋嗚呼楚雖三戶能亡秦豈有堂堂中
國空無人
言懷

《剑南诗稿》书影

［宋］法常《莲燕图》

法常是南宋末年著名的僧人画家，善于描绘龙虎、人物、山水、蔬果等，他的画风空灵平静，是宋代禅画的代表。

富有激情。此后陆游不再追求诗歌的词句、章法，而是重在表达生活感悟及自身感受，创作了许多慷慨豪放、表达爱国之情及报国壮志的诗歌，形成了独特的风格。

此后，陆游的仕途又几经沉浮，他曾几度被罢官，又几度复出。在生命的最后阶段，陆游回到山阴老家。闲居家中的日子显然要比官场平静得多，在这段日子里，他写了许多田园诗，风格趋于恬淡平和。

陆游的一生满怀理想抱负，他力主收复中原，但因统治者偏安江南，陆游一直受到主和派的打压，报国之志难以实现。嘉定二年十二月（1210年1月），八十五岁的陆游因病去世，临终前，他仍然不忘自己的志向，留下了脍炙人口的《示儿》诗：

死去元知万事空，但悲不见九州同。

王师北定中原日，家祭无忘告乃翁。

诗作近万的高产诗人

陆游一生中创作了大量诗歌，他去世后，留下了《剑南诗稿》八十五卷，收录诗作九千三百多首，就数量而言，堪称历代诗人之冠。“剑南”之名是陆游为了纪念在川陕的军旅生活而取的。除《剑南诗稿》外，陆游还有《渭南文集》《老学庵笔记》《南唐书》等著作。

陆游的诗歌内容十分丰富，从国家政治、百姓生活、山川风景到田园闲居，体裁多样，涉猎广泛，堪称宋代“诗史”。陆游的诗歌创作大致可分为三个阶段，这三个阶段虽各有特点，但爱国情怀、报国壮志却贯穿始终，是陆游诗歌的灵魂。从早期的“平生万里心，执戈王前驱”（《夜读兵书》），到在蜀地时写下的“上马击狂胡，下马草

中兴四大家

南宋中期的四位著名诗人，一般指尤袤、杨万里、范成大、陆游四人，又称“南宋四大家”。这四人在当时声名显著，除尤袤外，都有大量诗歌流传于世。他们摆脱了江西诗派的束缚，创作出思想、艺术各具特点的作品。中兴四大家代表了宋代诗歌第二个繁荣时期。

军书”(《观大散关图有感》)，再到赋闲山阴时的“僵卧孤村不自哀，尚思为国戍轮台”(《十一月四日风雨大作》)，无不表达着陆游强烈的爱国情怀，这也是他诗歌中最突出的特点。

此外，“山重水复疑无路，柳暗花明又一村”(《游山西村》)的田园美景、“为爱名花抵死狂，只愁风日损红芳”(《花时遍游诸家园》)的恣意浪漫也曾出现在陆游的诗作中。

除了诗歌以外，陆游也很擅长词作、散文等文学样式。纤丽婉约、雄浑豪迈之词信手拈来，散文构思奇巧，富有情韵。这些文学作品无不昭示着陆游极高的艺术成就，也是他留给我们的宝贵精神财富。(郭　炜)

陆游与《钗头凤》

陆游与原配夫人感情极好，但夫人始终得不到陆游母亲的喜爱，最终陆母逼迫陆游休妻另娶。

陆游与原配夫人的爱情悲剧被后人不断演绎，逐渐演化为他和唐琬的故事，即他的原配夫人叫唐琬。据传，若干年后，陆游在沈园偶遇已改嫁的唐琬，深有感触，便在园中影壁上写下一曲《钗头凤》。唐琬看到后和词一首，没多久就郁郁而终。沈园也因这样一起爱情悲剧而闻名于世，成为浙江绍兴的著名园林。

[宋]陈容《九龙图》(局部)

豪放词人辛弃疾

和陆游差不多同时期的辛弃疾也是一位著名的爱国人士。他一生矢志抗金，但朝廷偏安江南，无心北伐，使得他报国无门，郁郁不得志，只好将满腔爱国热情寄于词作中。

少年南归，初显才能

辛弃疾字幼安，别号稼轩，绍兴十年（1140年）出生于历城（今山东济南）。这时北宋灭亡已有十三年，中原已被金兵占领。辛弃疾自幼跟随祖父辛赞生活，辛赞为生活所累，不得不在金朝为官，但他始终不忘故国，一直给辛弃疾灌输抗金复宋的思想。辛弃疾从小目睹汉人在金人统治下遭受的屈辱与痛苦，在祖父影响下，自少年起就立志恢复中原。他曾两次参加金朝的科举考试，利用赴大兴府（治今北京城西南）参加科举的机会侦察金朝形势，可惜后来因祖父去世而未能继续。

绍兴三十一年，二十一岁的辛弃疾等来了一次机会。金朝统治者完颜亮举兵南下，北方多地爆发抗金起义。辛弃疾趁机聚集了两千人的抗金队伍，率众投奔山东义军首领耿京。不久之后，辛弃疾的好友义端和尚也在他的劝说下加入了耿京的义军。

起初，耿京并不把辛弃疾这个读书人当一回事，只命他掌管文书和帅印。没想到义端和尚竟然背叛了辛弃疾，偷了他保管的帅印，准备跑到金营邀功。耿京一怒之下，要拿辛弃疾问罪。辛弃疾让耿京给他三天时间，如果自己抓不到人，任凭耿京军法处置。果不其然，第二天辛弃疾便将义端的首级带到了耿京面前，令耿京刮目相看。

第二年，耿京派辛弃疾南下联络南宋朝廷，

永遇乐·京口北固亭怀古
［宋］辛弃疾

千古江山，英雄无觅，孙仲谋处。舞榭歌台，风流总被雨打风吹去。斜阳草树，寻常巷陌，人道寄奴曾住。想当年，金戈铁马，气吞万里如虎。

元嘉草草，封狼居胥，赢得仓皇北顾。四十三年，望中犹记，烽火扬州路。可堪回首，佛狸祠下，一片神鸦社鼓。凭谁问：廉颇老矣，尚能饭否?

宋代执莲童子玉饰

湖南长沙营盘街的辛弃疾雕像

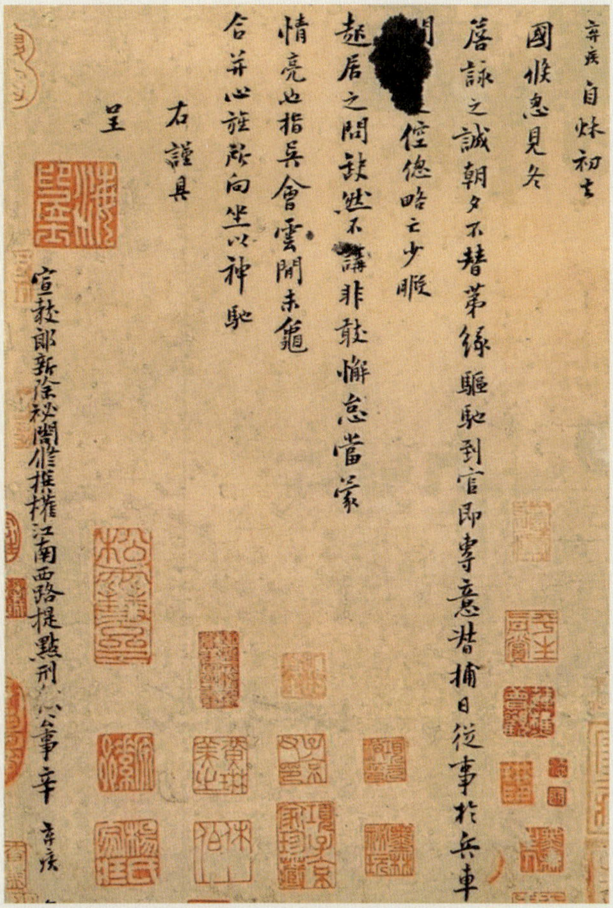

辛弃疾手书《去国帖》

此帖以中锋用笔，书写流畅，方正挺拔，是辛弃疾仅存的书法真迹。

辛弃疾在建康府受到了宋高宗的接见。可惜的是，在辛弃疾返回复命之时，耿京却被叛变的部将张安国所杀。起义军大部分都溃散了，剩下的人在张安国的带领下，投降了金朝。

辛弃疾听到这一消息，悲愤交加。他亲率五十名精锐直奔济州（治今山东济宁），出其不意地在驻有五万金兵的大营中生擒叛将张安国。他号召上万耿京旧部归宋，然后日夜兼程，将张安国押解到临安，交给南宋朝廷处决。这段传奇的经历，令南宋朝野大为震动，连宋高宗也对辛弃疾称赞不已。二十二岁的辛弃疾终于完成了祖父的遗愿，回归宋朝。

满腔热情，建树地方

南渡归宋后的辛弃疾满怀热情，一心报国，他多次向朝廷上奏，阐述抗金北伐策略。这些策略精辟而有远见，展现了辛弃疾的军事才干。但当时宋、金已经议和，南宋朝廷不愿再战，辛弃疾的满腔抱负无从施展，只能在地方任职。

即便如此，辛弃疾的政治、军事才能也没有被埋没，他将满腔报国之志，投入地方主政生涯，在地方为官时颇有建树。在滁州当官时，辛弃疾轻徭薄赋，屯田练兵，使饱受战争摧残、生灵凋敝的滁州逐渐富庶起来。

淳熙二年（1175年），茶商赖文政在湖北一带起事，并经过湖南进入江西，多次击败南宋官兵。辛弃疾受朝廷委派讨伐茶商军，他调集精兵，征调熟悉地形的乡丁，深入山区围捕、诱降，很快就平定了茶商军暴动。

为了防备湖南一带的盗贼，淳熙七年，在湖南任职的辛弃疾上奏朝廷，请求在湖南组建一支

南宋吉州窑黑釉白彩碗

吉州窑是宋代南方的民间瓷窑，窑址在今江西吉安。隋至宋代，吉安称吉州，吉州窑因此得名。吉州窑的瓷器有青釉、绿釉、白釉、彩绘瓷等，产品一般为生活用品，器物种类丰富，装饰手法多样。

破阵子·为陈同甫赋壮词以寄之

［宋］辛弃疾

醉里挑灯看剑，梦回吹角连营。八百里分麾下炙，五十弦翻塞外声。沙场秋点兵。

马作的卢飞快，弓如霹雳弦惊。了却君王天下事，赢得生前身后名。可怜白发生！

营盘路

湖南长沙有条东西走向的营盘路，路边立有辛弃疾的雕像。据说这里曾是辛弃疾飞虎军的营盘。辛弃疾组建飞虎军时虽得到朝廷的批准，但因有人弹劾，宋孝宗特下金牌勒令停建营房。辛弃疾大胆藏起金牌，督促监工如期完工。修建营房需要大量瓦片，但恰逢阴雨连绵，工人无法烧制。辛弃疾下令从民间征集瓦片，除官舍、神祠外，每家取瓦两片，献瓦二十片可换一百钱，不到两日就集齐了二十万片瓦片。就这样，军营很快建好了，飞虎军也组建完毕，后来成为一支骁勇善战的军队。百姓为了纪念辛弃疾和他的飞虎军，就将军营原址命名为"营盘路"。

宋代吹笙伎乐纹带銙

銙（kuǎ）是古人腰带上的扣版，一般为方形或椭圆形，本来是用作附环悬物，后来用作装饰。

地方军。获得准许后，辛弃疾利用旧有工事建造新营房，招兵买马，组建了一支由两千名步兵、五百名骑兵构成的飞虎军。辛弃疾对这支军队严加训练，很快飞虎军就成为当时长江一带最有战斗力的部队之一。

组建飞虎军后不久，辛弃疾又赴江西任职。当时江西发生了严重的饥荒，辛弃疾奉命负责赈灾事宜。他张贴了八字赈灾榜文"闭粜（tiào，卖出粮食）者配，强籴（dí，买进粮食）者斩"，以严厉的措施警告大量囤积粮食的不法商贩。与此同时，辛弃疾拨出官银，派人去外地买粮。在一系列措施之下，灾区的米价渐渐平稳，辛弃疾赈灾取得了很好的效果。

辛弃疾在地方上建树颇丰，他因此受到宋孝宗的嘉奖。但同时，他在地方上的行事也触及了部分权贵的利益，淳熙八年，辛弃疾遭到弹劾而被罢官。满怀豪情、一心报国却屡受打击，这令辛弃疾倍感失意。

无奈退隐，闲居稼轩

辛弃疾满怀抱负，一身本领，却始终没有用武之地，他郁郁不得志，无奈开始了退隐闲居的生活。他居住在信州（治今江西上饶西北）城外，住所依地势而建，高处是房舍，低处开辟田地。辛弃疾给他的隐居之所起名"稼轩"，他认为人的生命在于勤劳，应当将农业生产放在首位，所以他用"稼"这个表示农业生产的字来给自己的住所命名，还给自己起了个"稼轩居士"的号。在此之后，辛弃疾虽然也有过几次短暂为官的经历，但都没有施展才能的机会。开禧三年（1207年），一代词宗、著名的爱国主义词人辛弃疾病逝于家中。据说，他临终前还在大呼："杀贼！杀贼！"

辛弃疾自少年时就喜爱文学，南归宋朝后，他更是将满腔激情和一怀愁绪都寄情于文学创作中，在文学领域成就了一番伟业。辛弃疾一生创作了大量诗、词、文章，其中以词的成就最高，流传下来的有六百多首。辛弃疾以文为词，不仅

江苏镇江北固山公园里刻有辛弃疾词的石碑

文学家的鹅湖之会

淳熙十五年，文学家陈亮写信给辛弃疾和朱熹，相约到铅山紫溪共商恢复中原的大计。朱熹因故未能出席，辛弃疾和陈亮两人共游风景秀丽的鹅湖，他们纵论时事，相互唱和，分外投机，留下了多首传诵千古的名作。后人将这次会面，称为第二次“鹅湖之会”，以便与淳熙二年朱熹、陆九渊等人的第一次“鹅湖之会”区分开来。

指他的词语言散文化，更指他的词内容广泛，无所不包。他的词里不仅有慷慨激昂、建功立业、收复失地的英雄之气，也有歌颂祖国大好河山的清新、朴实之语。他的词纵横开阖，法度谨严，形成了具有独特风格的“稼轩体”，在词坛上独树一帜。辛弃疾继承并发展了苏轼开创的豪放词派，他也因此被誉为豪放派词的领袖人物，对后世影响深远，后人将他与苏轼并称“苏辛”。

辛弃疾的词沉郁、苍凉、悲壮、豪迈。在抒发故国之思、家国沦丧之痛时，他写出了“西北望长安，可怜无数山”（《菩萨蛮·书江西造口壁》）、“夜半狂歌悲风起，听铮铮阵马檐间铁。南共北，正分裂”（《贺新郎·用前韵送杜叔高》）的词句，借古喻今，有极高的艺术成就。

铁血词人同时也是至情至性之人，辛弃疾写“情”同样婉转缠绵，风流妩媚。“众里寻他千百度，蓦然回首，那人却在灯火阑珊处”（《青玉案·元夕》）流传千古；写景生动活泼，“稻花香里说丰年，听取蛙声一片”（《西江月·夜行黄沙道中》），充满生活气息。稼轩词作流传至今，影响深远，让我们得以在词作中回望两宋时的风云变幻，了解辛弃疾这位著名的豪放词人。（郭　炜）

［宋］梁楷《雪景山水图》

此画笔法疏密结合，呈现出萧瑟荒凉的冬日氛围，是南宋院体山水画的经典作品。

朱熹与《四书章句集注》

中国古代哲学，在宋代发展到了全新的高度，理学大家朱熹在其中功不可没，他为儒学在宋代的复兴与创新做出了杰出贡献。朱熹一生撰写了许多著作，对后世影响最大的就是《四书章句集注》，它被元、明、清三朝列为科举考试的官方教科书。

武夷山下小沋郎

朱熹画像

建炎四年（1130年）春，战乱纷纷，落魄的读书人朱松逃到南剑州尤溪县（今属福建），将家人安顿在好友郑安道的别墅中。该年九月十五日，朱松的夫人祝五娘生下了一个婴儿，这是他们的第三个儿子，朱松给这个儿子起了个小名叫沋（yóu）郎。谁也没想到，这个孩子将来会成长为大名鼎鼎的理学家——朱熹。

朱熹小时候非常聪明。四岁时，有一次父亲朱松指着天教他："这就是天。"小朱熹忽然开口问："天之上是什么呢？"朱松听了感到十分惊奇。朱熹常常仰望天空，苦苦思索天地四方之外是什么，但始终找寻不到满意的答案，几乎快要想出病来。他五岁就被父亲送进学校接受严格的教育，在老师讲授《孝经》时，他一读便懂，还拿起笔在书上写了一行字："若不如此，便不成人。"意思是说，要是不按照《孝经》里讲的孝道来做，就不能称之为人。

尤溪还流传着这样一个故事。尤溪郑氏别墅旁有条小溪，小伙伴们都喜欢在水旁的沙洲上玩耍。一次，小伙伴们都在玩闹时，沋郎却独自一人坐在一旁，用手指在沙上写写画画。路过的人好奇地走过去一看，原来沋郎画的是八卦符号。人们非常吃惊，都把他看成神童。后来，后人为了纪念朱熹这位大思想家，将尤溪

朱熹手书《蓬户手卷》局部

这是朱熹少数传世的大字作品之一，记叙了作者悠闲的隐居生活，在这幅手卷上题跋的有文天祥、方孝孺、祝允明、唐寅、海瑞等历史名人。

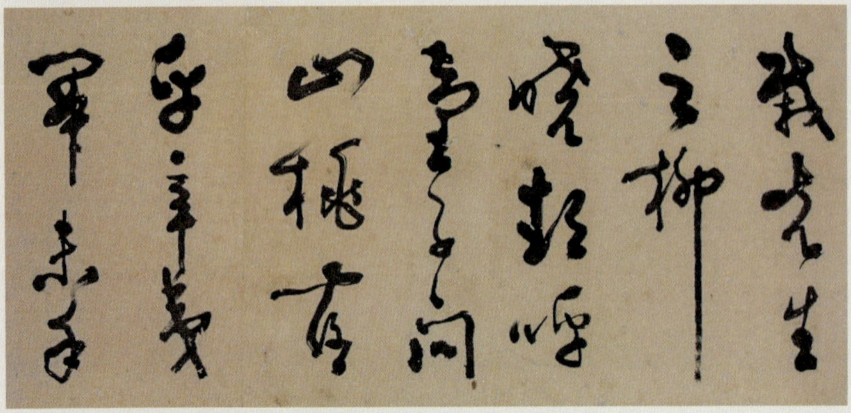

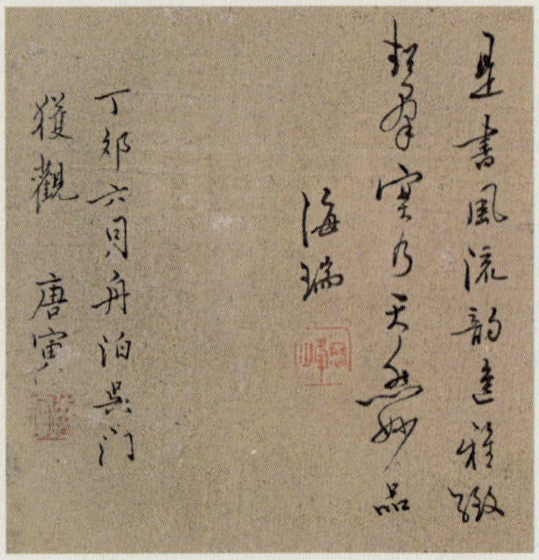

[宋] 苏汉臣《蕉荫击球图》

这是幅小尺寸的画作，描绘了年轻女子专注观看儿童玩槌球游戏的场景，展现出画家捕捉生活细节的出众能力。

这块沙洲称为“画卦洲”，还在这里建起了一座画卦亭。

然而命运并没有眷顾这个聪明伶俐的孩子，朱熹十五岁时，一直亲自教导他的父亲朱松去世了。逝世前，朱松仍然挂念儿子的教育，他对朱熹说：“籍溪的胡原仲（胡宪，字原仲，号籍溪先生）、白水的刘致中（刘勉之，字致中）、屏山的刘彦冲（刘子翚，字彦冲）三个人，他们的学问都很渊博，是我很敬重的人。我死了以后，你就去拜他们为老师，要听从他们的教导。”这几个人都是当时很有声望的理学家，也是朱松非常要好的朋友，人称“武夷三先生”。沈郎在这三位老师的教导下，踏上了曲折的儒学创新之路。

弃佛从儒学问路

“武夷三先生”生活在一个动荡的年代。此时，汉唐以来的儒学一味注重对经典字句作传、注的方式，显露出难以创新的弊端，儒学开始衰落，而新的儒学创新发展还没有完全建立起来。同时，佛教、道教在宋代发展依然兴盛。宋代的读书人，一方面信奉传统儒学“修身齐家治国平天下”经邦济世的理念，另一方面，动荡不安的生活也使他们在心理上、情感上免不了从佛教、道教的信仰中寻找精神寄托与安慰。当时，许多读书人虽然接受了儒学的教育，但又喜好佛教、道教的学说，“武夷三先生”也是这样，这无疑也潜移默化地影响了朱熹。

“武夷三先生”的学术思想虽各有不同，但均以北宋二程（程颢、程颐）的理学为宗旨，他们对朱熹进行的理学教育为他后来创建儒学的新形态——理学体系奠定了扎实的基础。“武夷三先

寒泉精舍

寒泉精舍位于今福建南平莒口镇天湖之畔。朱熹将母亲葬在那里，希望山水泉林能永远陪伴母亲。他在母亲的墓旁建了数间草房，并起名为“寒泉精舍”，在这里守孝、读书、授徒、著述。“寒泉”一词，出自《诗经·邶风·凯风》：“爰（yuán）有寒泉？在浚之下。有子七人，母氏劳苦。”后世常以“寒泉”比喻子孝其母。

生”中，刘勉之和胡宪对朱熹的影响最大，他们向朱熹传授了四书学和张载的学说。所谓四书学，就是研究《大学》《论语》《孟子》《中庸》的学问。朱熹跟从胡宪学习的时间最长，胡宪传授给朱熹的《论语》学，对朱熹后来发展、创立理学体系发挥了十分重要的作用。

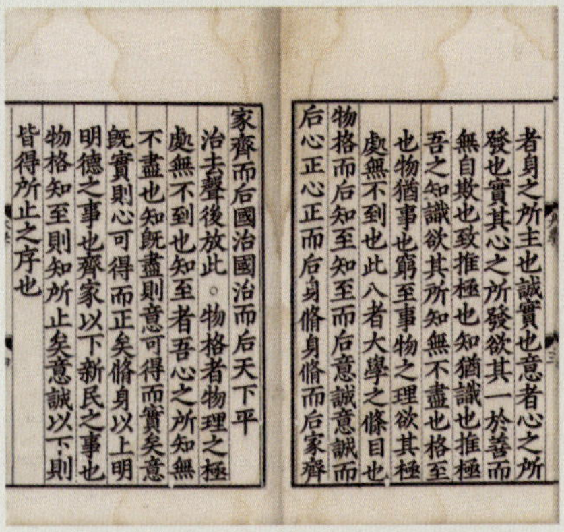
者身之所主也誠實也意者心之所
發也實其心之所發欲其一於善而
無自欺也致推極也知猶識也推極
吾之知識欲其所知無不盡也格至
也物猶事也窮至事物之理欲其極
處無不到也此八者大學之條目也
物格而后知至知至而后意誠意誠而
后心正心正而后身脩身脩而后家齊
家齊而后國治國治而后天下平
治去聲後放此。物格者物理之極
處無不到也知至者吾心之所知無
不盡也知既盡則意可得而實矣意
既實則心可得而正矣脩身以上明
明德之事也齊家以下新民之事也
物格知至則知所止矣意誠以下則
皆得所止之序也

《四书章句集注》书影（清内府仿刊宋淳祐本）

问渠那得清如许？为有源头活水来。
——［宋］朱熹

在跟从“武夷三先生”学习的同时，朱熹也认识了与刘勉之、刘子翚等人交往甚密的道谦禅师。他被道谦玄妙的佛教思想迷住了。绍兴十八年（1148年）春天，已在前一年秋天乡试中举的朱熹前往临安参加省试并一举高中。在人生得意的风光时刻，他曾去上竺寺、湖州等地访问学习佛法，同时也拜会了像庐山道士虚谷子刘烈这样的人。

［宋］李嵩《市担婴戏图》

绍兴二十三年五月，朱熹南下到福建同安县（治今厦门同安区）担任主簿，他顺路拜会了理学家李侗。李侗与老师罗从彦、祖师杨时三人是当时研究儒学的大学问家，人称“南剑三先生”。在这次会见中，李侗教导朱熹从佛教、道家的空理中回到儒家关注现实的学问道路上来，在吃饭、穿衣的日常生活中下切实的功夫。这次拜见，朱熹虽然没有完全听从李侗的教导，但他心中对究竟应该怎样对待儒学和佛教、道家，发生了激烈的思想斗争。

绍兴二十五年，曾经迫害岳飞的奸臣秦桧死了，以前被朝廷禁止的二程的学问终于解禁，儒学迎来了

章句与集注

章句是对文章句意的一种注释，它不像一般的注释那样以解释词义为主，而是着重于逐句逐章串讲，分析其中蕴含的义理，著名的有汉代赵岐的《孟子章句》和王逸的《楚辞章句》等。

集解也称集注，它汇集了各家对同一部经典的注释，有时也补充汇编者自己的阐释，著名的有西晋杜预的《春秋经传集解》、东晋范宁的《穀梁传集解》等。

朱熹的《四书章句集注》中，《大学》《中庸》的注释为“章句”，《论语》《孟子》的注释集合了各家说法，为“集注”。后人合称这四部书为《四书章句集注》。

创新发展的新机遇。朱熹在做官的过程中逐渐开始怀疑佛教空理、空悟的修行方式。大约在绍兴二十七年前后，朱熹放弃学习佛教，并下定决心，师从李侗学习理学。

精研“四书”成体系

朱熹在李侗的指导下，精读了《论语》和《孟子》，并尝试对这两部书进行注释，初步形成了《论语要义》和《孟子要义》两部书稿。乾道五年（1169年），朱熹的母亲去世，他借此推掉官职，按惯例为母亲丁忧。为了方便守孝，他在离母亲墓地不远的寒泉坞建了几间屋子，命名为“寒泉精舍”。从乾道六年到淳熙六年（1179年）的九年时间里，朱熹在寒泉精舍专心读书做学问。那里的生活虽然清淡，但他同吕祖谦、张栻、吕祖俭、游九言等各家各派的理学家和思想家频繁进行学术交流，这一时期是朱熹理学思想发展的一个高峰时期。

淳熙二年，朱熹与陆九渊在信州铅山县（今属江西上饶）的鹅湖寺举行了一次著名的思想辩论会，史称“鹅湖之会”。之后，朱熹对自己学术思想中存在的不足之处进行了反思、整改。淳熙四年，朱熹正式序定了《大学章句》《中庸章句》，同时，他还将《论语集注》《孟子集注》定稿。《大学章句》《中庸章句》《论语集注》《孟子集注》合称《四书章句集注》。淳熙九年，《四书章句集注》得以刻版印刷，中国思想史上第一次正式出现了“四书”的名字。朱熹始终没有停止过对《四书章句集注》的修改，直到庆元六年（1200年）离开人世前，他还在修订《大学章句》，这种倾注毕生心血做学问的精神令人赞叹！

朱熹花了四十多年的时间，努力创建了一个以《四书章句集注》为核心的四书学体系。元皇庆二年（1313年），元仁宗发布诏令，将《四书章句集注》作为科举考试的指定用书，此后明、清两代一直延续下来。《四书章句集注》对后世产生了重要的影响。（李　涛）

朱熹手书《秋深帖》

此帖又名《致会之知郡尺牍》，记叙了朱熹得知宋光宗禅位给宋宁宗，他有机会入朝宣教，兴奋之情跃然纸上。

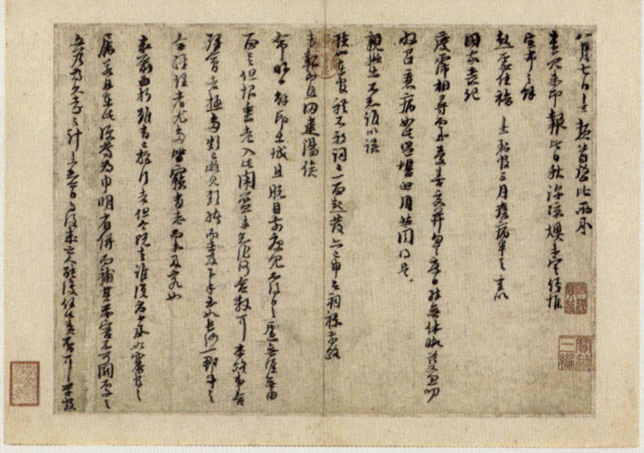

鹅湖之会

南宋时期，理学思想发展到了一个新高度。除了以朱熹为代表的程朱学派，还有以陆九渊为代表的象山学派。淳熙二年（1175年），朱熹和陆九渊等十多位学者齐聚信州鹅湖寺，两派学者展开了一场激烈的思想交锋，这便是中国思想史上著名的“鹅湖之会”。

不同学派起争执

朱熹与陆九渊，都是南宋时期非常有名的学者，也是当时读书人的代表，但两人在学术思想上却存在很大的分歧。

朱熹是南宋理学的代表人物。他继承并发展了二程关于理气关系的学说，将社会的伦理道德和事物发展的规律称为“理”，认为这是世间万物诞生之前就已存在的终极主宰。万事万物都有理，椅子能坐，有椅子的道理；扇子能扇风，有扇子的道理；人能施仁行孝，有人的道理……理是必然的规律，人们只能顺应事物之理而行，不可违背。

和程朱学派针锋相对的，是以陆九渊为代表的心学。陆九渊是抚州金溪（今属江西）人，他从小是个好奇心强的孩子，很早就热衷于探索宇宙的真理。陆九渊主张“心即理”，认为万事万物的道理都蕴含在人的心中，“吾心即宇宙，宇宙即吾心”，理在心中，人心之理便是宇宙之理的完美表现。

天下有不易之理，是理有无穷之变。
——［宋］陆九渊

理学的诞生

理学也称“道学”或“宋明理学”，是宋明时期的儒家哲学思想。南北朝以来，发源于印度的佛教和根植于本土的道家思想繁盛一时。唐代中期，在批判佛、道两家的过程中，产生了理学的萌芽。理学继承了孔孟思想，批判地吸收了佛、道两家的思想，在道德观、世界观和认识论上进行了深入拓展。和以前的儒学比起来，理学探讨的内容非常丰富，也更加系统化、理论化。因此，理学也称“新儒学”。北宋的周敦颐、邵雍、张载、程颢、程颐等人被认为是理学的奠基者，他们可以说是朱熹的思想先驱。

吕祖谦画像

吕祖谦是南宋理学家、文学家，婺州（治今浙江金华）人，与朱熹、张栻齐名，时称“东南三贤”。吕祖谦的学说杂糅并包，兼取朱、陆之长，自成一派。

陆九渊的心学一派在当时影响很大，朱熹自然也知道这一学说，但他并不认识陆九渊。两人有一个共同的好友，叫吕祖谦，也是当时很有名的学者。吕祖谦深知朱熹和陆九渊学术观点上的差异，想通过辩论的方式弥合两派的分歧。他牵线搭桥，决定在鹅湖寺为两派学者组织一次学术讨论会。

淳熙二年，吕祖谦、朱熹等一行近十人从朱

熹的寒泉精舍出发，经过十多天的长途跋涉，来到鹅湖寺。陆九渊、陆九龄兄弟也应约带着朱桴（fú）、朱泰卿等人与他们在鹅湖寺相会。

针锋相对鹅湖寺

鹅湖之会，朱熹和陆九渊双方争论的焦点，就在“心”和“理”这两个方面。

朱熹认为，万事万物都有理，理是心认知的对象。他主张通过讲学、读书的方法来探究理，以此认识人本身所有的善性。而陆九渊则认为，心与理本是同一的，只要通过自我认识、自我反省、自我完善，就可以“发明本心”，唤醒心中原有的善性。

陆九渊反对朱熹通过读书、讲学等从心外来探求理的方式。在第一天的辩论中，他的兄长陆九龄有备而来，先吟了一首诗表明自己的哲学观点。陆九渊随后也将自己的心学主张写成一首诗，即《鹅湖和教授兄韵》，并念给朱熹听，针锋相对地批判了朱熹的理学思想：

墟墓兴哀宗庙钦，斯人千古不磨心。
涓流积至沧溟水，拳石崇成泰华岑。
易简工夫终久大，支离事业竟浮沉。
欲知自下升高处，真伪先须辨古今。

诗的大意是说，人见到坟墓就会触发哀思，见到宗庙就会产生敬意，人的道德心天然如此，这是千古不变的。积石成山，聚水成流，发明本心的“易简工夫”终将发扬光大，而即物穷理、支离破碎的学说必然归于沉沦。想要提升自我，达到圣贤的层次，必须先发明本心。

陆九渊标榜自己的发明本心是博大精深的

白鹿洞书院

白鹿洞书院位于江西庐山五老峰南麓，初创于唐代。北宋初年，官府将之扩建为书院，当时与睢阳书院、嵩阳书院、岳麓书院并称四大书院。淳熙六年（1179年），朱熹到南康军（治今江西庐山）任职，他亲自前往白鹿洞书院考察，并主持重修书院，在此讲学多年。

白鹿洞书院大门

鹅湖书院大门

鹅湖书院石牌坊

"易简工夫"，而将朱熹的即物穷理讥讽为终将沉沦的支离事业。听到诗中"易简工夫终久大，支离事业竟浮沉"一句时，朱熹脸色突变，第一天的辩论就在火药味十足的气氛中不欢而散。

之后几天，朱熹、陆九渊双方仍就即物穷理与发明本心的矛盾争持不下。朱熹强调"道问学"，认为必须多读书、多接触、多探究事物，博观而约取，从古代圣贤的书中和日常的事物中，一点一滴、循序渐进地做学问。而陆九渊则强调"尊德性"，要直奔主题，发明本心。

针对朱熹的观点，陆九渊尖锐地反讽道："在圣人尧舜之前，那时的人又有什么书可读呢？"他认为，今天的书虽然很多，许多人却心生贪欲，小人横行，而在尧舜的时代，人们知礼节、行孝悌。可见，读书与做人之间并没有必然的关系，光靠知识的积累成不了圣人。只有多自我反省，守住自己的良心，不让善良的本心被贪欲恶念所牵引，才是正确的为学之道。

激烈争论之下，朱熹和陆九渊两派非但没有弥合思想上的分歧，矛盾反而越来越大。为了缓和气氛，避免伤了和气，陆九龄及时制止了争论。在接下来的几天里，双方都对主要矛盾避而不谈。

道不相同各自分

为期近十天的鹅湖之会，并没有让朱熹、吕祖谦和陆九渊、陆九龄两派达成一致意见，于是大家便各自离去。吕祖谦原本想要协调朱、陆两派学说、统一学术思想的目标也并未实现。

虽然没有实现预期的目标，但这场思想上的交锋，无疑有助于促进学术的发展。针对陆九渊提出的批评意见，朱熹认真反思、总结，同年年末，在写给张栻的信中，朱熹承认自己的学问的确有"支离"的问题，他全面修改、整理了自己的经学著作。

第二年，朱熹批评了心学不注重读书讲学、专求本心的治学倾向，指出人并非生而知之的圣人，还是要致力于问学，通过实践的方式才能体悟圣贤的道理。如果只是像陆九渊所说的发明本心那样，整天饱食静坐、不思外物，则会走入佛教修行的歧途。

朱熹认真汲取了心学理论中的合理养分，倾其毕生所学，完成了《四书章句集注》，系统总结了他的理学思想体系。他的学术思想，在此后的元、明、清三代，一直都是官方认可的儒学正宗。而陆九渊的心学思想，则在明代被王守仁发扬光大，成为与程朱理学对垒的另一重要学术派别。两派思想交相辉映，互相争锋，将中国古代哲学的理论思维水平推进了一大步。（李　涛）

陆氏六杰

陆九渊的父亲陆贺有六个儿子，分别是九思、九叙、九皋、九韶、九龄和九渊，他们学识都非常渊博，在当时被称为"陆氏六杰"。六兄弟中又以九韶、九龄和九渊三人的学说最有影响，人称"三陆之学"。一家六个儿子的学问全都非常出色，这在中国历史上也很少见。

陆九渊画像

法医先驱宋慈

法医，这门许多人听上去专业而陌生的学科，在我国有着上千年的发展史。早在南宋时期，身为提点刑狱官（简称提刑官）的宋慈就将自己多年办案积累的法医知识整理为《洗冤集录》，这部书不仅成为我国古代司法检验官案头必备的专业指南，也被后人誉为世界最古老的法医学著作，传播到世界各地。

宋慈断案重检验

宋慈是福建建阳人，他从小沐浴在儒学氛围之中，深受朱熹“格物致知”的治学思想影响，一直秉持着求真务实的钻研精神。四十岁那年，宋慈步入仕途，在各地为官时，他注重民生，深受百姓拥戴。

宋慈画像

在任提刑官时，宋慈发现许多地方官不能及时准确地断决案件，冤案积压如山，因此他每到一地就会清理积案。宋慈断案非常注重搜集证据，他认为人命关天，容不得一丝马虎。在长期的断案过程中，宋慈养成了亲自检验的习惯，从不符合常识和逻辑之处下手，总能从一些被人忽视的细节处，获得重要的证据。

有一次，宋慈遇到一桩凶杀案。他仔细观察死者伤口，猜测行凶者就住在距离案发地不远处，所用凶器也不锋利。于是他搜查了案发地附近所有农户家的镰刀。时值暑热，宋慈发现其中一户人家的镰刀上聚集了许多苍蝇，他很快断定凶手就是这把镰刀的主人，理由是镰刀上残留的血腥气引来了苍蝇。最后行凶者果然叩头认罪。

每次验尸时，宋慈都非常关注尸体上的伤口以及各种细节，这对于判断死者的死亡原因有重要的价值。在长期审案的过程中，宋慈积累了丰富的经验，他发现自杀者的伤口一般都在便于操作的顺手位置，而他杀者的伤口则不然。他还发现溺水自杀者的手指和鼻孔都会有泥沙等杂物，腹部鼓胀，而被杀抛尸水中者则没有这些特征。

宋慈的仕宦生涯多与刑狱审判相关，由于他求真务实、细致耐心，对待案件一丝不苟，平反了无数冤案，当时人称赞他听讼清明，决事果断。

> 狱事莫重于大辟，大辟莫重于初情，初情莫重于检验。
>
> ——《洗冤集录》

晚年著就《洗冤集录》

淳祐七年（1247年），宋慈将他多年断案的心得经验收集整理，写成《洗冤集录》一书，以备刑狱官员学习参考。

这部书共有五卷，总计五十三项内容。书前有作者自序，第一卷为检复总说、疑难杂说，之后几卷分别介绍了各种尸伤的检验区别等内容。宋慈综合了历代官府刑狱检验的实际经验，使之

> **最早的法医**
>
> 早在秦汉时期，我国的法医学就有了一定的成就。睡虎地秦墓竹简中的《封诊式》，就记载了对尸体进行勘验、查封等法医检验的案例，是世界现存最早的法医检验记录。历史上也出现过《明冤实录》等比宋慈更早的法医检验方面的专著，可惜这些著作未能流传下来。因此，宋慈的《洗冤集录》是世界上现存最早的一部较完整的法医学专著。

条理化、系统化、理论化。全书并未以具体案例举证的方式进行辑录，而是全面总结了尸体检验中出现的各种情况，对可能混淆误判的状况进行了区分，内容涉及现场验尸法令和注意事项、尸体表征、各种窒息死亡、机械性伤亡、环境异常死亡、生病死亡、中毒、骨骼检验等方面，还记录了各种抢救的方法，对实际断案有很大的指导作用。

《洗冤集录》首次记载了孕妇尸体“产子”的现象，还第一次记录了针灸致死的医疗事故，并对其进行了定罪说明。除了法医检验中遇到的各种状况，宋慈还非常关心验尸人员的职业道德问题。他在《洗冤集录》开篇第一卷就强调，验尸人员必须有严肃的态度、严明的职责、严格的法纪和严密的制度。验尸人员必须满足上述要求，才能规避各种误审误判，为断案提供线索和依据，为被害者伸张正义，维护司法的公正和威严。

法典泽被后世

《洗冤集录》一经问世，很快就成为我国古代司法人员的验尸指南，验官、仵作人手一册，将它作为办案必备之书。之后的同类著作都是在它的基础上增添改动，并未超越它的成就。后来有人以《洗冤集录》为蓝本，结合自己的经验写成《平冤录》。元代的王与以《洗冤集录》和《平冤录》为蓝本，整理写成《无冤录》，后来传到朝鲜半岛，被翻译成朝鲜文和日文。在19世纪之前，中国周边各国几乎都把《洗冤集录》及其修改版本作为法医学指导书籍。

18世纪，《洗冤集录》被节选翻译成法文，传播到欧洲，之后相继出现了全文翻译的荷兰文、法文、德文和英文版本。宋慈的著作对世界各国法医学的发展都有深远的影响，因此他也被誉为“法医学奠基人”。（王 钊）

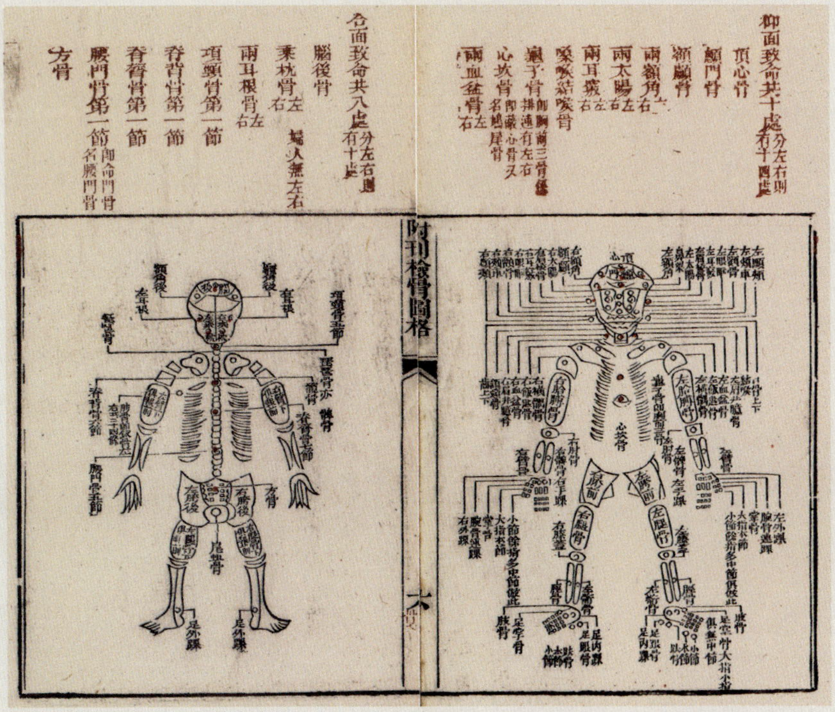

清刻本《补注洗冤录集证》书影

开禧北伐

绍兴和议订立后，宋、金两国形成了东以淮河、西以大散关为界的南北分治格局。两国虽然大致维持了和平局面，但冲突仍时有发生，由南宋发动的“开禧北伐”就是其中规模较大的一次。

韩侂胄谋划北伐

宋孝宗晚年，禅位给自己的儿子宋光宗赵惇（dūn）。然而，宋光宗没当几年皇帝，由于种种原因，大臣韩侂（tuō）胄和宗室赵汝愚等人在太皇太后吴氏的支持下，拥立宋光宗的儿子赵扩即位，他就是宋宁宗。宋光宗被迫退位，他成为南宋历史上第三位太上皇。拥立新君有功的韩侂胄排挤掉宰相赵汝愚等人，很快独揽朝政大权。

赵汝愚为宋朝宗室，他对理学非常推崇，身边聚集了朱熹、吕祖谦等一批理学学者。为了打击赵汝愚一派，韩侂胄逼走了好多朝中大臣，还发动“庆元党禁”，将道学（即理学）定为伪学，禁止传播，并把一大批支持赵汝愚的官员都列为“道学之人”，对他们大肆打击，将许多士大夫都逼到了他的对立面。接下来，为了争取人心、提高自己的威望，韩侂胄决定发动一场战争。

宋宁宗（右）与杨皇后（左）画像

设计谋杀韩侂胄的杨皇后，也是个厉害人物。她从小聪明漂亮，能诗善画，又懂得礼节，进宫之后很快就得到了太皇太后吴氏的宠爱。杨皇后擅长诗词，留有数十首传世之作，书法、绘画也算高妙，颇得时人称赞。

当时，北方的蒙古人逐渐强大起来，金朝和蒙古人连年交战，国内又不断发生农民起义，兵连祸结，导致府库空虚，国力逐渐衰落。有人建议韩侂胄趁机伐金，收复失地。韩侂胄也认为这是个可立盖世功名，并捞取政治资本，以巩固自身权位的好机会，于是就暗自做了北伐的准备。

嘉泰四年（1204年）五月，在韩侂胄的鼓动下，宋宁宗下诏追封当年因抗金而被冤杀的名将岳飞为鄂王，之后又清算秦桧误国之罪，削去了他原先受封的王爵，改谥号为“缪丑”。宋宁宗、韩侂胄等人之所以这么做，一方面是想激励将士们为国立功，另一方面是为北伐抗金营造舆论氛围。

当时，南宋朝廷内外对北伐的看法分歧很大。有个武学生上书进谏，认为朝廷不宜对金用兵，挑起边患，请求斩杀韩侂胄等决意伐金的大臣，以谢天下。韩侂胄大怒，把这个武学生关进了大狱，后来又贬到地方上看管。

韩侂胄甚至瞒过金人，偷偷在北方边境地带部署军队。金朝察觉到了宋军的行动，派人负责协调军队，以应对宋军可能的进犯。宋朝接连派出使臣和间谍向金朝皇帝和守边大将进行解释，才打消了他们的怀疑和顾虑。

除了军事准备外，发动北伐还需要一个合理借口。开禧元年（1205年）年底，金朝使臣来到临安，向南宋皇帝祝贺元旦节。韩侂胄利用这一机会，挑动金朝使臣做出出格行为。他安排朝堂上的宣赞者，在宣金使上殿觐见时，故意冒犯金朝皇帝父亲的名讳。金使果然中了圈套，当听到冒犯自家皇帝名讳的宣呼后，作为外交使臣，他表现出极度不满，并且态度十分傲慢。

金使的举动激怒了朝堂上的南宋君臣，有个大臣甚至上奏请求杀了他。在这种尴尬的情况下，韩侂胄请宋宁宗先退朝，择日再召见这个使臣。表面上韩侂胄得体地化解了这次外交风波，背地里他却成功得到了发动战争的借口。

失败的北伐战争

开禧二年五月，部分宋军成功攻克了被金军占领的一些州县，宋宁宗发布了北伐诏书，正式对金宣战。

宋朝虽然已经做了些军事准备，但北伐的准备并不充分，将卒训练、人员安排甚至后勤供应等方面都存在不足。韩侂胄用人不当，西路统帅吴曦早在北伐之前就秘密接受了金朝的诏书，图谋叛变割据，使金军得以将主力集中在东线。中路军统帅之一的皇甫斌，率军攻打唐州（治今河南唐河）时被金军击溃，接着又在攻打蔡州（治今河南汝南）时大败，韩侂胄急忙撤了他的职。而在北伐主战场两淮地区，统帅邓友龙连吃败仗，也被撤职。

不久，金军在东、中、西三条战线上对宋军发起全面反攻，战场形势发生了转变，由宋军北伐变成了金军南侵。金军将战线迅速向南推进，当年十二月就杀到了长江边上，宋朝的淮西各地都被金军占领。

宋军全线溃败，唯有武义大夫毕再遇的部队连连获胜。毕再遇是个非常机智、富有谋略的统帅。一次，他率军与金军对阵冲杀，败退后又杀回，往返多次。此时天色已晚，毕再遇又率军冲杀一阵，佯装败退。他命人把事先准备好的用香料炒过的豆子，撒在金军追赶的路上。金军骑马赶到，又累又饿的战马闻到豆子的香味，立刻停下脚步吃了起来，无论怎么鞭打，也不听主人指挥。毕再遇趁机率军反杀回来，大败金军。

还有一次，毕再遇率军扎营与金军对垒。几天后，金军后续部队不断地前来增援，毕再遇考虑到难以战胜敌人，便命令部队将寨栅、营帐和旗帜等原封不动地保留，并在战鼓上捆缚了一些羊，自己则率军悄悄撤退。羊的前腿踏着鼓面，蹬腿击鼓，

南宋郊坛下官窑瓷瓶

名门之后

韩侂胄是北宋宰相韩琦的曾孙，韩家世代都是皇亲国戚。与赵汝愚等人拥立宋宁宗时，韩侂胄只是负责宫廷朝会等礼仪的官员，品级不高，却能接近权力中枢。宋宁宗即位后，赵汝愚以各种理由想要独占功劳，并重用了一大批理学人士。著名理学家朱熹、彭龟年都曾攻击过韩侂胄，因此与其结怨。

史弥远画像

韩侂胄的头颅被送到金朝后，金朝皇帝嘲讽他对宋廷的忠心，追封韩侂胄为忠缪侯，并把他葬在曾祖父韩琦的墓旁边。至于南宋这边，史弥远取代了韩侂胄的角色，成为一代权臣，还恢复了秦桧的申王爵位及忠献谥号。

仿佛军营还一直保持着戒备。一连几天，金军听到宋军营中战鼓声不断，不敢轻举妄动。等金军发现原来是一座空营时，毕再遇已率军走远，金军无法追上了。

求和议韩侂胄被杀

金军打到长江边上后，并无渡江南下消灭南宋的意图，只是想借军事威势逼迫南宋讲和，为金朝争取最大利益。开禧三年初，金军前线的最高统帅仆散揆病逝，金军被迫换帅，这给了南宋喘息之机，也成为两国推进和谈的契机。

在选派出使金营联系和谈的使者时，南宋朝廷遇到了难题，没人愿意作为战败方的代表去承担这份差事。最后，朝廷找到了一个能言善辩的县丞，给他加官后派他出使。这个县丞不辱使命，他在金人面前不卑不亢。金人将他关入监狱，不给他吃饭，并威胁要杀他，要求他答应割地赔款、绑送南宋伐金的首谋之人等五个条件。县丞不怕威胁，坚决拒绝，说从来没有这样的做法。最后金人拿他没有办法，只得将他放回。

县丞从金营返回，向韩侂胄复命。当他转述完金人提出的前四个条件后，欲言又止。韩侂胄问："还有什么条件？"县丞说："我不敢说。"在韩侂胄的逼问下，县丞只得如实相告："是要太师您的脑袋。"韩侂胄听后大怒，把县丞贬到外地去了。

赔一些钱，割一点地，韩侂胄还可以接受，但是要他的命，这却是万万不可的。他只得硬着头皮，筹划继续与金人作战。当时，南宋朝廷中的主和派又占了上风。怀有政治野心的礼部侍郎史弥远联络对韩侂胄心存芥蒂的杨皇后，谋划通过皇子向宋宁宗进言，阻止韩侂胄继续北伐。皇子进言时，杨皇后在旁劝说，但宋宁宗很犹豫，一时不知如何是好。

杨皇后担心走漏了风声，让大权在握的韩侂胄知道此事，就和史弥远等人密谋杀死韩侂胄。开禧三年十一月的一天，韩侂胄在上朝途中，被杨皇后安排的人杀死。宋宁宗得知韩侂胄被杀后，也把挑起北伐战争的责任推到韩侂胄身上。

嘉定元年（1208年），南宋和金达成“嘉定和议”。南宋被迫接受了更为屈辱的条件，韩侂胄的头颅被送往金朝示众，这场由宋军北伐引起的战争就此结束。嘉定和议的订立，表明南宋已无力收复中原。而史弥远等人继续执掌朝政，也使得宋廷政治更加腐败，国势日益衰败。（王　娟）

［宋］马远《踏歌图》（局部）

右页图为南宋画家马远的作品。此画以山水为主体，远景的山石陡峭，笔法极具想象力，近景则描绘了六名踏歌起舞、欢庆丰收的农民。踏歌是宋代流行的平民娱乐方式，人们用脚踏地为节拍，随性欢歌，活泼自由。

秦九韶与《数书九章》

宋元时期，随着印刷术的发展以及商业和生产需求的推动，我国先后出现了一大批成就卓著的数学家，在许多领域达到了中国古代，甚至世界古代数学的高峰。生活于南宋时期的秦九韶，就是这些数学家中的杰出代表。

数学大家秦九韶

唐代的科举考试就已经设有“明算”科，专门负责选拔、培养数学人才。唐宋以来，随着商业、工程、测量等的发展，社会对数学的需求日益高涨，陆续涌现出一大批数学家，他们在许多领域创造了非凡的成就。这是中国古代数学发展的又一个黄金时期，而秦九韶，正是其中的杰出代表。

秦九韶，字道古，出身于官宦之家，父亲秦季槱（yǒu）曾担任掌管工程建造的工部郎中等官职，和当时的许多著名学者都是好友。秦九韶年少时就阅读了许多工程建造、天文历算等方面的书籍，跟着父亲遍访名师。后来，秦九韶又跟随“隐君子”（有专家考证是宋代学者陈元靓）学习数学。通过个人的努力和家庭教育环境的熏陶，秦九韶成为一名博学多才的百科全书式学者。他精通天文历法、工程建造、算术、音律、诗词、骑马、射箭等各方面知识。

> **算经十书**
>
> 唐高宗时期，国子监设立算学馆。时任太史令的著名学者李淳风等人受命编纂注释了汉唐以来的十部算经，作为算学馆学生的标准教材。这十部著名数学著作，分别为《周髀算经》《九章算术》《孙子算经》《五曹算经》《夏侯阳算经》《张丘建算经》《海岛算经》《五经算术》《缀术》《缉古算经》。
>
> 北宋刊印十部算经时，祖冲之父子的《缀术》已经失传，南宋时用《数术记遗》替代了《缀术》。明代时，由于缺乏对数学的重视以及其他社会原因，十部算经几乎失传。清乾隆年间，随着乾嘉考据学派的兴起和《四库全书》的编纂需要，人们重新找回了这十部数学著作，并第一次以《算经十书》的名称来称呼它们。

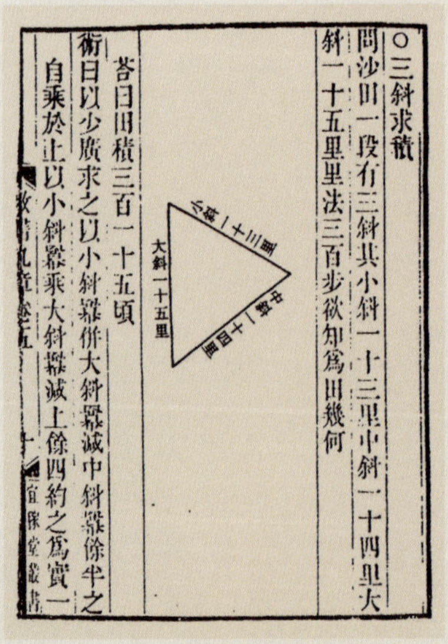
○三斜求積
問沙田一段有三斜其小斜一十三里中斜一十四里大斜一十五里里法三百步欲知爲田幾何

荅曰田積三百一十五頃
術曰以少廣求之以小斜冪併大斜冪減中斜冪餘半之自乘於上以小斜冪乘大斜冪減上餘四約之爲實一

《数书九章》中的“三斜求积”问题

三斜求积其实就是利用三角形的三条边长求三角形面积的公式，该公式最早出现于希腊数学家海伦的著作《测地术》中，所以被称为海伦公式。

《数书九章》传后世

秦九韶一向对工作和生活中遇到的数学问题

非常着迷，他认为数学在商业活动、工程设计、土地测量、财政管理等各方面都至关重要，如果不进行计算，或者计算不准确，就会“差之毫厘，谬乃千百”。因此他非常注意搜集日常生活、生产、交易乃至战争中的数学问题。

宋理宗淳祐七年（1247年），秦九韶在为母亲守丧期间，撰写了在数学史上具有划时代意义的《数书九章》一书。此书原名《数术大略》，明代时改称《数书九章》。秦九韶将自己多年来收集、研究、总结的数学成就，归纳为九类问题，共计81道算题。

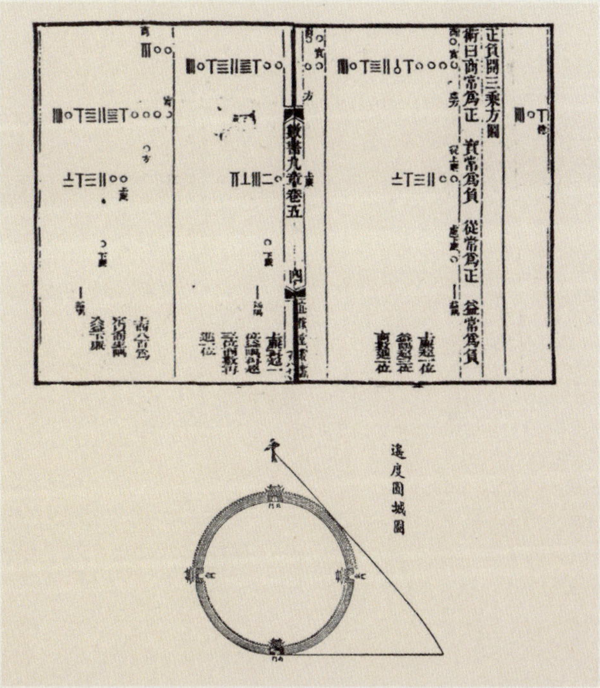

《数书九章》中的数学问题

上图为正负开三乘方图，下图为遥度圆城图。

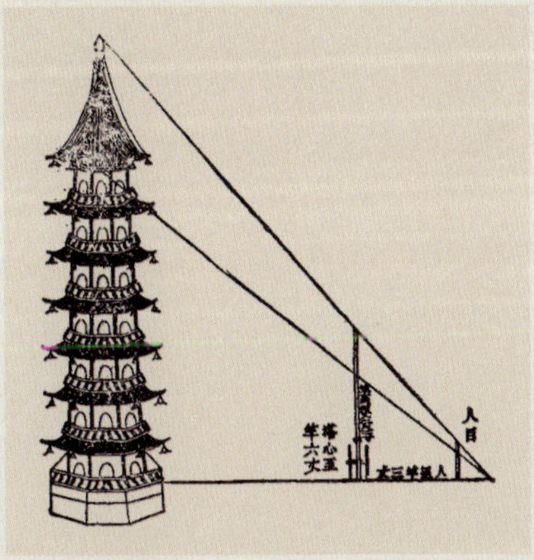

《数书九章》中的“表望浮屠”问题

“表望浮屠”就是用相似三角求塔的高度。

秦九韶与道古桥

嘉熙二年（1238年），大数学家秦九韶回到临安西溪，为父守丧。他见河上无桥，两岸人民往来不便，就亲自设计了一座石桥。由于这座桥建在西溪河上，当时的人们叫它“西溪桥”。后来，元代的大数学家朱世杰来到杭州，为了纪念造桥人，提议将“西溪桥”改名为“道古桥”（秦九韶字道古），并亲自为其题写了桥名。秦九韶设计建造的石桥极为坚固，历经700多年风雨依然安然无恙，直到21世纪初，才因道路扩建而被拆除。后来，人们又在道古桥原址不远处建造了一座新的人行石桥，将其命名为道古桥，由数学家王元题写桥名。

如同我国古代的大多数数学著作那样，《数书九章》中的内容，主要是关于应用方程的求解，内容颇具实用性。对于当时的人们来说，在求解有固定解的方程时，最难的是高次方程的求解，而对于没有固定解的方程（不定方程），人们关注的主要是同余方程。《数书九章》在这两方面都有很杰出的贡献。

《数书九章》中提出的“正负开方术”，将高次方程解法发展到完备的程度。早在战国时，我国古人就已经开始求解高次方程。北宋数学家贾宪首创了用来开方和求解高次方程的增乘开方法。这一方法经刘益发展、秦九韶完善，最终成熟。《数书九章》中有一道高难度的一元十次方程求解问题，秦九韶通过增乘开方法，最终解决了高次方程无理数根的近似值和有理数根的计算问题，这在数学史上具有非常重要的意义。大约200

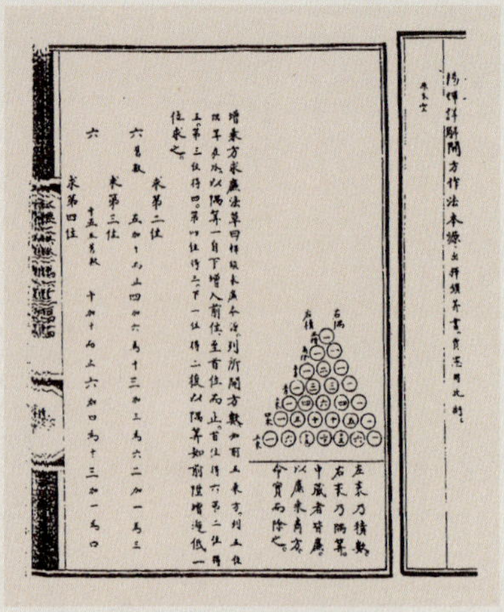

《永乐大典》中的“开方作法本源图”

杨辉在《详解九章算法》里抄录了此图，将整次幂二项式的展开式系数自上而下摆成等腰三角形数表，称“贾宪用此术”，因此也叫“贾宪三角”。当时人将开方称作“释锁”，将一些常数列成的算表称“立成”，贾宪三角就是立成释锁法的“立成”。此图可用于三次以上方程的开方。在欧洲，17世纪的法国数学家帕斯卡首次完整描述了这个三角形，因此也被称作帕斯卡三角。

年后，中亚学者阿尔·卡西也在其著作中提到了类似的算法。而在欧洲，直到19世纪才由英国数学家霍纳得出类似的算法，比秦九韶晚了500多年。

《数书九章》的另一个重要贡献，是“大衍总数术”，系统叙述了一次同余方程组解法。关于一次同余方程组的解法，我国南北朝时期的数学著作《孙子算经》中有一道很有意思的算题，大意是：“今有某物，不知道数量是多少。以3个一组来数，还剩2个；以5个一组来数，还剩3个；以7个一组来数，还剩2个。问它的数量是多少？”答案是23。求解这道问题，涉及一次同余方程组的解法，这就是著名的孙子剩余定理，也叫中国剩余定理。

《孙子算经》中的解法没有给出证明，并且只涉及一些特例，直到《数书九章》中，秦九韶自创了大衍求一术，才给出了一次同余方程组的完整解法。类似的算法，在国外直到18—19世纪才被著名数学家欧拉和高斯分别发现。

当然，《数书九章》的杰出成就远远不止于此。秦九韶在求解线性方程组时，使用了相当于现代数学中增广矩阵的算法，只是没有矩阵符号而已。对于传统的远距离测量问题，秦九韶最突出的贡献是提出了“三斜求积术”，即利用任意形状三角形的三条边长，来计算三角形的面积，这和古希腊数学家海伦提出的公式是等价的。此外，《数书九章》中还介绍了世界上最早的雨量计，以及计算降水量的方法。

《数书九章》中有许多非常复杂的问题，生动翔实地反映了南宋的社会经济情况，也是非常有价值的历史资料。

放到世界数学史的角度来看，秦九韶的《数书九章》是当时水平最高的数学著作之一。因此，德国著名数学家康托尔称秦九韶是“最幸运的天才”，美国科学史家萨顿称秦九韶是“他那个民族、他那个时代，并且确实也是所有时代最伟大的数学家之一”。

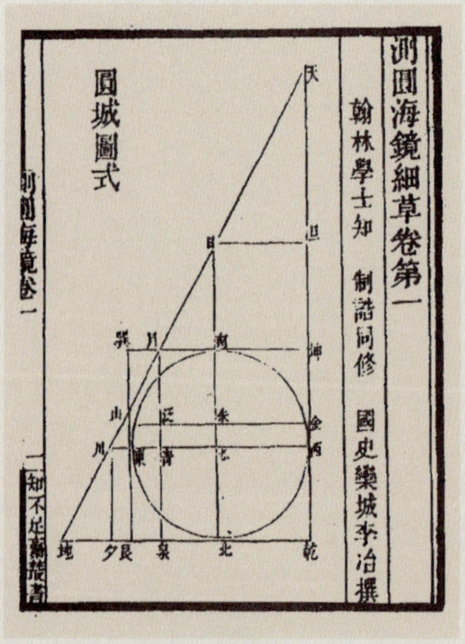

《测圆海镜》里的圆城图式

其中用天、地、乾、坤等指代三角形内各点。

宋元数学四大家

秦九韶是宋元数学家中的杰出代表，但他并不是唯一的代表。除了秦九韶，这一时期还有李冶、杨辉和朱世杰等杰出的数学家。人们将这四人合称为“宋元数学四大家”。

李冶出生于大兴（今北京），是金朝末年的进士。金灭亡后，李冶放弃功名，终生从事数学研究。他的主要贡献是天元术，也就是用符号建立并求解高次方程的方法。其著作《测圆海镜》被清代学者阮元誉为“中土数学之宝书”。

杨辉活跃于南宋末年，他出身平凡，生平不为人所知。杨辉的著作很多，贡献主要在计算技术及数学教育方面，他总结了民间筹算乘除捷算法。此外，杨辉还深入研究了“纵横图”，也就是如今所说的幻方。他的著作大多都是为普及教育而编写的数学教科书。

朱世杰生于元代，他曾以教授和研究数学为业，云游四方。朱世杰的《算学启蒙》从简单的四则运算切入，逐步深入到高次方程求解、天元术等高深内容，体系完备，是当时非常优秀的一部数学教科书。在天元术和增乘开方法的基础上，朱世杰进一步发展了四元术，即多元高次方程组的解法。同时他在高阶等差级数求和、招差法方面也颇有贡献。美国科学史家萨顿评价他“是他所生存时代的，同时也是贯穿古今的一位最杰出的数学家”。

宋元时期是中国古代数学发展的鼎盛时期，可惜的是，到了明代，宋元数学的很多成就都失传了。（衣抚生）

［宋］刘松年《罗汉图》

此画又名《猿猴献果图》，是宋代佛教绘画的代表作之一。画中的罗汉面带沉思，表情自然，宛如我们身边的世俗僧人，与唐代之前宗教壁画中的罗汉形象大不相同，体现了禅宗思想对绘画的影响。

钓鱼城之战

南宋中期，北方草原上的蒙古崛起。南宋联合蒙古消灭了老对手金朝，但自己很快就成为蒙古大军的下一个扩张目标。在持续数十年的宋、蒙战争中，钓鱼城之战是宋军为数不多取胜的战役，也是南宋军民悲壮抗战的写照。

宋、蒙联盟友变敌

宋宁宗在位期间，蒙古首领成吉思汗一统北方草原，建立蒙古汗国，并多次击败金朝，强势崛起。成吉思汗死后，金朝更成为蒙古大军的主要攻灭目标。

蒙哥汗画像

金宣宗为了避开蒙古大军锋芒，早已将都城迁至南京开封府，准备依托黄河死守。虽然已经失去半壁江山，但金朝军民依然顽强抵抗蒙古大军，是块难啃的硬骨头。于是，蒙古便打算利用宋、金之间的矛盾，借助宋人之手来攻打金朝。

对于是否要与蒙古结盟，南宋朝廷内部分成两派：一派认为应该联蒙抗金，以报靖康之耻；另一派则认为宋、金两国唇齿相依，唇亡齿寒，应该联金抗蒙。蒙古多次派遣使者前来商议共同伐金之事，但南宋朝廷一直犹疑未决。

金、蒙两国交战多年，眼看金朝败亡已成定局，在蒙古铁骑的步步紧逼之下，南宋朝廷这才下定决心联合蒙古，遣兵运粮帮助蒙古灭金。端平元年（1234年），金朝最后的都城蔡州（治今河南汝南）被攻破，金哀宗完颜守绪自杀，末帝完颜承麟死于乱军之中，金朝灭亡。宋理宗将完颜守绪的遗骨献祭于太庙，以告慰祖先在天之灵。

宋、蒙联合灭金后，南宋只得到了河南南部的一些州县。不久，趁着蒙古主力北归的空当，宋理宗命赵葵、全子才率两路兵马收复原北宋的“三京”，即东京开封府、西京河南府和南京应天府。

宋军收复了东京开封府（即金朝的南京开封府）之后，在河南府遭到蒙古军队伏击，惨败而归。这次失败的行动给了蒙古攻打南宋的理由，不久，蒙古便以南宋毁坏盟约为由，开启了持续数十年的对宋战争。

大汗进逼钓鱼城

蒙古大汗窝阔台在位期间，蒙古军队多次大举攻宋，宋军英勇抵抗，蒙古军队进展不大，两国大致沿着宋、金分界线对峙。窝阔台死后，为

> **张制置珏第五十一**
> ［宋］文天祥
>
> 气敌万人将，独在天一隅。
> 向使国不亡，功业竟何如？
>
> 钓鱼城守将张珏后来不幸在守卫重庆的战役中被俘，不屈而死。文天祥得知后在悲痛之余写下了这首诗。

了争夺汗位，蒙古国经历了多年内乱，直到淳祐十一年（1251年），拖雷长子蒙哥继承了蒙古大汗之位。蒙古国稳定下来，这才恢复了对南宋的大举进攻。

蒙哥是个简朴沉默、刚强严肃的统治者，他派弟弟忽必烈往南攻取大理国，对南宋形成包围之势；另一个弟弟旭烈兀则被派往西亚，攻占了今伊朗西部、伊拉克、叙利亚等地。在蒙哥的统治下，蒙古国再一次迅速扩张，震惊世界。

宝祐六年（1258年），蒙哥征发十多万蒙古大军，兵分三路大举攻宋。他命塔察尔率东路军攻取长江中游一带，命兀良合台领兵自云南北上包抄南宋，自己则亲率主力攻打四川，约定来年会师长沙，一举灭亡南宋。

巴蜀地区人口稠密，经济繁荣，是宋、蒙战争的前线。先前蒙古内乱之时，四川制置副使彭大雅命人在合州（今重庆合川）东面三江交汇的钓鱼山上筑寨。后来，主政巴蜀的余玠选贤任能，整顿边防，他派人在钓鱼山筑城，并将合州的治所迁到了此处，钓鱼城由此得名。钓鱼城三面临江，上可援三江，下可屏重庆，是重要的战略要塞。靠着山城防线，宋军多次击败来犯的蒙古军队，巴蜀的抗蒙形势日渐好转。

此番蒙哥率精锐部队南下，宋军节节败退，蒙哥很快就攻占了许多地方，但钓鱼城却依然耸立，成为阻挡蒙古军队的坚强堡垒。

钓鱼城下蒙哥失利

守将王坚和他的副手张珏主持合州防务之后，又曾大规模修缮钓鱼城，使它成为一座坚固的堡

通向钓鱼城城门的石阶小道

钓鱼城遗址护国门

钓鱼城遗址城墙

垒。钓鱼城虽然防守坚固，但此时城内守军不过数千人，而蒙哥的军队则势如破竹，声势浩大，约有十万之众。蒙哥自恃兵力强大，派人前往钓鱼城招降。一心抗战的王坚杀了蒙军使者，蒙哥勃然大怒，命令大军将钓鱼城围得水泄不通，誓要攻取这座城池。

开庆元年（1259年）二月，蒙古军队开始对钓鱼城发动全面进攻，蒙哥亲自督阵攻城，钓鱼城四周遭受了猛烈攻击。蒙古军中有一员叫汪德臣的猛将，率军夺取了宋军数百艘战船，攻占了钓鱼城的水军码头，切断了钓鱼城和外界的联系。城中守军不得不困守孤城，独自面对蒙古军队的围攻。

蒙古军队初战得胜，准备爬上山头，攻取钓鱼城。这时，他们发现通往钓鱼城的山路非常险峻。城内宋军不断投掷滚木、箭矢、铁雷，还用抛石机发射了大量炮弹，给蒙古军队造成了很大伤亡。城下的蒙古军队虽然也有抛石机，却无法攻击到高处的宋军。蒙古军队持续进攻了一个月也没有什么进展，只得退回去休整。

接下来的几个月，蒙古军队不断转换目标，动用各种手段，试图在钓鱼城里打出一个缺口，却一直毫无进展。随着天气转暖、雨水增加，长途作战的蒙古军队人困马乏，疫病丛生，他们难以适应西南地区潮湿闷热的天气，士气十分低落。

《武经总要》中描绘的宋代攻城武器

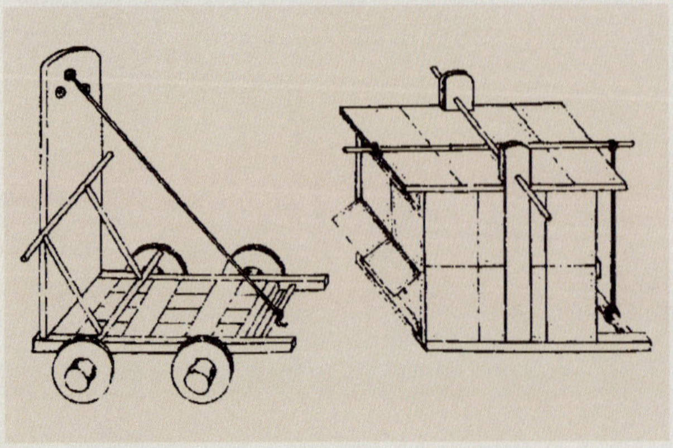

钓鱼城王、张二忠臣词

［明］杨慎

钓鱼城下江水清，荒烟古垒气犹生。
睢阳百战有健将，墨翟九守无降兵。
犀舟曾挥白羽扇，雄剑几断曼胡缨。
西湖日夜尚歌舞，只待崖山航海行。

明代大诗人杨慎途经钓鱼城，感怀古今，遂写作此诗。题中“王、张二忠臣”指的是钓鱼城之战中的王坚和张珏两位守将。

转眼钓鱼城内的宋军已孤军奋战了四个月。虽然城内物资储备充足，但毕竟以少敌多，一直拖下去总不是个办法，他们急切期待着援军的到来。这时，有人发现，城外的嘉陵江上有了动静。原来是宋军名将吕文德率领了数千艘战舰赶来援助。没等钓鱼城内的守军高兴起来，蒙哥便当机立断，派出史天泽阻击宋军增援部队。吕文德的前锋部队战斗失利，只得撤回重庆，蒙古军队经此一战，士气重振。

一天夜里，蒙古大将汪德臣无意中发现了钓鱼城防线的破绽，马上率领精兵突破了防线。宋将王坚、张珏立即率领死士从暗道出城，打退了汪德臣等人。不久，汪德臣将计就计，在城外挖掘地道，率领突击队从地道出发，杀入钓鱼城内。守护这段防线的宋军虽然奋勇抗击，但终究不是蒙古精兵的对手。

钓鱼城的外城被攻破，胜利的天平似乎转向

了蒙古一方。汪德臣自信能劝降宋军，于是孤身一人来到城下，大喊："王坚！快投降吧！我来救你们一城人的性命！"没等汪德臣说完，城内宋军便向他投掷滚木飞石，汪德臣躲避不及，被城上飞石击中，身受重伤，没几天就去世了。蒙哥听闻麾下大将汪德臣的死讯，心中异常愤怒。

南宋龙泉窑青釉灵芝耳瓶

到了七月，酷暑来临，蒙古军中的疫病越发严重，战斗力锐减，他们再也等不下去了。在史天泽的带领下，蒙古军队准备发起总攻。他们还在城外修建了高高的望楼，用来瞭望敌情，方便指挥。蒙哥亲自登上望楼探察敌情，不料被宋军矢石击中，身负重伤，死于军中。

蒙哥死后，蒙古大军只得撤兵。钓鱼城之战是南宋和蒙古战争史上的一次重要战役，又称"合州之战"。钓鱼城之战宋军抗蒙胜利，不但瓦解了蒙古攻宋的形势，延缓了南宋灭亡的时间，还使蒙古的西征行动停滞，改变了世界历史的进程。

牵动世界的钓鱼城

钓鱼城之战的结果，无形中改变了整个世界的历史走向。

蒙哥生前并未指定继承人，他死后，南下攻宋的蒙古军队撤兵北还，分别由忽必烈和兀良合台率领的另外两路蒙古军也不得不撤军北归。正准备进攻埃及的旭烈兀得知蒙哥去世的消息，也迅速撤兵，准备赶去参加决定汗位的忽里勒台。蒙哥汗的意外身亡，给了南宋喘息的机会，而由旭烈兀率领的西征，也成为蒙古向西扩张的绝唱。

为了争夺汗位继承权，忽必烈和阿里不哥分别称汗，蒙古各大汗国意见不一。蒙古进行了多年内战，忽必烈最后取得了内战的胜利，但他并没有得到所有汗国的认可，只能先把精力放在东亚事务上，集中力量攻取南宋。

忽必烈登上汗位后，改变了蒙哥在位时期的策略，放弃从巴蜀包抄灭亡南宋的计划，转而先攻取长江中游的襄阳，然后再顺着长江直驱而下灭亡南宋。咸淳三年（1267年），蒙古军队发动了襄樊之战，六年后，襄阳苦战之下沦陷，长江防线随之瓦解，南宋朝廷岌岌可危。

忽必烈加快了灭亡南宋的步伐。当时巴蜀的绝大部分地区都已被蒙古军攻克，但是钓鱼城军民仍在苦苦坚守。直到祥兴二年（1279年），钓鱼城守将王立见南宋大势已去，以不可屠杀城内百姓为条件开城投降。这年二月，陆秀夫背负年幼的皇帝跳海自尽，南宋宣告灭亡。（王超群）

蒙哥之死

关于蒙哥的具体死因，历史上有几种不同说法。根据宋朝的资料，蒙哥可能是被钓鱼城守军抛石机的石弹或火药弹击中，伤重而亡的；而根据蒙古的资料，蒙哥可能是在钓鱼城之战中病死的。无论如何，蒙哥的死都和钓鱼城之战有莫大的关联。

［宋］夏圭《溪山清远图》（局部）

“天地正气”文天祥

南宋抗元（蒙古）的斗争可歌可泣，涌现出一大批舍身保国的典范人物，文天祥就是其中之一。他以身示范，用一生践行忠义报国的理念，成为中华民族重要的精神图腾。

少年才俊立忠志

文天祥出身于书香世家，自幼聪明好学，熟读四书五经。年轻时，文天祥在学官中学习，见到祠堂上供奉的欧阳修、胡铨等忠臣的画像，便心生向往，说道：“如果将来我不能成为其中的一员，就不是真正的男子汉。”之后他更加奋发图强，努力读书。

二十岁那年，文天祥参加殿试。当时在位的宋理宗对朝政心生倦怠，文天祥便以“法天不息”为题劝谏帝王。他写文章妙手天成，一挥而就，甚至连草稿都没有，可谓才华横溢，义胆忠心。宋理宗见到如此青年才俊，心中大喜，钦点其为状元。主考官王应麟也称赞他“忠肝如铁石”。

臣心一片磁针石，不指南方不肯休。
——［宋］文天祥

募兵勤王献提议

咸淳九年（1273年），襄阳失守，苦苦坚持了六年的襄樊之战结束，朝野震惊。襄阳是长江中下游的重要屏障，襄阳沦陷后第二年，元世祖忽必烈发布诏书，宣布全面进攻南宋。此时，宋度宗病亡，避免了成为亡国之君的命运。年仅四岁的小皇帝赵㬎（xiǎn）由权臣贾似道扶持继位，他就是宋恭帝。谢太后临朝称制，而贾似道继续把持朝政。

过零丁洋
［宋］文天祥

辛苦遭逢起一经，干戈寥落四周星。
山河破碎风飘絮，身世浮沉雨打萍。
惶恐滩头说惶恐，零丁洋里叹零丁。
人生自古谁无死，留取丹心照汗青。

宋、元年间吉州窑玳瑁釉执壶

当时南宋内忧外患，长江中上游的领土基本已被元军占领。就在小皇帝继位的同年，元军大将伯颜率军对南宋发动总攻，宋军节节败退，眼见都城临安不保，朝廷急忙下诏，号召各地派兵勤王。

文天祥接到诏书心急如焚，悲痛万分。他立刻散尽家财，召集了万余人要赶去勤王。有友人劝阻他道：“如今元军兵分三路，大举南侵，屡战屡胜，势如破竹。就凭你这刚召集来的区区万余新兵，送去作战，简直就是羊入虎口，怕是有去无回啊！”

文天祥听后，不仅没有打退堂鼓，反而慷慨陈

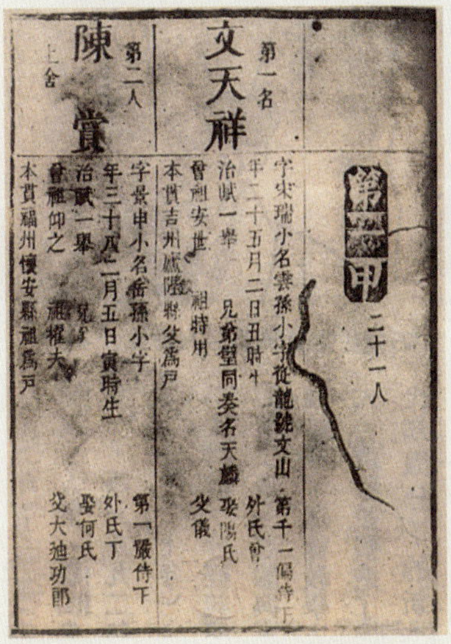
第一甲 二十一人
第一名 文天祥
字宋瑞小名雲孫小字從龍號文山 第千一偏侍下
年二十五月二日丑時生 外氏曾
治賦一舉 兄弟璧同奏名天璘 娶陽氏
曾祖安世 祖時用 父儀
本貫吉州廬陵縣父爲戶
第二人 陳賞 上舍
字景申小名喬孫小字 第一嚴侍下
年三十八二月五日寅時生 外氏丁
治賦一舉 兄 娶何氏
曾祖仰之 祖耀夫 父大迪功郎
本貫福州懷安縣祖爲戶

清人翻刻的文天祥状元及第榜单

词，说道：“你说的情况我都知道。但国家养育臣子百姓三百多年，一朝有难，要征天下之兵，却无一人一骑响应，这令我非常愤慨。所以就算是自不量力，因此而死，如果能激励天下有识之士奋起报国，那我也算死得其所。只要大家众志成城，还是能够保住大宋江山的。”

当初宋朝建立后，为了防止唐末五代藩镇割据的局面，朝廷在政治、军事体制方面进行了很多调整，对地方武将官员进行分权牵制。这样虽然减少了地方叛乱的可能，但也让宋军积贫积弱，难以御敌。针对当时元军大敌当前的情况，文天祥到临安后，建议朝廷大力改革，勇于放权，将天下设置为四个藩镇，加强地方军政实力，以此来与元军抗衡。不过文天祥的这项提议过于激进，朝廷并没有采纳。

临危受命赴敌营

德祐元年（1275年），文天祥被朝廷派到平江防守。元军一路逼近，常州、独松关（今浙江安吉南独松岭）等地相继失守，几个月内，元军就兵临临安城下，南宋方面乞降，派人向元军送上传国玺和投降书。

元军统帅伯颜是元朝丞相，他提出要和宋朝的同等级别官员谈判。当时，右丞相陈宜中怕被元军扣留，先溜走了，左丞相留梦炎也早就逃到南方去了。朝廷无奈之下，只得升文天祥为右丞相，派他前往元军大营议和。

就这样，文天祥临危受命，来到元军大营。此次前来，文天祥虽然受命商谈投降事宜，但他还是想尽力保全南宋朝廷。

文天祥见到伯颜便直接问道：“我大宋乃天下正统，你们率兵而来，是要让我们成为你们的属国呢，还是想直接消灭我国？”

伯颜想了想说：“我朝皇帝陛下并没有要彻底消灭宋朝的意思。”

文天祥点了点头道：“既然如此，你们可退兵到平江或嘉兴，我们可商议岁币或金币来犒师。如果你们硬要消灭大宋，淮河沿线、浙江、福建、广东等地还在我们统治之下，真拼起来，鹿死谁手也未可知！”

伯颜听后大怒，威胁要杀死文天祥。没想到

朱熹《蓬户手卷》中的文天祥题跋
这是文天祥存世不多的墨宝之一。

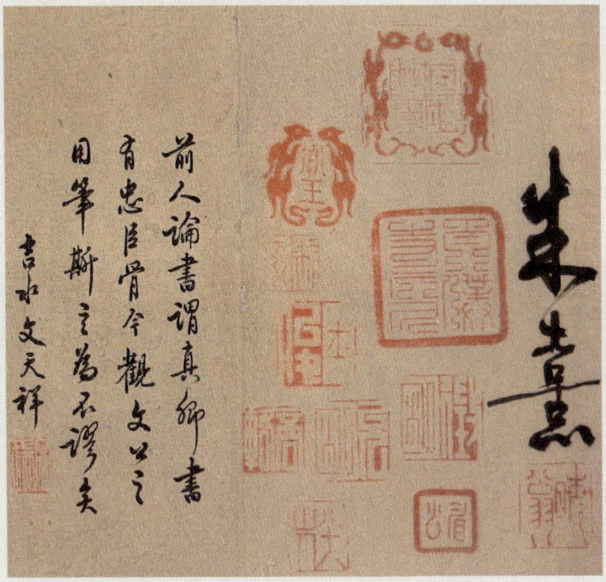

文天祥凛然不惧，反问道："我是宋朝的丞相，正愁没有以死报国的机会呢，纵使上刀山、下火海，我也不怕！"

谈判破裂，文天祥被伯颜关了起来。德祐二年三月，元朝大军进入南宋都城临安，谢太后和宋恭帝等投降。

一心抗元终被俘

伯颜将谢太后、宋恭帝、文天祥等人押往大都（今北京）。途经镇江时，文天祥趁元兵不备，同随从杜洪等十二人连夜逃脱，逃到真州（治今江苏仪征），见到了真州守将苗再成。怎料当时的两淮安抚制置使李庭芝以为文天祥是元人派来劝降的奸细，密令苗再成将其斩杀。苗再成多番试探，觉得文天祥是忠义之士，便将他放了。随后文天祥一路遭元军追杀，东躲西藏，艰难地来到了温州。

此时，宋恭帝的两个兄弟赵昰（shì）和赵昺（bǐng）在张世杰、陆秀夫等大臣护送下，逃到了福州，众大臣拥立赵昰为帝，史称宋端宗。文天祥逃出元军大营后，被召到福州，获封右丞相之职。

文天祥积极主张北上，张世杰则坚持在广州开府，方便向海上撤退。二人政见不合，文天祥就单独留在南剑州（治今福建南平），继续领兵抵抗元军。

景炎二年（1277年），文天祥率兵向江西一带发展。在各地义军配合下，文天祥在江西南部大败元军，成功收复了会昌、兴国等许多县城。可惜好景不长，元军主力突袭兴国，文天祥仓促应敌战败，妻妾子女都被俘虏。幸亏有个手下假扮成他，吸引了元军注意，文天祥才得以逃脱。

另有一路元军进攻福州，宋军不敌，张世杰保护着宋端宗逃往广州。途中，宋端宗因一路担惊受怕，病死了。张世杰、陆秀夫等人又拥立了赵昺继位，移驻厓山（今广东江门新会区南），改元祥兴。

张世杰画像

祥兴元年（1278年），文天祥得知南宋小朝廷移驻厓山，由于处境艰难，他上表请求率军前往会合，但没有获得许可。文天祥率军退往潮阳。这年冬天，元军大将张弘范大举攻打潮州，文天祥被迫率军转移到五坡岭。一天，军中正在吃饭，元军突然杀到，文天祥又一次被俘。

元兵将文天祥押去见张弘范，张弘范对他礼遇有加，希望他能写信劝降驻军厓山的张世杰。文天祥却说："我不能保卫父母，难道还要教别人背叛父母吗？"文天祥愤而写下《过零丁洋》。张弘范看到诗的末尾写道："人生自古谁无死，留取丹心照汗青。"他慨然长叹："真是首好诗。"诗歌可以明志，张弘范知道再逼也已无用，下令强攻厓山。

张世杰命人焚尽陆地上的宫殿、房屋，誓与元军决一死战，可惜最终不敌，战败身死。

文臣陆秀夫守着小皇帝，见大势已去，便背着小皇帝投海自尽。

厓山战败后，南宋灭亡，文天祥被押往元大都。路上他绝食八天，以示必死的信念。

矢志不渝《正气歌》

文天祥被押送到大都后，元世祖忽必烈想要搜罗南宋官员为自己所用，便派降臣王积翁前去劝降。文天祥表示自己愿以道士的身份回归故乡，但不愿做元朝的大臣。元世祖担心把他放了之后他还会起兵反元，便将他囚禁起来。

在牢房中，文天祥写下了千古传诵的《正气歌》。他在诗中列举了历史上那些坚持正义的忠臣义士，认为他们虽然身死，但浩然之气长存。其中有两句诗"时穷节乃见，一一垂丹青"，彰显了文天祥杀身成仁的决心。

元至元十九年（1282年），有民间义士聚集了几千人马，扬言要攻打大都，救出文丞相。元世祖为绝后患，终于下令处死文天祥。临刑前，文天祥朝南跪拜，从容地说："我的事情到此完结了。"说罢慷慨就义。

人们在整理文天祥的遗物时发现了他写在衣带上的一段话："孔子说'成仁'，孟子说'取义'，只有义尽，所以仁至。读圣贤的书，学到了什么？从今以后，我真正做到无愧于己了。"（何昭旭）

张世杰与张弘范

宋军统帅张世杰和元军统帅张弘范，都是出生在河北的汉人。他们的故乡早在二百多年前就被割让给了辽朝。张弘范的父亲张柔是金朝的地方豪强，后来投降蒙古，成为蒙古军中最有势力的汉军世侯之一。张弘范出生时，金朝已经灭亡，他从小能文善武，仪表堂堂，很快就成为蒙古军中的得力干将。而张世杰曾在张柔手下当兵，因为犯事逃到了宋朝，之后屡立战功，成为南宋最后的名将之一。两人在厓山成为敌手，也是后人热议的一个话题。

宋代的铜钱和纸币

两宋时期的货币达到了我国铸币历史的一座高峰，数量繁多的年号钱、世界上最早的纪年钱、精美的对子钱、珍贵的御书钱和名家书钱、临安府行用钱牌、交子和会子纸币……共同构成了宋代货币的靓丽风景。

丰富多彩的宋代货币

宋代商业繁荣，金、银等贵金属货币日渐重要，但铜、铁等金属铸币仍占据主导地位，因此铸钱业也极为发达。两宋时期，尽管有个别地区，如四川曾使用铁钱，但总体来说金属铸币仍以铜钱为主。无论是铸币的数量、种类，还是铸币的质量，宋钱都具有划时代的意义，是我国铸币史上的又一座高峰。

宋代每逢皇帝改元一定会铸新钱，有宋三百多年，所铸造的年号钱多达四十九种，是历史上年号钱最多的朝代。

宋代首次出现了御书钱，即皇帝亲自书写钱文的金属铸币。宋太宗开启了皇帝亲自书写钱文的先河，“淳化元宝”上的钱文就是他御笔亲书的，宋徽宗更是以他独创的瘦金体书写了“崇宁通宝”和“大观通宝”等精美钱文。

宋代的钱文书法字体多样，篆书、隶书、行书、草书、楷书等不同书体都有，形成了宋钱有别于此前钱文的艺术特色。

南宋孝宗淳熙七年（1180年）所铸的淳熙通宝钱，背面标有“柒”字，开启了

王莽时期的货币“一刀平五千”

错刀

居摄二年（7年），独揽朝政大权的王莽推行币制改革，在当时通行的五铢钱之外另铸错刀、契刀。“错刀”是王莽所铸钱币中的精品，这种钱币很像今天的钥匙，一枚价值相当于五千枚五铢钱，刀身上也明明白白地铸有“一刀平五千”的字样。其中“一刀”二字是用黄金镶嵌而成的，因此“错刀”又被称为“金错刀”“一刀平五千”。

宋元通宝

在钱币背面标注数字纪年的先例。这是世界上第一枚纪年钱，比欧洲早了三百多年。

北宋时期宋真宗年间出现的纸币交子，是世界上最早的纸币。

开国钱、御书钱和对文钱

宋朝开国以来铸的第一种金属钱币叫宋元通宝，铸于宋太祖建隆元年（960年）。其中“宋”是国号，“元”是开元，“通宝”是宝文。这种国号加宝文的钱既是宋朝的国号钱，也是开国钱。宋元通宝的形制模仿唐代的开元通宝和五代后周的周元通宝，钱文是八分书体，有铜、铁两种。宋元通宝的版别很多，纹饰的位置也不固定，十枚铁钱相当于一枚铜钱的价值。

御书钱是皇帝亲笔书写钱文的钱币。一般来说，北宋时期同一年号所铸的同一种钱币，钱文往往用不止一种书体书写，那些用两种、三种或更多书体写成的成套钱币就叫作对文钱，又叫对子钱、对制钱、偶钱等，日本人则称之为符合钱。对文钱在形制、大小、重量和钱文内容上都完全一致，只有钱文的书体不同。无论是御书钱还是非御书钱，都有对文钱。当然，也有仅用一种书体书写的非对文钱。

淳化元宝是最早的御书钱，它是淳化元年（990年）宋太宗改元时所铸，钱文

建元与改元

封建王朝时期，新皇帝即位时颁布年号，叫建元（第一次建立年号）。皇帝在位期间改换年号叫改元。每个年号开始的第一年叫作某某元年，同一皇帝在位时有可能多次更换年号。

宋太宗御书“淳化元宝”对文钱

有真、行、草三种书体。淳化元宝既是历史上第一种御书钱，也是北宋第一种对文钱，还是历史上第一种用草书书写钱文的钱币，可惜现在很难同时找到三种书体对文钱的成套实物了。

宋徽宗在位二十五年，共铸过七种钱，大多十分精美。其中大观元年（1107年）铸的大观通宝，铜钱上的钱文是宋徽宗以自己独创的瘦金体御笔书写，有很高的辨识度。政和年间（1111—1118）铸的铜钱政和通宝篆、隶成对，不仅是罕见的御书钱，也是珍贵的对文钱。

宋徽宗瘦金体御书“大观通宝”钱

世界上最早的纸币

“交子”既是我国最早的纸币，也是世界上最早的纸币，比美国、法国等国发行的纸币要早六百多年。北宋初年，铁钱是四川的主要货币，但由于铁钱价值低、重量重，商人们经常要用马车来运载，使用起来非常不方便，于是出现了经营现金保管业务的交子铺户。存款人把现金交给交子铺，铺户把存款数额填写在用楮（chǔ）纸制作的纸券上交给存款人，并收取一定比例的保管费。这种临时填写存款金额的楮纸券就是最初的“交子”，它是一种私人印制的存款凭证。

随着商业经济的发展，交子的使用范围越来越广泛，由于铺户恪守信用，存

南宋“陈二郎十分金”金牌

金牌上的“陈二郎”指工匠名，“十分金”指金牌成色。目前所见的金牌大多铸造于南宋时期，通常用于赏赐、纳税、保值、储藏和商业支付等。

“政和通宝”对文钱

行在

“行在”又作“行在所”，是指帝王所在的地方。宋代的京城原是东京开封府，南宋迁都临安，称临安为“行在”，表示不忘旧都东京而以临安为行都之意。

款人可以随到随取，交子逐渐赢得了很高的信誉。为避免搬运大量铁币，许多商户之间的大额交易，都直接使用交子来进行货款交付。由此，交子逐渐具备了信用货币的特性，成为真正的纸币。

宋真宗景德年间（1004—1007），益州（治今四川成都）官府对交子铺进行整顿，剔除不良商户，专由指定的十六家富商共同经营，交子的发行正式得到了政府的认可。宋仁宗天圣元年（1023年），政府下令禁止商人发行交子，改由政府发行，并严格其印制过程。为了与民间发行的交子相区别，这种纸币又名“官交子”。交子从此成为四川地区与铁钱并行的法定货币。从商业信用凭证到官方货币，交子具备了现代货币的基本要素。交子的流通范围基本限于四川境内，四川之外的少数地方虽然也有所流行，但不久就废止了。

“会子”是南宋的主要纸币。它在北宋时就已出现，本来是一种取钱或物品的凭证。大约在宋高宗绍兴二十年（1150年）前后，会子发展成兼有流通功能的铜钱兑换券。绍兴三十年，临安府首先发行了官办会子，因此它又被称为“行在会子”“东南会子”。会子与铜钱并行，完全具备了纸币功能。除临安会子之外，当时还有湖会（湖北会子、湖广会子的简称）和川会（四川会子）。（杨加深）

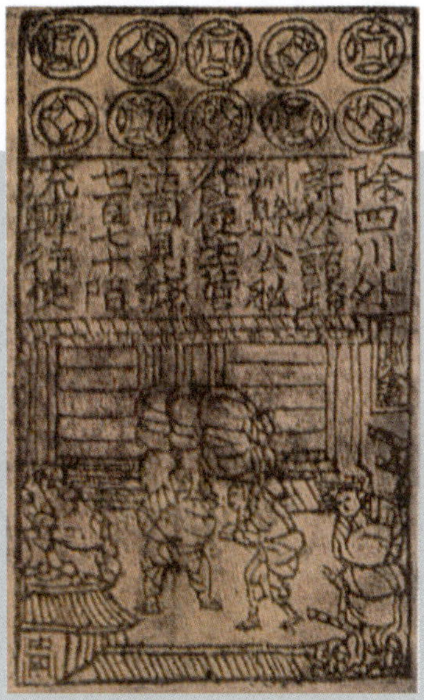

宋代的交子

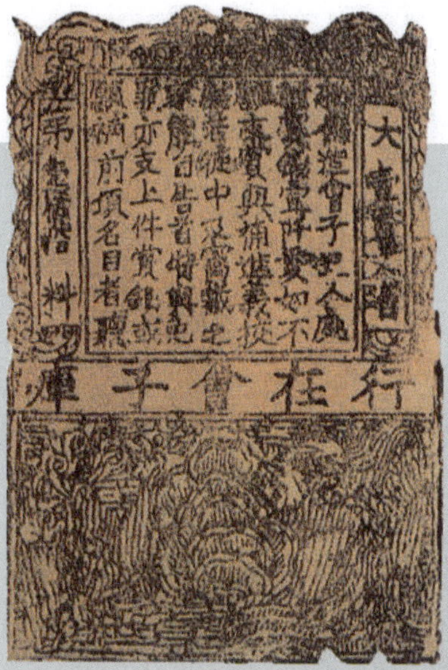

宋代的会子

[宋]萧照《中兴瑞应图》(局部)

此图应为十二幅，以宋高宗赵构的历史故事为题材，描绘了十二个“瑞应故事”。此画景物描绘精细，人物形象传神，兼具趣味性和艺术性。《中兴瑞应图》现存多个版本，相传此画是南宋画院画家萧照的作品。

宋代的火药与火器

宋元时期，我国四大发明之一的火药开始在战场上露面。火药的发明，改变了战争的面貌，使战争进入热兵器时代，它不但影响了中国的历史进程，还在几个世纪后改变了全人类的命运。

此物原本出方家

作为武器的火药，最初是由炼丹家发明的。

炼丹术是中国古代道教的一种方术。受制于时代和认知能力的局限，古人无法科学地认识自然，只能通过方术等极具神秘色彩的方式进行解释。作为方术的重要表现，炼丹家们尝试利用各种矿物，炼制一些能让人长生不老的“仙丹”。

中国早期火铳之一

炼丹家大多用丹砂、水银、铅及金银等矿物炼制仙丹，此外，诸黄（硫黄、雄黄、雌黄等）、诸硝（焰硝、芒硝、朴硝等）也是常见的炼丹原料。

但是仅有诸黄和诸硝，并不足以合成火药，想要制造火药，还要加入木炭。早期的炼丹家很少用草木来炼丹，因为他们认为矿物坚固耐久，故而可以强化人体机能，而容易腐烂的草木自身尚且无法久存于世，更无法助人长生。因此，汉代以后的炼丹家虽长期将诸黄与诸硝放在一起进行炼制，但因为缺少木炭，所以没有发现爆炸现象。

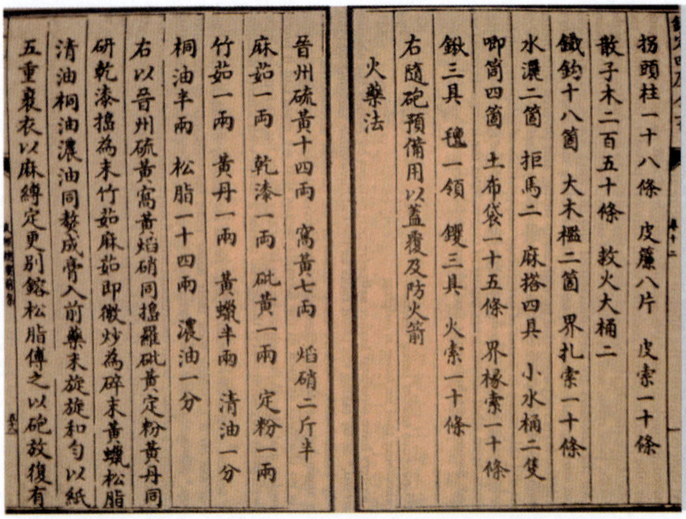

扬頭柱一十八條　皮籬八片　皮索一十條
散子木二百五十條　救火大桶二
鐵鈎十八箇　大木檻二箇　界扎索一十條
水濺二箇　拒馬二　麻搭四具　小水桶二隻
唧筒四箇　土布袋一十五條　界椽索一十條
鍬三具　氊一領　钁三具　火索一十條
右隨砲預備用以蓋覆及防火箭

火藥法

晉州硫黄十四兩　窩黄七兩　焰硝二斤半
麻茹一兩　乾漆一兩　砒黄一兩　定粉一兩
竹茹一兩　黄丹一兩　黄蠟半兩　清油一分
桐油半兩　松脂一十四兩　濃油一分
右以晉州硫黄窩黄焰硝同擣羅砒黄定粉黄丹同
研乾漆擣為末竹茹麻茹即微炒為碎末黄蠟松脂
清油桐油濃油同熬成膏入前藥末旋旋和匀以紙
五重裹衣以麻縛定更别鎔松脂傅之以砲放復有

《武经总要》中对火药的记载

隋唐时期，炼丹家在炼丹过程中加入诸多有机物质进行“伏火”烧炼，出现了剧烈的爆燃现象，原始的火药材料就这么诞生了。

易于燃烧的火药经常伤人毁屋，给炼丹家制造了不少麻烦，但人们很快发现了它在战争中的妙用。一般认为，唐天祐元年（904年），吴王杨行密部将郑璠（fán）进攻豫章（治今江西南昌）时通过“发机飞火”攻破城门，这是史料所见火药在战争中的首秀，人类的火器时代由此拉开大幕。

民用军用两相宜

追溯火药起源时，有些人会追溯至三国时期，因为史料中有曹魏马钧制作爆仗的记载。这其实是误读，三国时的爆仗是用竹子制作的，竹子燃烧后爆裂发出巨大的响声，可以用来驱邪，因此有爆竹、爆仗之称。直到火药发明后，人们才改用火药制作爆竹。

北宋时，春节燃放爆竹已经非常普遍，《东京梦华录》记载，除夕夜“禁中爆竹山呼，闻声于外”。王安石也在诗歌《元日》中描绘了“爆竹声中一岁除”的场景。后世使用的双响震天雷、升高三级浪等爆竹，在宋代就已出现。

和春节时燃放注重响声的爆竹不同，元宵节的烟花更注重视觉享受，这是火药在民间的一大应用。早在宋代，京城元宵节的烟花就已经非常热闹，燃放的烟花映射出各种各样的图案，给人愉悦之感。

明代来华的意大利传教士利玛窦曾指出，中国人主要将火药用于“群众性娱乐

10世纪的敦煌壁画

画中妖怪手持早期的火药武器，英国汉学家认为这是世界现存最早的关于火药的图像。

或节日”，在一场庆典中消耗的火药“足够维持一场相当规模的战争达数年之久”。

北宋时期，军器监设有机构专职生产火药。北宋靖康元年（1126年），李纲守卫东京开封府，用火药制作的“霹雳炮”击退金军。南宋绍兴二年（1132年），陈规在德安（治今湖北安陆）用其发明的管形火器“火枪”大败骚扰城镇的贼寇。绍兴三十一年，李宝率宋军水师北上，在唐岛（今山东胶州附近海面）使用火器全歼金军水师。之后的采石之战中，虞允文也借助“霹雳炮”大败金军主力。金天兴元年（1232年），困守汴梁的金军用“震天雷”与“飞火枪”重创蒙古军。南宋开庆元年（1259年），宋人又发明了“突火枪”，首次利用火药发射子弹，成为后世火枪、火炮的先驱。这些火器在蒙古人西征过程中也发挥了重要作用，火药也许就是在这时传入中东和欧洲的。

运转乾坤显威力

火药的发明，是人类利用能量的一大革命。通过火药，人类得以将热能转化为驱动物体运动的动能，火箭就是这一应用的代表。

最早的火箭可能出现在唐末五代时期。到了宋代，人们将火药装入纸筒，安放引线，并用泥和纸封闭纸筒，然后点燃引线，引燃火药。急速膨胀的气流迅速冲破纸封向后喷射，纸筒借助燃烧产生的反作用力迅速向前飞出，这便是早期的火箭。明代《武备志》中记载了数十种火箭武器，包括可以同时发射上百支飞箭的集束火

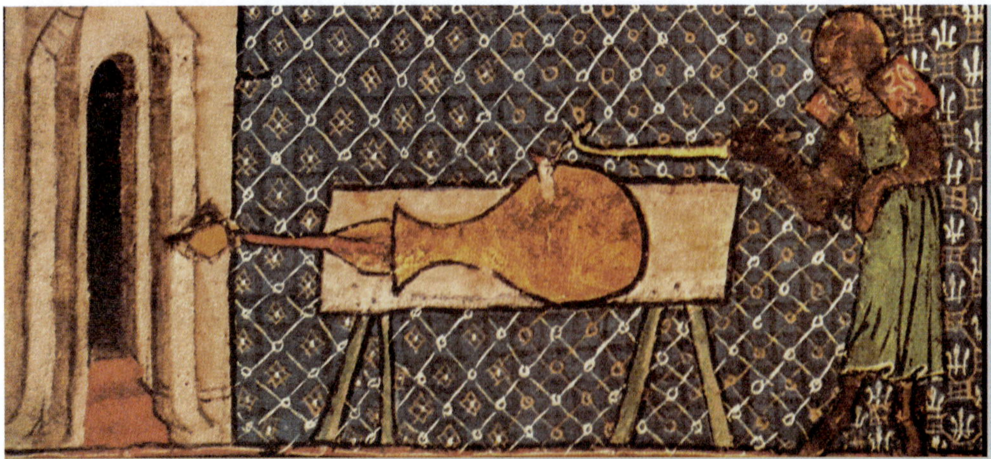

欧洲抄本中对火药武器的描绘

古代的火药武器

这是空心的陶制容器，中间可以填置火药，这可能是元代的火药武器。

箭，还有以几级火箭串联增加射程的多级火箭。

除了制作火箭、火炮，古人还利用火药爆破来节省人力。当然，火药最常见的仍是用于战争。根据记载，北宋末年，宋军进攻方腊起义军占据的睦州，围攻两个月后，宋军开挖地道，用火药炸开了城池。

战争之外，火药也可用来开山、采矿与疏浚航道。古代对这一方面的直接记载较少。英国科学史家李约瑟推测，唐末高骈疏浚河道，以及王审知疏浚海路，都可能使用了火药爆破。

虽然中国人发明了火药，但始终没能将其大规模地转化为国计民生所需的高招妙术，也没能显著降低人们的劳动强度，将大量人力解放出来，投入更多的生产门类中。但不管怎样，每个先行者的探索和成就都值得被人们铭记。（赵九洲）

火药、指南针、印刷术——这是预兆资产阶级社会到来的三大发明。火药把骑士阶层炸得粉碎，指南针打开了世界市场并建立了殖民地，而印刷术则变成新教的工具。总的来说，变成了科学复兴的手段，变成对精神发展创造必要前提的最强大的杠杆。

——［德］马克思

《蒙古袭来绘词》插图

图中描绘了元军使用火药武器发动攻击的情形。

辽金时期三彩罗汉像

牧马耕田

《牧马耕田》主要讲述了辽（916—1125）、西夏（1038—1227）、金（1115—1234）、元（1271—1368）等中国境内各少数民族政权的故事。

这些政权分别由北方的契丹族、党项族、女真族和蒙古族建立，都曾与北宋或南宋并存过一段时间。当时中国境内还有云南的大理、西藏的吐蕃，以及新疆中亚一带的西辽等少数民族政权。辽和北宋被金灭亡。之后蒙元崛起，先后攻灭或招抚了其他政权，结束了各民族政权对峙的局面，完成了多民族国家的大统一。牧马中原，养牛耕田，元朝统一促进了各民族之间的深度融合。

契丹族的耶律阿保机、萧太后、耶律大石，党项族的元昊，女真族的完颜阿骨打、完颜雍，以及蒙古族的成吉思汗、忽必烈，都是这一历史时段涌现的杰出人物。成吉思汗更是足以与秦皇汉武、唐宗宋祖比肩的“一代天骄”。

元朝仅延续九十八年，但行省制度的确立、元大都的建设、大运河的南北贯通、植棉织棉技术的普及、回族的诞生，以及《授时历》的制定推行和元杂剧创作的繁荣等，都对后世影响深远。

耶律阿保机父子建辽

就在朱温在开封府庆祝他灭唐成功时，居住在我国东北辽河上游的契丹族已经壮大起来。公元916年，契丹族首领耶律阿保机称帝，建立了盛极一时的契丹王朝，也就是后来的辽朝。

青牛白马的传说

关于耶律阿保机建国，还得从契丹族的起源谈起。关于契丹族的起源，《辽史》中记载着一个美丽的传说：很久以前，一个骑着白马从土河（今老哈河，在内蒙古自治区东南部，流向东北，与西拉木伦河汇合后称西辽河）而来的男子，和一个驾着青牛车从潢水（今内蒙古西拉木伦河）而来的女子，在辽水（今西辽河）相遇后结合了。他们生了八个儿子，后来繁衍成契丹的八个部落。

这个传说传递出两个信息：一是今老哈河和西拉木伦河流域是契丹文化的发祥地，而两河交汇的辽水正是契丹族发展壮大起来的地方，之后契丹族将国号契丹改为辽，也和辽水有着密切的关系；二是青牛和白马是契丹族的图腾，据《辽史》记载，契丹部族每次出征前，都要以青牛和白马来祭告天地和祖庙，祈求天地和祖先保佑他们大获全胜。

“契丹”这一族名最早出现在古代的史书《魏书》中，这个游牧民族出自东胡。到唐代时，他们已形成松散、临时的部落联盟。契丹人从各部落中选举智勇双全的人做首领，过着“逐寒暑，随水草畜牧”的游牧生活，渔猎也是他们获取食物的重要方式。随着畜牧业和渔猎业的发展，他们开始向中原王朝朝贡，并通过互市与中原王朝进行物资交换。

从最初依附突厥，到后来崛起，契丹族经历了大贺氏部落联盟和遥辇氏部落联盟两个阶段。隋末唐初，契丹族的部落联盟盟主在大贺氏内部选举产生。唐太宗时，契丹降唐。唐王朝在契丹族游牧的地方设立了松漠都督府（治今内蒙古巴林右旗南），由大贺氏首领担任松漠都督，其他各部则设立了州，由各部首领担任刺史。契丹内部事务由松漠都督和各州刺史来管理。大贺氏在唐王朝的庇护下，稳固了对契丹各部的控制。

随着大贺氏部落领袖地位的瓦解，契丹族开始了遥辇氏部落联盟时期。这一时期，契丹可汗从遥辇氏部落内部选举产生。部落联盟首领仍然身兼松漠都督一职，不时向唐王朝朝贡，保持着同中原的密切关系。

内蒙古巴林左旗博物馆的
耶律阿保机骑射像

在唐王朝的羽翼之下，契丹获得了良好的发展机会。唐末藩镇割据，唐王朝对藩镇的控制力下降，契丹开始不断南下骚扰唐朝北部边境。拥有如此有利的外部局势，一个强大的契丹王朝的出现便指日可待了。

奚族

奚族与契丹同源，生活地域和习惯都和契丹相近。南北朝时，奚族被称为“库莫奚”，唐代时，奚族与契丹并称为“两蕃”，是当时北方比较强大的少数民族。唐末，奚族分化为东奚与西奚，先后附辽。民众散居在辽朝境内，逐渐与契丹族融合，改姓萧氏，成为辽朝军民的重要组成部分。一些常见的乐器，如二胡、四胡，就是由奚族的乐器演化而来的。

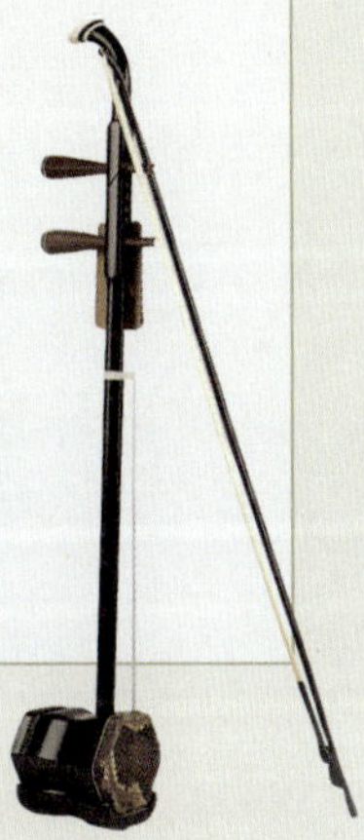

二胡

耶律阿保机建国

耶律阿保机的汉名叫耶律亿，耶律是他的族姓，阿保机是他的契丹语名字。耶律家族是契丹迭剌部的显贵，在遥辇氏部落联盟时期世代充任本部的军事首领，统率军马。耶律阿保机的祖父、伯父都曾做过军事首领，所以他也有机会担任部落的军事首领。

成年后的耶律阿保机身材魁梧，智勇双全，能骑善射，很早就成为军队的统帅。在对外战争中，耶律阿保机充分发挥了智慧和才能，先后战胜了邻近的小部落，又击败了部落豪强，被当时的联盟首领痕德堇可汗任命为本部的军事首领。此后，他依靠强大的武力，对中原诸割据势力采取远交近攻的策略，先后占领了河东、代北（治今山西代县）地区，并将代北居民迁徙到辽地。

此时的唐王朝行将灭亡，梁王朱温和晋王李克用正在为逐鹿中原而杀得你死我活，这为耶律阿保机提供了有利的外部环境。随着势力的不断壮大，耶律阿保机在契丹的地位也不断提高，逐渐掌握了部落联盟的军政大权。

公元907年，耶律阿保机被“推举”为可汗，新的部落联盟首领诞生了。契丹的部落联盟首领本来是三年推选一次，耶律阿保机即位后，却不肯让位，他想要像中原的皇帝那样，建立终身制和世袭制。在平定了弟弟和叔叔们发动的叛乱后，公元916年（当时中原地区是五代后梁时期），耶律阿保机正式称帝，国号“契丹”，建元神册，建立了盛极一时的契丹王朝。

契丹国建立后，耶律阿保机继续向西征伐各游牧部落，连连获胜。他还积极地参与中原的政治斗争，为契丹国的发展打下了基础。

［辽］耶律倍《骑射图》

北枢密院
（契丹枢密院）

掌管兵机、武官的选拔、国家管理的牧场，
凡契丹人的军马事务都隶属于北枢密院

北、南宰相府
（辅助处理军国大政）

详稳司
（掌管部族军马事务）

北、南大王院
（掌管部族军民事务）

统军司
（掌管边防军事）

南枢密院
（汉人枢密院）

掌管汉地军马

南京都元帅府

汉地各州马、步军指挥使司

南北面官制示意图

辽朝采用南北面官制管理国内的不同民族。北面官是辽朝政权的中心所在，负责统治契丹人和其他游牧民族。南面官模仿唐代制度，主要负责管理南方从事农耕的汉族。

［辽］耶律倍《东丹王出行图》

耶律倍即李赞华，是辽太祖耶律阿保机的长子。辽灭渤海国后，建立东丹国，他被封为东丹王。后来耶律德光即位，他逃至后唐，后唐明宗赐姓李，名赞华，他便常年居住在后唐。李赞华对汉文化十分推崇，能文擅画，通晓音律，尤其擅长描绘契丹族的人物和马匹。

耶律阿保机晚年的两件事

有一天，耶律阿保机把所有亲人和大臣叫到身边，对他们说："三年以后，我将不在人世！我有两件事情还没有做完，至今放心不下。"是哪两件事呢？一是讨伐吐谷浑、党项等敌对部落；二是消灭当时的渤海国。在场的人听了他的话都感到十分惊恐，不知有什么事情将要发生。没想到，当耶律阿保机相继征讨了周边部落、攻灭渤海国后，果然应验了自己当初的预言，在回军途中病逝。

辽"天朝万顺"铜币

铜币上的文字为契丹文。

建制立国定基础

除了政治、军事外，耶律阿保机还着手进行了制度和文化建设。他派汉人大臣在潢水北岸兴建皇都（故址在今内蒙古巴林左旗东南波罗城），契丹人叫它"西楼"，这就是后来的辽上京。

建国之前的契丹人刻木为契，没有文字。神册五年（920年），耶律阿保机命人创制契丹文字。大臣们在汉字的基础上，通过增减笔画或直接借用汉字的方式，创制了约3000个单字，称为契丹

大字。后来耶律阿保机的皇弟耶律迭刺参照回鹘文字对契丹大字进行了改造，创制了契丹小字。契丹小字是拼音文字，由300多个基础原字组成，若干原字拼在一起组成契丹词语。契丹文字自创制以后，一直使用，并对后来的女真文字产生了影响。直到金明昌二年（1191年），契丹文字才被下令废弃。

耶律阿保机又诏令大臣们制定法律，以完善国家法制。神册六年，《决狱法》颁行，这是契丹国最早的一部法典。这部法律既保留了北方游牧民族习惯法的传统，又深受唐朝法律的影响。它的刑罚比唐律严厉得多。契丹人和其他游牧民族的人若犯了罪，根据这部法律来判定；而汉人犯罪，则根据唐律来处罚。耶律阿保机的这些措施为契丹国的发展奠定了坚实的制度基础。

天显元年（926年），耶律阿保机率兵攻灭了渤海国，并将其改为东丹国。当大军行进到扶余府（原渤海国所置，治今吉林四平市西一面城）时，耶律阿保机病倒了，没过几天就离开了人世。

继耶律阿保机之后登上皇位的是他的儿子耶律德光。耶律德光帮助石敬瑭建立了后晋，作为回报，契丹取得了中原北部与契丹接壤的燕云十六州（大约为今河北、山西两省北部）。会同九年（946年），耶律德光率军攻入后晋都城东京开封府，灭掉后晋。会同十年二月初一，他穿戴上中原皇帝的通天冠、绛纱袍，在开封登基，正式将契丹国号改为“大辽”，并将年号改为大同。耶律德光就是辽太宗，他尊耶律阿保机为辽太祖。（张国旺）

渤海国

渤海国（698—926）是以靺鞨（mò hé）人为主体建立的国家。当时，靺鞨人分为七大部落，建立渤海国的是粟末靺鞨人，而女真人则属于黑水靺鞨。唐先天二年（713年），唐册封粟末靺鞨首领大祚荣为“渤海郡王”，渤海国从此得名。渤海国仿照唐朝设立各项制度，最强大的时候统治了从朝鲜北部到俄罗斯滨海地区的广大地域，人口约300万，享有“海东盛国”的美誉。

渤海国佛龛

这件佛龛制作于渤海国咸和四年（834年）。

萧太后执掌辽朝

耶律阿保机建立契丹王朝后，国家日渐强盛。但把辽朝推向发展顶峰的，是辽景宗耶律贤的皇后萧绰，也就是我们熟知的萧太后。

初露政治才干

耶律阿保机父子建辽后，辽朝又经历了辽世宗、辽穆宗两任皇帝。到辽景宗耶律贤即位时，中原已进入北宋时期。北宋初年，日渐强大的辽朝一直是宋朝的劲敌。为了争夺黄河以北的土地，两国之间进行了多次战争。在这期间，有一位在政治上有远见卓识的女政治家和军事家，为辽朝的强大做出了重要贡献，她就是承天太后，民间俗称萧太后。

萧太后名绰，小字燕燕，出生于辽穆宗应历三年（953年）。她的父亲是辽朝北院枢密使兼北府宰相萧思温，母亲是辽太宗的长女、辽穆宗的姐姐吕不古。燕燕从小就很能干，聪明过人。有一次，萧思温观察他的女儿们扫地，只有燕燕打扫得最干净。萧思温高兴地说："这个姑娘以后最有出息！"由于父亲萧思温拥立辽景宗有功，燕燕被辽景宗耶律贤纳为贵妃，随即被册立为皇后。

辽景宗由于幼年时目睹了辽世宗被杀的惨状，遭受惊吓，体弱多病，常年卧病于榻。辽朝对内的刑罚、赏赐等政事，对外的用兵征讨，都由萧皇后裁定。辽景宗对大臣们说："你们凡是记录到皇后的言论时，也要用'朕'字，这要作为一条法令定下来！"这样，萧皇后成为辽朝事实上的掌权者。从此，辽人把皇后与皇帝一样看待。

在萧皇后的支持下，辽景宗进行了一些改革。对内宽待政敌，缓和了统治阶级内部的矛盾；任用了一大批贤臣良将，特别是重用大量汉人官员；清明吏治，虚心求谏。这些举措使辽朝内部政治更为稳定，农牧业生产得到较好的发展，为辽朝走向鼎盛奠定了坚实的基础。

承天太后摄政

因长期患病，乾亨四年（982年），三十四岁的辽景宗因病去世，他的儿子耶律隆绪继承了皇位，他就是辽圣宗。辽景宗临终前，对身边的大臣

跋陀罗尊者像

20世纪初，河北易县八佛洼出土了16尊三彩罗汉像，造型逼真，表情生动，宛若真人，一般认为属辽金时期作品，是我国古代写实塑像的杰出代表。这些塑像出土后被盗运出境，散落在世界各地，如今存世者仅有10尊。

强调："今后军国大事都要听皇后的。"他还任命耶律斜轸和韩德让为顾命大臣。当时，辽圣宗只有十一岁，萧皇后也还未满三十岁。她以皇太后的身份临朝摄政，开始全面掌管辽朝政权。

萧太后的父亲萧思温此前早已去世，也没有母家可以依靠，孤儿寡母，面对着诸王宗室两百多人拥兵自重，稍有不慎就会发生政变。对此，萧太后感到十分忧虑。她向顾命大臣耶律斜轸、韩德让等人哭诉了自己的担忧。大臣们纷纷发下重誓，说道："只要您信得过我们，有什么可怕的！"

于是，萧太后命耶律斜轸、韩德让参与重大政事的决策，将南面边境的军事大权委派给耶律休哥。同时，她采纳了韩德让的建议，命令诸王不得互相宴请，并设法解除了他们的兵权。母子俩的安全有了保障，地位也渐渐巩固。

第二年，辽圣宗改元统和，并率领群臣尊

契丹人的陪葬银面具

契丹贵族有种独特的丧葬习俗，就是将死者制成和古埃及木乃伊类似的干尸，并为其戴上金属面具，用金属网覆盖全身。

雍熙北伐

雍熙北伐是北宋雍熙年间（984—987）发生的一次宋辽之战。自耶律德光从后晋石敬瑭手中取得燕云十六州之后，辽（契丹）就一直以此为基地，不断掠夺中原，宋辽两国边境摩擦不断。宋太平兴国四年（979年），宋太宗率兵攻灭北汉后，继续北上伐辽，想要一举收复幽、蓟之地，由此拉开了宋、辽之间长达25年的战争。雍熙北伐是宋太宗在位期间的第二次北伐。在这次战争中，名将杨业兵败被俘，宋军全线崩溃。

萧太后为承天太后，开始了长达数十年的"承天后摄政时期"。萧太后依靠契丹族大臣和汉族大臣，在政治、军事和经济等方面进行了大胆的改革。她和辽圣宗一起将贵族所拥有的军队归入州县，将奴隶整编为族人，设节度使来管理。她还下令释放俘虏和奴隶，采取措施使新俘虏的汉人不再沦为奴隶。她重视农牧业发展，多次遣使劝农，赈济灾民，注意减轻人民负担，并鼓励垦荒。以上措施维持了辽朝社会秩序的安定，促进了生产的发展。

辽彩色釉陶贴花凤首壶

对宋朝以战求和

辽朝一天天强大起来，对周边各政权的影响力越来越大。而位于辽朝南方的宋朝则一心想收复被辽朝占领的燕云十六州，两国之间的战争冲突在所难免。

辽统和四年（也即宋雍熙三年，986年），宋太宗派大将曹彬、米信等人向辽朝发起进攻，史称"雍熙北伐"。被任命为南面军事总负责人的耶律休哥率军断了宋军的粮道，曹彬等人采取冒进的错误策略，孤军深入，结果被耶律休哥一路追杀，萧太后也亲自率军追击。宋军官兵在撤退的过程中惊慌失措，一片混乱，人马互相踩踏，死伤不计其数，损失过半。辽军大败宋军，士气大振，耶律休哥因为战功显赫，被萧太后封为"宋国王"。

宋军雍熙北伐失败后，耶律斜轸率领军队四处征战，逐一收复被宋军占领的土地。他与宋朝名将

辽墓壁画《备猎图》

此画出土于内蒙古赤峰，描绘了契丹人打猎的装束。

杨业在山西北部展开激战，并将杨业俘虏。耶律斜轸立了大功，萧太后加封他为“太保”。

这次大败宋军以后，辽朝对宋朝由守势转为攻势。出于战略上的考虑和巩固政权的需要，统和二十二年（1004年），萧太后与辽圣宗亲率大军南下，进攻宋朝。辽军一路攻占了宋朝的许多土地，长驱直入，兵临澶州（今河南濮阳）城下。澶州是黄河边的重镇，辽军此举严重威胁到宋朝都城开封府。在寇准等大臣的推动下，宋真宗亲征，来到澶州城，激励宋军将士奋力拼杀。由于对宋军实力估计不足，辽军屡遭败仗，士气受挫。鉴于当时的形势，辽、宋双方订立了“澶渊之盟”。

“澶渊之盟”结束了宋、辽之间长期的战争状态，为双方的社会经济发展带来了机遇。此后的一百多年里，辽、宋之间的战争冲突大为减少，进入了相对的和平期。

萧太后很重视汉地的制度和文化。她临朝听政期间，注意改善契丹族和汉族的关系，重用契丹族官员的同时，也任用了许多汉族官员。在她的教诲下，辽圣宗通晓中原文化，据说他曾写下“乐天（唐代诗人白居易的字）诗集是吾师”的诗句，还能用契丹文翻译白居易的文集，与大臣共同欣赏。辽圣宗还喜欢读《贞观政要》这部书，从中汲取治国的经验。

统和二十七年，萧太后为辽圣宗举行了契丹传统的“柴册礼”，把政权交还给他。同年，萧太后在行宫去世。她历经辽景宗、辽圣宗两朝，执掌朝政二十多年，在她的治理下，辽朝的国力变得相当强大。（张国旺）

辽青釉刻花执壶

澶渊之盟

统和二十二年（即宋景德元年，1004年）秋，萧太后与辽圣宗率领大军兵临澶州城下，宋真宗也在大臣寇准等人的推动下御驾亲征。双方在澶州陷入相持，在这种情况下，萧太后感到要击败宋军已不可能，而相持的时间越长，对辽军越不利，于是她决定同宋朝议和。经过讨价还价，辽、宋双方于当年十二月（1005年1月）最终订立了盟约并交换了盟书。这次盟约是在澶州订立的，澶州又称澶渊郡，以境内的古湖泊澶渊得名，因此这次盟约也被称为“澶渊之盟”。

［五代］佚名《丹枫呦鹿图》（局部）

“呦鹿”源自《诗·小雅·鹿鸣》“呦呦鹿鸣，食野之苹”，指鸣叫的鹿。右页这幅画构图饱满，色彩浓重，富有装饰趣味，画风与汉地绘画大不相同，是辽代绘画中的精品。

元昊建立西夏

正当辽宋对峙之时，黄河中上游的党项族首领元昊率领部众长期斗争，建立了与辽、宋鼎足而立的西夏王朝。西夏曾兵强马壮，也曾一度繁华，创造了灿烂的文化，这样一个强大的政权，如今已湮没于滚滚历史长河之中，只留下断壁颓垣，令人不禁浮想联翩……

李继迁反宋

西夏王陵一号陵

西夏王陵位于宁夏银川西，包括11座面积10万平方米以上的陵墓。陵墓地面建筑宏伟，融合了唐、宋建筑的特征，又有本民族风格。

西夏是由党项族建立的，党项族是羌人的一支，原先活动于青海东南部河曲一带，那里有大小不同的部落，其中以拓跋部最强。唐前期，随着吐蕃势力的不断增强，党项人被迫内迁到今甘肃、宁夏、陕北一带。唐末时，党项族首领拓跋思恭因帮助朝廷镇压农民起义有功，被赐唐朝国姓“李”，并获封定难军（唐方镇名，即夏绥，治夏州，今陕西靖边北白城子）节度使，党项人于是迁居于此。

宋朝初年，宋太祖赵匡胤积极笼络党项首领，党项人与宋廷维持了近二十年的友好关系。宋太平兴国七年（982年），党项族首领李继筠去世，李继筠的弟弟李继捧继任定难军节度使。李继捧年纪尚轻，难以服众，被叔伯兄弟排挤反对。眼见首领地位不保，李继捧干脆一不做二不休，带着族人进京朝觐宋太宗，他自愿放弃拓跋家族世袭的割据权利，承诺迁李氏族人入宋，换一世荣华。

宁夏博物馆中的
李元昊骑马像

李继捧的“投降”行为，引起了族弟李继迁的极度不满。

李继迁勇悍有谋，在党项族人中颇有威望，他决心率众反抗宋廷。在李氏诸人纷纷归顺宋朝时，李继迁带着自己的亲信成功逃到了地斤泽（今内蒙古乌审旗东北）。此后，李继迁陆续收拢当地的党项人，积聚起一支反抗力量杀回夏州，自此开始了与宋朝的战争博弈。

在最初的几年，李继迁屡战屡败，为了生存下去，他派遣使者带厚礼入辽，表示愿意归附辽朝，并求娶辽朝公主。辽圣宗将宗室之女封为公主嫁给了李继迁，李继迁摇身一变成了辽朝的驸马爷，也找到了一个实力雄厚的靠山。

有了辽朝的支持，李继迁重整旗鼓，他多次与宋交战，渐渐掌握了主动权。宋真宗时期，为了安抚李继迁，宋廷决定也封他为定难军节度使，仍统领原来的五州。但李继迁的野心并没有因夺回五州而停止，他仍然继续攻占其他州府。宋咸平五年（1002年），李继迁率领骑兵攻陷灵州（治今宁夏灵武西南），改灵州为西平府，并开始设置官职，作为自己的统治中心。这是党项族崛起的一个重大转折点。

后来，李继迁在一场战争中不幸中箭，伤重而亡。他死后，他的儿子李德明继承父业。李德明采取了和李继迁截然不同的政策，对外积极与宋、辽交好，宋、辽都封其为西平王；对内发展经济，恢复生产，党项人逐渐富足繁盛起来。

元昊建国

李德明有个儿子叫李元昊，从小便很有主见。有一次李德明遣使臣与宋廷以马匹换取物品，因换回的东西不合心意，李德明盛怒之下将使臣斩首。李元昊认为父亲的做法很不明智，便劝诫道：

"鞍马是我们的安身立命之本，您用它们来换取些不急需之物已经不是上策，如今又将使者杀掉，以后谁还肯为咱们效命呢？"李德明大吃一惊，没想到小小孩童能说出这番言论，从此对他更加器重。

非凡之人自然不甘久居人下。李元昊对父亲向宋称臣的政策不满已久，常常规劝父亲。但李德明觉得与宋决裂的时机未到，便对儿子说："咱们的士兵连年征战，已经很疲惫了。再说这三十年我们能穿绸着绢，过上富足的生活，全靠宋朝的恩德，可不能背叛啊！"李元昊听后反驳道："穿皮毛，养牛羊，这是我们的风俗。英雄的一生应当是称王称霸的一生，哪里是区区锦衣华服能满足的呢！"

西夏灵武窑刻花开光牡丹纹瓶

李德明死后，李元昊决心脱离宋朝，自立门户。为早日实现这一目标，他大刀阔斧地进行改革，先是宣布废除唐、宋所赐的李、赵姓氏及拓跋旧姓，改回党项姓氏"嵬名"，自称"兀卒"。他还颁布"秃发令"，并以身作则，率先剃头。嵬名元昊（即李元昊）命令其他党项男子三日内必须执行，否则一律处死。他效仿秦始皇的"书同文"，亲自主持创制了西夏文字，命大臣编成12卷，尊其为"国字"，诸事皆用西夏文字书写。

西夏供养人画像

文治既成，元昊又参考宋朝的编制，建立政治机构、军事制度。他升兴州（治今宁夏银川）为兴庆府，改革官制，整顿军队，在全境广布兵员，重点是护卫兴庆府，并对宋、辽进行防卫。这一系列措施实行下来，短短六年的时间里，元昊就完成了建国的各项准备工作，一个"东尽黄河，西界玉门，南接萧关，北控大漠，地方万余里"的党项政权已初具规模。宋景祐五年（1038年）十月，元昊正式称帝，年号天授礼法延祚，定都兴庆府，国号大夏，史称西夏。

元昊称帝以后，上表给宋朝，要求宋廷承认。宋朝政府非常震惊，宋仁宗君臣商量了一番，不但拒绝承认，还撤了元昊西平王的官爵，在边境地区张贴榜文捉拿元昊。

这样一来，元昊被彻底激怒了，长达三年的宋夏战争全面爆发。西夏与宋朝之间较大规模的战争主要有三次：三川口之战、好水川之战和定川寨之战。天授礼法延祚三年（宋宝元三年，1040年）正月，元昊带领大军，进犯延州（治今陕西延安）。宋军守将范雍不敢出战，元昊派人诈降，范雍放松了戒备。没想到元昊派人在三川口（今陕西延安西北）设下伏兵，结果宋军吃了一个大败仗，损失了不少人马。宋仁宗非常恼火，撤了范雍的官职，派大臣韩琦和范仲淹去陕西指挥作战。

殿试的改革

好水川之战中，西夏的军师张元本是宋人，他因殿试时被罢黜，愤然离宋奔夏。好水川之战后，望着好水川内遍布的宋军尸体，张元趾高气扬地题诗一首：“夏竦何曾耸，韩琦未足奇。满川龙虎辇，犹自说兵机。”

有趣的是，据宋人王栐的《燕翼诒谋录》记载，正是因为张元的叛宋投夏之举，嘉祐二年（1057年），北宋朝廷改革了当时殿试的末位淘汰制。之前有些学子好不容易高中，却在殿试中被淘汰。此后，凡中进士之后一律被授以进士出身，即使是那些殿试成绩不太好的也被授以“同进士出身”。王栐在书中感慨：“是一叛逆之贼子，为天下后世士子无穷之利也。”

西夏铜币

好水川之战

三川口之战的次年，元昊亲率大军再度来犯。为发挥骑兵优势，元昊把主力埋伏在好水川（古水名，今宁夏隆德西北好水）处，却宣称要攻打渭州（治今甘肃平凉）。因为他畏惧范仲淹治军有方，所以不敢轻举妄动，想以此诱宋军深入。

韩琦收到消息后，不顾范仲淹的劝阻，派遣大将任福率军绕到西夏军背后，试图切断元昊的后路。任福出发前，韩琦再三告诫他不要冒险出击，要在险要的地方埋伏下来，截断敌人的归路。最后韩琦又说：“如果违反我的命令，即使有功，也要定罪处斩！”

活字印刷的西夏文佛经

这是世界现存最古老的木活字印本之一。

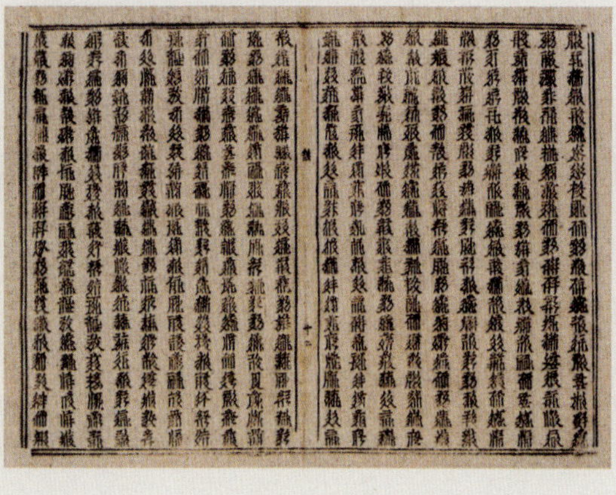

任福出发后，接连打了几个胜仗。他本来还担心自己远道而来，士兵一路奔波，体力上会略逊一筹，没想到对方如此不堪，一触即溃。此时，任福行事还颇为谨慎，他派出哨马探察，最终确定前面没有埋伏才下令全军乘胜追击。

任福率领的军队渐渐脱离辎重，他们追击西夏军队，一直追到了六盘山下的好水川。这时宋军已是粮草不继，人困马乏，任福只好命令屯兵扎营。

第二日清晨，任福带领部下继续追击。至羊牧隆城东五里处，士兵们忽然发现道路的旁边放着一些盒子，拿起来晃一晃，盒子里发出敲击的响声。任福大为奇怪，里面到底是什么呢？他命令士兵打开来看看。不料，盒子一打开，只见一只只鸽子扑棱着翅膀一飞冲天，天空中都是鸽子的“咕咕”叫声。

任福还在纳闷，突然听到一片喊杀声，他暗道不好，上当了！原来盒子是西夏军故意放在这里的，鸽子飞向天空就是给埋伏在附近的西夏军发出的合击信号。

眼见西夏兵从四面八方而来，旌旗猎猎，战鼓擂鸣，宋军慌乱之中还没来得及列阵便被一阵冲杀。这一战从早上一直打到中午，战况惨烈。任福身中十多箭，身边的小校劝他突围，任福慷慨说道：“我身为大将，兵败唯有以死报国，哪有贪生的道理！”说罢，他冲入敌阵，力战而亡。任福的儿子任怀亮也战死沙场，父子二人同日殉国。

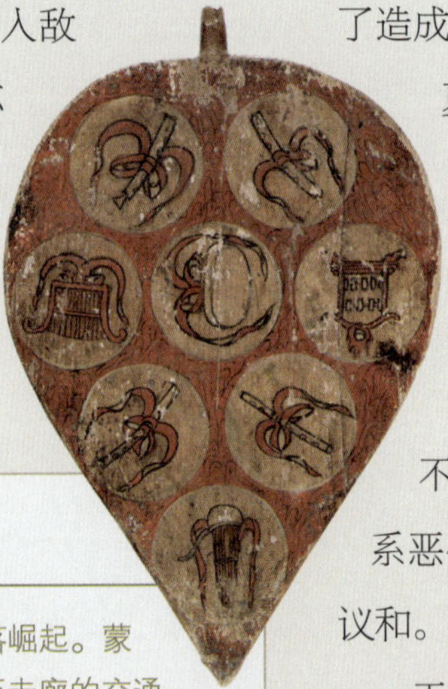

描绘有乐器的西夏祭坛装饰木板

西夏的灭亡

13世纪初，北方草原的蒙古部落崛起。蒙古与金朝是世仇，而西夏占据了河西走廊的交通要道，又和金朝关系友好，于是成为蒙古征伐的目标。蒙古大军多次击败西夏，金朝对此坐视不管，西夏转而依附蒙古攻打金朝。此后十多年，西夏统治者慢慢认清了蒙古想要灭亡西夏的企图。宝义元年（1227年），成吉思汗亲自率大军进攻西夏，迅速攻占了多座城池，随后包围西夏都城中兴府（今宁夏银川），西夏末帝嵬名晛（xiàn）投降蒙古，西夏灭亡。蒙古军队在攻占中兴府后大肆屠杀破坏，致使大批西夏文献、文物毁于一旦。

西夏王陵的釉陶形建筑装饰

消灭了宋军的先头部队后，西夏军气势大涨，元昊乘胜前进，猛攻宋军的后续部队。宋军猝不及防，损失惨重。除千余人幸免于难外，其余宋军官兵全部阵亡，这就是历史上著名的好水川之战。

韩琦收到战败的消息，立刻上书请罪，宋仁宗撤了他的职，范仲淹也被降了职。次年，西夏军又在定川寨（今宁夏固原西北）大败宋军。宋军接连失利，宋仁宗不得不重新起用范仲淹和韩琦防御边境。二人同心协力，爱抚士卒，才逐渐稳定了局势。

元昊发动的对宋战争虽然取得了胜利，可除了造成大量的国力损耗及人员伤亡外，并未给西夏带来多少实际的好处。过去，通过双方贸易，西夏可以从宋朝换取很多必需的物资，如今贸易中断，西夏人民连粮食、布匹、茶叶等生活必需品都很匮乏。而西夏军对占领之地的掠夺所获根本补偿不了战争中的损耗。再加上此时辽、夏关系恶化，为避免两面受敌，元昊不得不与宋廷议和。

天授礼法延祚七年（宋庆历四年，1044年），夏、宋双方达成和议：元昊取消帝号，由宋朝封他为夏国王，西夏名义上仍对宋朝称臣；宋朝每年以各种名义赐给西夏银七万两、绢十五万匹、茶三万斤；双方恢复贸易往来。断断续续打了七年的宋夏战争，终于宣告结束，西夏的政治地位也得到了宋廷的认可。西夏虽然名义上向宋朝称臣，实际上完全独立，与宋、辽呈鼎立局面。（何昭旭）

榆林窟3号窟中的西夏壁画

完颜阿骨打反辽建金

北宋末年，生活在白山黑水间的女真人逐渐强盛起来，成为北方的一股重要势力，逐渐取代了辽朝在北方的强国地位。而领导女真人反抗辽朝、建立金朝的，就是金太祖完颜阿骨打。

> **勃极烈**
>
> 勃极烈是完颜阿骨打的爷爷乌古迺设置的，官长都称“勃极烈”，是女真语“治理众人”的意思。以完颜氏为核心的女真部落联盟建立后，联盟首领称都勃极烈。都勃极烈以下还有谙班勃极烈、国论勃极烈等各级勃极烈。

金代春水玉饰

白山黑水间的巨变

辽朝与北宋和好百年，正当两国沉浸在和平之中时，居住在白山黑水间的女真人逐渐强大起来，很快打破了这百年的和平。

女真人世世代代生活在今东北黑龙江流域和长白山一带。隋唐时期，这里生活着大大小小数十个靺鞨部落，其中以居住在南方的粟末靺鞨和北方的黑水靺鞨最为强大。粟末靺鞨社会发展程度较高，曾建立了繁荣的渤海国，后为辽朝所灭。而黑水靺鞨则以勇猛著称，社会发展程度较低，大多还过着渔猎为主的部落生活。五代时期，辽朝称黑水靺鞨为女真，女真这个名字由此而来。

辽太祖耶律阿保机攻灭渤海国后，为了便于统治，削弱女真人的实力，把社会发展程度较高的一部分女真人迁往东京辽阳府（治今辽宁辽阳）一带，编入辽朝户籍，称他们为“熟女真”。剩下没有被迁走，也没被编入辽朝户籍的女真人，则被称作“生女真”。

金太祖完颜阿骨打画像

生女真分为若干个大大小小的独立部落，各部落自行推举有势力的人担任酋长。他们臣服于辽朝，定期向辽朝纳贡，遇到军事征伐，也会派兵支援。

辽朝中期，居住在按出虎水（今黑龙江哈尔滨东南阿什河）一带的完颜部逐渐强大起来，统一了黑龙江和乌苏里江流域的生女真各部，组成了统一的部落联盟。到了完颜部酋长劾里钵时期，部落联盟已经扩大到几十个部落，有了奴隶制国家的雏形。

完颜阿骨打是劾里钵的儿子，从小便擅长骑射，有勇有谋，深得父亲的宠爱。有一次他去纥石烈部的活离罕家做客，宾客们在门外散步，望见远处有一座高高的土山，就比试射箭，看谁能射到那座土山。众人都射不到那么远的地方，这时，完颜阿骨打弯弓搭箭，一箭就射过了土山，

女真族男子狩猎图

甚至还飞过了土山320多步。

劾里钵死后，完颜阿骨打的叔父完颜颇剌淑、完颜盈哥相继任女真部落联盟长，这时，完颜阿骨打已经成长为完颜部的一员大将。为了巩固完颜部的统治，完颜阿骨打建议完颜盈哥禁止生女真各部落的首领自称都勃极烈（即大酋长），使这些部落承认完颜部的领导地位。原来生女真各部都有自己传递号令的信牌，完颜盈哥采纳完颜阿骨打的建议，下令禁止各部落擅自设立信牌，驿站之间的联络通信等事都要使用完颜部的信牌，从此女真各部都统一在完颜部的号令之下。

头鱼宴冒犯辽天祚帝

每年开春，辽朝皇帝都要到混同江（今吉林、黑龙江二省的松花江）一带凿冰捕鱼，用海东青捕捉天鹅，并用自己钓到的第一条鱼举行宴会，这便是头鱼宴。

辽天庆二年（1112年）开春，辽天祚帝巡视长春州（治今吉林白城市城四家子古城），之后到混同江凿冰捕鱼，举行头鱼宴。邻近的女真部落酋长都赶来朝见，一起参加宴会。此时完颜阿骨打还没成为酋长，但也代表完颜部赶了过来。

当时，辽朝每年都要从女真人那儿征收大量人参、貂皮、马匹、珍珠，以及名贵的猎鹰海东青。辽朝使臣还经常对女真人进行敲诈，侮辱妇女。这让完颜阿骨打十分气愤，他早就对辽朝心存不满。

宴会正酣，辽天祚帝喝了几杯酒，乘着酒兴，命令女真酋长逐个起来跳舞。轮到完颜阿骨打时，他却推说不会跳。辽天祚帝再三叫完颜阿骨打起来跳舞，完颜阿骨打就是不跳，他两只眼睛瞪着天祚帝，端坐不动，让辽天祚帝丢了一次脸。

事后，辽天祚帝越想越气。他私下跟枢密使（相当于宰相）萧奉先说：“完颜阿骨打

辽龙纹鎏金錾花银盒

海东青

海东青也叫“海青”，雕的一种，生活在乌苏里江、黑龙江下游及附近海岛，驯服后可用来捕捉天鹅、野鸭、兔、狍等禽兽。用海东青捕天鹅是辽朝皇帝春猎的重要项目，因此辽朝经常向女真人征收海东青，给女真人带来了沉重的负担。女真人的传说中，有许多关于海东青的故事。

如此嚣张，得找个理由杀了他，以绝后患。”萧奉先劝阻道：“完颜阿骨打是个不懂礼节的粗人，陛下犯不着跟他计较。况且他也没犯什么大错，把他杀了，恐怕会引起其他酋长的不满。就算他有野心，一个小小的部落，翻不了天！”经过萧奉先的一番劝告，辽天祚帝才打消了杀完颜阿骨打的念头。

经受了头鱼宴的羞辱，完颜阿骨打一心想摆脱辽朝的奴役。他回去后积极训练兵马，修建城堡，准备发起抗辽斗争。

起兵反辽建金

天庆三年，完颜阿骨打的兄长完颜乌雅束病死，完颜阿骨打继任女真部落联盟的都勃极烈。随着完颜阿骨打势力的增强，女真人和辽朝的矛盾日趋激烈。完颜阿骨打在细致的侦察后，发觉辽朝朝政腐败，军队松弛，于是决定先发制人。

天庆四年九月，完颜阿骨打集合女真各部军士2500多人，进兵辽朝宁江州（今吉林松原东石头城子）。辽天祚帝听到这个消息却不以为意，仅派出海州（治今辽宁海城）刺史高仙寿率领渤海军前去增援。结果辽军溃败，完颜阿骨打攻占了宁江州。

攻占宁江州后，完颜阿骨打派人传令说：“女

金朝国号的由来

关于金朝国号的来历，有几种不同的说法。一种说法认为，完颜阿骨打是比照辽来取国号的，他认为辽以镔铁为国号，取其坚固的意思，而镔铁虽然坚固，最终还是会腐坏，而金是不会腐坏的。还有一种说法认为，女真语把“金”称作“按出虎”，相传按出虎水产金，故此得名。而女真源于按出虎水，所以就以“金”为国号，又称金源国。

真人和渤海人本是一家，我过来是讨伐辽朝的，不会滥杀无辜。”此举招降了不少渤海人和熟女真人，之后，陆续又有契丹人、汉人归附。此消彼长之下，女真人的实力大大加强，而辽朝则日渐衰弱。

宁江州战役后，辽朝派遣萧嗣先为东北路都统，驻扎在距宁江州不远的出河店（今黑龙江肇源西南），与完颜阿骨打的军队隔着混同江对峙。十一月的一天，趁着辽军麻痹大意，完颜阿骨打率领3700人连夜渡江，冒着风沙挥兵进攻，毫无防备的辽军被打得溃不成军，完颜阿骨打顺利占领了出河店。他缴获了大量车马、兵器等，随后陆续攻占了多座城池，又招降了不少部众。这时他的部队才刚刚过万人。

天庆五年正月，完颜阿骨打正式称帝，定国号为“金”，年号“收国”，定都会宁（今黑龙江哈尔滨阿城区南），后人追尊完颜阿骨打为金太祖。

当年九月，完颜阿骨打率军攻占辽朝重镇黄龙府（今吉林农安）。黄龙府是辽朝国库所在地，也是辽朝的经济命脉。辽天祚帝亲自率领号称七十万的大军前来讨伐，却被两万金军打得大败而逃。这一仗打完，辽朝元气大伤，国内叛乱迭起，从此再也没有实力跟金朝较量了。（张国旺）

捺钵

捺钵是契丹语，意思是辽朝皇帝四时出行所在之地及政治中心，相当于汉语的“行在”。建立辽朝的契丹人原是游牧民族，住所不固定，随季节迁徙。春、夏、秋、冬，辽朝皇帝在不同地点设置捺钵，又称四时捺钵，每年在捺钵驻留一段时间，避暑、游猎的同时听取汇报，处理公务，一切重大问题均在捺钵随时决定，因此捺钵也成为政治中心。位于长春州西北的鸭子河泺（pō）就是辽朝春捺钵的主要去处之一。完颜阿骨打受辱的头鱼宴就是在此举办的。

宋代画家描绘的金朝具装骑兵

这些骑兵人、马皆身披重甲，可以反复冲击敌军，是金朝的精锐部队。

宋金灭辽

骁勇善战的女真人把辽军打得节节败退，消息传到辽朝的老对手宋朝那里，昏庸的宋徽宗被开疆拓土的美梦冲昏了头脑，不自量力地想要联合女真人灭辽，不料却搬起石头砸了自己的脚。

宋金“海上之盟”

听说女真人连续打败了辽军，宋徽宗坐不住了，急忙和蔡京、童贯商量，准备趁机出兵，收复被辽朝统治数百年的燕云十六州。

为了巩固自己的权势，童贯请求出使辽朝，探听虚实。政和元年（1111年），借着庆贺辽朝皇帝生辰的名义，宋徽宗派童贯和端明殿学士郑允中出使辽朝。途中碰到一个叫马植的人前来求见童贯。

辽彩色釉陶印花盘

马植出身于河北一带的世家大族，在辽朝做光禄卿。他见辽朝国势衰微，于是给童贯献上了联合女真人灭辽，收回燕云故地的计策。童贯一听，觉得是个立功的机会，替他改名为李良嗣，领回来引荐给宋徽宗。

李良嗣跟宋徽宗说：“女真人对辽朝的仇恨深入骨髓，辽天祚帝荒淫无道，如果宋朝派使者从登州（治今山东蓬莱）、莱州渡海，交好女真人，和他们一起攻打辽朝，准能灭亡辽朝！”

这话说到了宋徽宗的心坎上。他在对西夏的战争中取得了一些胜利后，也想着要攻打辽朝。宋徽宗非常欣赏李良嗣的计策，于是赐他姓赵，并授予官职，李良嗣就成了赵良嗣。

重和元年（1118年），宋徽宗派马政、呼延庆等人从登州渡海前往金朝，商议联合攻辽的事情。经过几次交涉，宣和二年（1120年），宋廷又派遣赵良嗣等人为正式使节，携带宋徽宗的御笔，出使金朝，和金太祖完颜阿骨打订立了联合攻打辽朝的军事盟约。由于宋、金在地理上被辽朝阻隔，双方都是通过海路交往，因此这次盟约也被称为“海上之盟”。

辽绿釉陶鸡冠壶

> **辽五京**
>
> 契丹会同元年（938年），辽太宗将原来的皇都改为上京临潢府（治今内蒙古巴林左旗东南波罗城），这里是耶律阿保机创业之地；将原南京改为东京辽阳府；又设立南京幽都府（后改名为析津府，治今北京城西南隅，也叫燕京）；后来又陆续增设了中京大定府（治今内蒙古宁城西大明镇）、西京大同府（治今山西大同），合称“五京”。

“海上之盟”规定：宋、金两国同时出兵攻辽，金军负责夺取长城外的辽中京大定府，宋军负责攻打长城内的辽西京大同府和南京析津府；宋朝答应把每年给辽朝的银、绢转交给金朝，金朝则答应把燕云十六州归还宋朝。

宋徽宗“玩火自焚”

对于联金灭辽，宋朝有许多大臣表示反对，认为这一举动破坏了和辽朝的澶渊之盟，轻易开启战端，后果难料。就连高丽国王也托为自己治病的宋朝御医给宋徽宗带信，说：“女真人是虎狼，不可与之结交，应该早做准备。”这些意见，宋徽宗统统听不进去。他既不整顿军队，革新朝政，也没有周密分析当前的具体形势，反而屡屡耍弄小聪明，终于玩火自焚，酿成恶果。

就在宋、金订立海上之盟的同一年，江南爆发了方腊起义，宋徽宗慌忙派童贯率领原先准备攻辽的军队南下镇压。听说辽朝已经得知宋、金两国的海上盟约，宋徽宗怕辽朝报复，一度后悔和金朝的交往，想单方面违背约定，迟迟不肯按约出兵。

过了一年，金朝派使者前来催促宋朝发兵，宋徽宗故意拖延，过了很久才写了封含糊其词的国书，把使者打发回去。宋朝的拖延和这封国书，使金人认为宋朝已经毁约，为双方以后的争端埋下了祸根。

金天辅六年（宋宣和四年，1122年），金朝按照约定率先攻占了辽中京大定府，之后向南进军，一直打到长城脚下，也没看见宋军的身影。辽天祚帝匆忙逃往西京大同府，于是金军又沿着长城一路向西，打下了大同府，继续向西追击辽天祚帝，留下一个析津府，让宋军去攻打。

此时，辽天祚帝已逃往夹山（今内蒙古呼和浩特西北），留守南京析津府的耶律淳称帝，史

小国的生存智慧

宋、金时代的东亚，是个大国对峙、小国在夹缝中灵活求生的时代，对于宋、辽、金来说，西夏和高丽就是这样的小国。西夏与宋、高丽与辽都先后发生过战争，它们虽然能在一些战役中战胜宋、辽这样的大国，但自知无力和这些大国长期对抗，因此都明智地选择与大国保持和平，顺应时代变化。

辽上京遗址出土的瓦当

辽鎏金青铜象

称“北辽”。眼见辽朝的灭亡已成定局，宋徽宗终于决定出兵。他派刚镇压完方腊起义的童贯做主帅，出兵进攻析津府。腐败不堪的辽军，原本碰到金军一触即溃，哪知宋军比辽军更不经打，跟辽军一碰面，宋军就纷纷败下阵来。童贯连续吃了两个大败仗，把北宋熙宁、元丰年间王安石变法以来积攒的家底全部败光，再也不敢出兵攻辽了。

为了逃避兵败的责罚，童贯偷偷派使臣到金营，请求金军攻打析津府。于是金军从大同进军居庸关，很快打下了析津府。

童贯开边衅，灭辽失长计。
——［清］卢道悦

辽、金年间的观音木雕像

辽赤峰窑白地黑彩划花牡丹纹罐

耗费巨资买“空城”

完颜阿骨打不肯把析津府白白送人，他对宋朝的腐败无能看得一清二楚。既然宋朝多次违约，而宋徽宗又急于要回燕云十六州，完颜阿骨打决定趁机赚他一笔。

双方几经交涉，最终，宋徽宗同意除原定的岁币外，还向金朝额外缴纳燕京（辽南京）代税钱一百万贯，这才拿回了析津府及其他六州。但金军撤走前，将析津府的财物和人口掳掠一空，宋徽宗最终只得到了一座残破凋零的空城。宋朝收回析津府后，将其改名为燕山府。

宋宣和五年（1123年），已经降金的辽将张觉在平州（治今河北卢龙）起兵反金，叛入宋朝。昏庸的宋徽宗又耍起小聪明，企图通过招降张觉夺取平州。这种背叛盟约的事，必然会遭到金朝报复。

张觉很快就被金军打败，逃到了燕山府。金军缴获了宋徽宗亲笔写给张觉的委任状，于是强令宋朝交出张觉。宋徽宗被逼无奈，只得下令杀死张觉，把他的首级交给金朝。

当年八月，金太祖完颜阿骨打在返回上京的路上去世，他的弟弟完颜吴乞买继位，是为金太宗。金天会三年（1125年）春，金军俘虏了辽天祚帝，延续了218年的辽朝就这样灭亡了。金人在灭辽战争中看穿了宋朝的腐败和无能，同年秋，金太宗借追究张觉事变为由，下令大军南下攻宋，由此拉开了“靖康之变”的序幕。（江小涛）

辽镂空凤鸟纹金冠

这顶金冠由4片花瓣形金片拼合而成圆筒形状，冠顶正中缀有鎏金金翅鸟，展翅欲飞。整个金冠造型端庄，制作工艺复杂，据推断可能是辽朝皇后使用的冠冕。

耶律大石建西辽

曾经显赫一时的辽朝在女真人的攻击下，最终灭亡。契丹贵族们不甘失败，力图重整河山，恢复辽朝，耶律大石就是其中的杰出代表。他西走中亚，建立了疆域辽阔的西辽。

苦心支撑辽朝危局

天庆五年（1115年），辽朝举行科举考试，一位二十九岁的皇族子弟考中了进士，成为《辽史》中记载的唯一一个契丹进士，他就是辽朝末年的关键人物耶律大石。

耶律大石是辽太祖耶律阿保机的八世孙，他通晓契丹文和汉文，文化素养深厚，又善于骑射，因为曾在翰林院当官的缘故，后人又称他为“大石林牙”（“林牙”就是契丹语中“翰林”的意思）。

辽朝末年，原先受辽朝统治的女真人在完颜阿骨打的领导下建立了金朝，腐朽不堪的辽军在金军的进攻下节节败退。辽朝末代皇帝辽天祚帝向西出逃，来到夹山，留下耶律淳等人守卫南京析津府。

辽观音铜像

此时，很多契丹贵族已经对辽天祚帝失去了信心，为了改变现状，保大二年（1122年），留守南京的耶律大石等人拥立耶律淳为皇帝，改元建福，统领辽朝南部地区，史称北辽。耶律淳降辽天祚帝为湘阴王，掌管辽朝的其余地区。辽朝一分为二。北辽建立后，处于宋、金的夹击之下，形势依然严峻。宋朝见辽朝日益衰微，借口耶律淳继位不合法度，如约出兵，北上攻打辽朝。尽管耶律大石打败了宋军，但敌不过战斗力更强的金军，不久，金军攻破居庸关，南京析津府失陷，北辽灭亡。

辽三彩盘

居庸关失守后，耶律大石毅然决定率众前往夹山，投奔辽天祚帝。

辽天祚帝对耶律大石拥立耶律淳耿耿于怀，质问他怎敢背叛自己。耶律大石义正词严地说：“陛下拥有全国的力量，却无法抵抗敌人，抛弃国家社稷出逃，致使生灵涂炭。就算拥立十个耶律淳，他们都是太祖的子孙，难道不比向他人乞求活命强吗？”辽天祚帝无言以对，赦免了参与拥戴耶律淳的全部人员。

辽朝民谣

“五个翁翁四百岁，南面北面顿瞌睡。自己精神管不得，有甚心情杀女真。”这首辽朝末年的民谣，恰如其分地描绘了辽朝的腐朽。

得到耶律大石的军队后，辽天祚帝又招揽其他部落，积蓄力量，想要出兵收复燕云失地。耶律大石劝说辽天祚帝，他认为辽朝势力衰弱，不如整顿兵马，伺机而动，不要仓促出兵。辽天祚帝不听劝，执意出兵，很快就被金军打败。最终他在逃往西夏的途中被俘，辽朝灭亡。

率部西迁，建立西辽

道不同不相为谋，耶律大石决定向西发展。他杀掉辽天祚帝的亲信，自立为王，率部沿夹山北行，一路招兵买马，到达辽朝西北的军事重镇可敦城（今蒙古国布尔干省哈达桑东）。

可敦城是个水草丰美的地方，耶律大石在此召集了当地七州十八部的首领，痛斥金人的罪行，想借助各部落的力量，消灭仇敌，恢复辽朝故土。他的慷慨陈词得到了大家的支持，耶律大石很快便得到了精兵万余人，战马上万匹，他也成为复兴辽朝的一面旗帜。

耶律大石意识到，金朝正处于蒸蒸日上的发展阶段，自己短时期内还无法实现复国的理想。因此，他依照辽朝制度设立了南北面官署，整顿兵马，积蓄力量，准备等实力更为雄厚之时，再图恢复辽朝。

在可敦城站稳脚跟后，耶律大石决定继续往西，他给高昌回鹘的国王毕勒哥写信，希望他能念及辽朝之前与高昌回鹘的友好关系，准许自己借道过境。毕勒哥并不知道辽朝已经灭亡，他盛情款待了耶律大石，还送给耶律大石牛、马等许多物资。

西进的过程并非一帆风顺，初次出击，耶律大石便败给了东黑汗王朝。撤军途中，高昌回鹘得知辽朝早已灭亡，派兵袭击了耶律大石。金朝也决心完全解决耶律大石这个后顾之忧，派兵攻打可敦城。由于距离遥远，补给困难，金朝的远征最终失败，却也让耶律大石惊出一身冷汗。

经历了这几次失败，耶律大石撤回也迷里一

莫高窟壁画中的回鹘供养人像

回鹘

回鹘（hú）是维吾尔族的古称，唐初名为回纥（hé），后改名为回鹘，取"回旋轻捷如鹘"之义。回鹘人曾在北方建立起一个强大的汗国，俨然北方最强大的民族。9世纪中期，回鹘内部纷争不断，国力大为削弱。一部分人西迁，建立了高昌回鹘王国。

辽绿釉刻花龙纹壶

带（今新疆额敏河流域），重新积蓄力量。他号召可敦城周围的部落迁徙到也迷里，又通过高超的政治手腕获得了草原各部的拥戴，统治的人口大大增加。

1132年，耶律大石在也迷里正式称帝，改元延庆，自称“天祐皇帝”，重建辽朝，史称“西辽”，也叫“哈喇契丹”。为了获得草原各部的支持，他又采用了突厥语的“古儿汗”称号。

黑汗王朝

葛逻禄、回鹘等突厥语族群建立的黑汗王朝，是第一个接受伊斯兰教的突厥王朝。黑汗王朝据有今新疆西部和中亚河中地区等地。10世纪中叶，黑汗王朝分裂为东、西二部。西黑汗王朝以撒马尔罕为首都，占有河中地区；东黑汗王朝以八剌沙衮为首都，占有今新疆西部和今吉尔吉斯斯坦等地。

辽摩羯纹金耳坠

大败强敌，称雄中亚

称帝当年，耶律大石率军突袭高昌回鹘，回鹘王毫无抵抗便归顺了西辽。由于手下人马有限，为了统治地域广阔、民族各异的西域地区，耶律大石允许高昌回鹘享有充分的自治权，只收取很少的岁贡，并派出一名监临官进行督察。这种相互尊重的统治模式，大大减少了西辽扩张的阻力。

解决完高昌回鹘，过了几年，东黑汗王朝统治下的葛逻禄人和康里人发动叛乱。东黑汗王朝统治者请西辽帮忙平叛，于是耶律大石便趁机来到东黑汗王朝的都城八剌沙衮（今吉尔吉斯斯坦托克马克东南），通过武力逼迫东黑汗王朝臣服。

土库曼斯坦纸币上的桑贾尔画像

八剌沙衮位于唐代大诗人李白出生的碎叶城附近，土地平坦，物产丰盛，适合农业，条件比也迷里好得多。于是耶律大石便迁都八剌沙衮，并改名为虎思斡（wò）耳朵。

定都虎思斡耳朵后，耶律大石仍不忘收复故土。西辽康国元年（1134年），耶律大石派出七万大军东征，以六院司大王萧斡里剌为统帅。由于西辽距离金朝实在太远，东征大军补给困难，最终无功而返。之后，耶律大石放弃了收复辽朝故地的目标，专心经营自己控制的这片土地。

康国四年，西辽击败西黑汗王朝。西黑汗王朝求助于当时的中亚霸主——塞尔柱帝国。塞尔柱帝国苏丹（君主）桑贾尔写信要求耶律大石皈依伊斯兰教，并威胁说如果不回复，就要派兵攻打西辽，还夸张地炫耀了自己军队的战斗力。耶律大石对此嗤之以鼻，双方做好了开战的准备。

康国八年，桑贾尔率领十万大军出征西辽，双方在卡特万草原（今乌兹别克斯坦撒马尔罕以北）对峙。面对人数远远占优的塞尔柱大军，耶律大石把部队分为左、中、右三路，背靠峡谷列阵。战斗中，西辽军队出其不意地绕开了塞尔柱的主力部队，将其逼入峡谷。数万塞尔柱大军拥挤在峡谷中，后路被西辽军队阻断，前方又遭受西辽盟军葛逻禄人的攻击，损失惨重。

桑贾尔被打得丢盔弃甲，颜面扫地，只顾仓皇西逃。塞尔柱帝国经此打击，一蹶不振。而耶律大石则通过此战打出了威名。曾经臣属于塞尔柱帝国的西黑汗王朝、花剌子模先后归顺西辽。至此，耶律大石建立起疆域盛极一时的庞大帝国，东以高昌回鹘为附属，西至咸海，北至巴尔喀什湖，南抵昆仑山脉。

黑汗王朝萨图克·博格拉汗的陵墓

治国有方，名垂后世

耶律大石是位开明的君主，尽管他本人有着深厚的汉文化素养，很可能信仰佛教，但他并不强迫中亚的人们信仰佛教，使用汉语和契丹语。他的统治相当宽容，允许当地民众保留自己原本的信仰和语言，同时推行来自中国的户口赋税制度。

西辽以汉语为行政语言，许多重要的公告都使用汉语，并且铸造和中原类似的方孔铜钱作为货币。耶律大石在直辖地区废除了分封制，实行中央集权。军队由皇帝直接控制，出兵时则临时派遣将军指挥。

通过这些手段，西辽建立起稳固而有效的统治，结束了中亚数百年来的混战，社会经济得到了极大发展，耶律大石也因此深受当地人民爱戴。几十年后，当耶律楚材来到西辽故地，当地人在谈起耶律大石的时候，无不敬仰地称赞他是“一位公正的君主，因为公正和才干而受到崇敬”。

对于中亚的人们来说，西辽毕竟是个外来政权。耶律大石的继任者没有他的政治和军事才干，数十年后，花剌子模脱离西辽的控制，灭亡了西黑汗王朝。随着蒙古汗国兴起，西辽最终被成吉思汗的蒙古铁骑消灭了。（张国旺）

后辽兴大石，西域统龟兹。万里威声震，百年名教垂。

——［蒙古汗国］耶律楚材

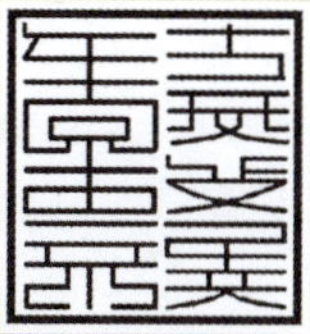

西辽契丹大字印章

斡耳朵

斡耳朵，意为宫帐或宫殿，是突厥、蒙古、契丹等游牧民族的皇家住所，也是商讨重大事务的场所。

金世宗致治

在中国历代王朝中，金朝虽然只存在了短短的一百多年，但它却拥有五十年的“盛世之治”，这在历史上十分显眼。这段治世的出现，主要得益于金朝第五位皇帝金世宗的励精图治。

混乱之中稳政局

金朝灭亡辽朝和北宋之后，逐渐在华北站稳了脚跟。金太宗完颜晟没有按照女真人“兄终弟及”的规矩，将皇位传给自己的弟弟，而是选定了兄长完颜阿骨打的孙子完颜亶作为皇位继承人，他就是金熙宗。金熙宗在位期间，废除了勃极烈制度，他参照唐、宋、辽的制度，建立了一套完整的官制和封爵制度，同时颁布成文法典，以儒家思想为治国指导思想，加速向封建化政权发展。

好景不长，金熙宗在统治后期，逐渐变得残暴嗜杀，荒怠朝政。宗室大臣完颜亮趁机与一帮大臣合谋，杀死金熙宗，自己登上了皇位，他就是海陵王。

海陵王完颜亮是个颇有才干，但好大喜功的统治者。他把都城由上京会宁府迁到燕京（今北京城西南隅），改名中都，以示与女真传统彻底决裂。为了稳固皇位，海陵王清洗了大批宗室贵族，任命了许多通晓典章制度的渤海人、契丹人和汉人为官，全面学习汉制，推行政治制度改革。他不顾大臣反对，无视金朝的政局动荡，发动了大规模的战争，准备一举统一中华。

金正隆六年（1161年），海陵王亲自统率大军南下攻宋。宋军在李宝、虞允文等人的指挥下，接连打败金军，挫败了海陵王的企图。金朝后方的东京留守完颜雍趁机发动政变，在东京辽阳府称帝，他就是金世宗。

山西朔州崇福寺壁画

崇福寺始建于唐，现存的弥陀殿与观音殿为金代建筑，保留了许多珍贵的金代壁画。崇福寺的金代壁画沿袭了唐代壁画开阔、雄浑的气势，画面宏伟，造型庄重，色彩和谐，不像同时代大多数寺观壁画那样拘谨，具有很高的艺术价值。

隆兴和议

金大定四年（南宋隆兴二年，1164年），宋金双方订立和约，约定南宋对金不再称臣，宋、金两国皇帝以侄叔相称。南宋每年向金提供银20万两、绢20万匹，改称岁贡为岁币。宋、金两国大体维持着绍兴和议规定的疆界。隆兴和议使宋、金之间旧的不平等关系有所改善，但对于南宋而言仍是一个屈辱的和议。

金代葡萄纹玉饰

金世宗称帝后，海陵王仍旧一意孤行，最终死于乱军之中。金世宗接下了海陵王留下的烂摊子，即位后立马着手处理国内外事务中的棘手问题。首先是定都之事。先前海陵王将金朝都城由上京迁往中都，此时金世宗就面临重返上京还是继续定都中都的问题。朝中大臣对此也争论不休，建议迁回上京的占了多数。

就在这时，当初全力扶持金世宗上台的李石，也就是金世宗的舅舅分析说："寇盗之贼活跃于邻近南宋的江淮一带，若是迁都上京，就会鞭长莫及，不易解决南方问题；只有立都在位于腹心之地的中都，才能有效地指挥天下。"金世宗听从了他的建议，仍然定都中都，以此号令南北，更好地学习汉制。

接着是平定契丹人的起义。之前海陵王攻打南宋时，强迫所有成年的契丹男子参军打仗，并抢走他们的马匹、财物。契丹人被海陵王硬生生逼上了绝路，西北契丹各部举起了反金大旗。有鉴于此，金世宗调整了对契丹人的政策，对他们采取镇压加招抚的措施。大定二年（1162年），金军捕获了叛军首领移剌窝斡。同时，金世宗以高官厚禄引诱、分化瓦解叛军，最终平定了契丹人的叛乱。次年，金世宗解散了契丹猛安谋克，将他们编入女真猛安谋克，打散了契丹人的社会组织。他把契丹人迁徙到其他地方，与女真人杂居、通婚，客观上促进了民族融合，减少了契丹人发动叛乱的隐患。

最后，金世宗紧锣密鼓地经略边防，抵御南宋进攻，击退了南宋的隆兴北伐。战争获胜后，金世宗抓住机会和议，在大定四年与宋朝订立和约，史称"隆兴和议"。隆兴和议后，宋、金两国维持了四十余年的和平，为金朝争取了休养生息的机会，给两国百姓带来了安宁，也促进了南北经济、文化的交流。

任人唯贤共治国

金世宗从小就接受了良好的汉文化教育，他阅读了《尚书》《汉书》《贞观政要》《资治通鉴》等史书，以古鉴今，从中学习治国理政的方法。他反对"专任独见"，希望自己能够像唐太宗那样

磁州窑白地黑花题诗孩儿枕

磁州窑是宋、元时期北方的民间瓷窑，窑址位于今河北磁县境内，古属磁州，因此得名。磁州窑风格淳朴、豪放，器型以生活用具为主，生活气息浓烈，装饰手法有胎上绘花、剔花等，尤其以白釉黑彩瓷器著称。

虚心纳谏，开创君臣共治、臣子直言进谏的局面。

有一次，金世宗在大房山献祭，想顺道打猎后再回宫。不料左丞相却说："当今边境战事还没解决，实在不适合游猎啊。"金世宗听了，不但不生气，反而采纳了他的建议，直接打道回府了。金世宗还对其他臣子说："朕非常仰慕古代帝王能虚心纳谏，你们一定要有啥说啥，千万不要默不作声。"有时臣子不进言，金世宗还会生气地批评他们。

要达到君臣共治的局面，就必须吸纳有才之士。任人唯贤是金世宗奉行的一大原则，为此，他求贤若渴，说道："朕的天下如此之大，岂会得不到人才？举荐人才，是当今的紧急任务啊！"为了求得贤才，金世宗推行荐举制，让大臣推荐有才之人。他也曾因为大臣不举荐人才而大发雷霆，甚至夜不能寐。

金世宗要求广举人才，渴望得到有真才实干的人。他"重儒轻吏"，认为儒生有节操、重礼节，办事情会考虑可能产生的深远影响；但是吏员就不一样了，他们没有深厚的知识储备，虽然办事能力强，但是不考虑后果，容易滋生腐败。

［金］张珪《神龟图》

猛安谋克

猛安谋克是女真的部落与军事组织。金建国前，"猛安"为女真部落统军首领，"谋克"为氏族长。完颜阿骨打改革了猛安谋克制度，以三百户为一谋克，十谋克为一猛安。无事时耕田，有事时战斗。猛安谋克发展成兵农合一的社会组织，金朝军队由猛安、谋克逐级统领。

金朝货币"大定通宝"和"泰和重宝"

金世宗也的确网罗了一批人才在身边，如完颜守道、徒单克宁、纥石烈良弼、石琚等。

励精图治"小尧舜"

金世宗秉持仁政，实施了许多意义深远的政策。他重视经济发展，裁撤了多余的军队，下诏对躲避赋役的人们既往不咎，让他们回归家园，并为无田地者分配官田，为流民安置栖身之处。他还屡次减免赋税，轻徭薄赋。金朝的社会因此得到恢复，经济迅速发展。

通过这些措施，金朝全国的户数迅速增长。金世宗即位之初，人口只有三百多万户，二十年后，全国人口已经增至六百余万户，几乎翻了一倍。国库存粮也大幅增加。

随着社会经济的发展，金朝出现了豪强兼并土地的问题。金世宗订立各类人群拥有土地的限额，没收超出额度的豪强土地，籍为官田，授予被侵占土地的贫民官田，客观上增加了国家赋税收入，缓解了社会矛盾。

金世宗还注重廉政建设。在他执政期间，只要是贪污腐败之人，无论是皇族贵戚还是普通官吏，他都不会轻饶。他的儿子越王完颜永功在任北京（今内蒙古宁城西大明镇）留守时，有徇私枉法的行为，被金世宗毫不留情地撤了官职。金世宗说道："犯小错时不能及时制止、批评，就会引向更大的错误。只有及时发现错误并加以纠正，才是唯一的弥补办法。"他还指出，若是有包庇自己儿孙的错误行为，那就是无视国家法律。

漆金彩绘菩萨木雕像

金世宗对辅佐他政务的舅舅李石也一视同仁，毫不手软。在得知李石私用国家储粮后，金世宗直接降了他的职。为了实现最大程度的廉政，金世宗不定期到各地视察，严格挑选廉洁贤能的官员，提高他们的官阶，并制定相应法规，监督各级官员廉洁奉公。他本人也提倡节俭，反对铺张浪费。在他的影响下，金朝的官场形成了清明的政风。

金世宗还修订官制，制定礼乐制度，发展教育事业。他命令官员参考唐、宋的礼乐制度，议定金朝的礼制；设立"注经所"，招揽精通女真语、汉语之人，将优秀的汉文化典籍翻译为女真语，供女真人学习。金世宗首次在京师设立女真国子学，在各地设立女真府学，讲授经书。这一系列措施推动了儒学在北方的传播和发展。

在金世宗近三十年的治理下，金朝社会稳定，经济和文化有了很大发展，形成了"大定盛世"的繁荣局面，金世宗也被称为"小尧舜"。

由于太子完颜允恭早逝，金世宗便将完颜允恭的儿子完颜璟立为太孙。金世宗去世后，完颜璟即位，他就是金章宗。金章宗在位的明昌年间，延续了祖父的一系列政策，政治清明，文化繁荣，世称"明昌之治"。到金章宗统治后期，他整日饮酒作诗，不思朝政，与此同时，北方的蒙古帝国开始崛起，吹响了灭亡金朝的号角。（袁梦瑶）

怀仁窑黑釉油滴碗

完颜雍的青梅竹马

金世宗完颜雍与乌林答氏从小青梅竹马，两人常到松花江畔玩耍。有一天，完颜雍不小心把膝盖磕破了，乌林答氏边哭边从衣服上扯下一条布，为他包扎伤口。完颜雍对乌林答氏说："我一定要保护你一辈子，不让别人欺负你。"

后来，乌林答氏为了保全完颜雍和自己的清白，投湖自尽。完颜雍称帝后，追册乌林答氏为昭德皇后，此后一生再也没立过皇后。

金元医学四大家

金元之际战火连年，致使疫病流行，为了适应医疗需求，当时的医学家根据各自的理解和实践，形成了不同的医学流派，中国的传统医学也在探索和实践之中走向成熟，以刘完素、张从正、李东垣、朱丹溪为代表的金元医学四大家正是其中的佼佼者。

刘完素与寒凉派

金元四大家中，最年长的是刘完素。金朝初年，刘完素出生于河间（今属河北），因此世人又称他为刘河间。

刘完素自幼聪敏好学，爱读医书。二十五岁那年，刘完素母亲身患重病，因为没有得到及时救治而不幸去世，这对于刘完素来说是个沉重的打击。母亲病逝后，刘完素立志学医，他跟着陈先生（一说陈师夷）求学，学成之后便开始独自行医。在行医实践中，他的医术不断长进，声名日隆。

刘完素为医偏好《黄帝内经》，他对这部医学古籍爱不释手，研究深入。他根据《黄帝内经》的医理，结合北方的气候、环境特点以及百姓的体质和饮食习惯，认为人的疾病多由火热所引起，反对大量使用辛热药物，倡导在诊疗中多用寒凉药方来攻邪气（中医里指使人致病的因素），后世因此称他所开创的医学流派为“寒凉派”，又称“河间派”。

《黄帝内经》书影

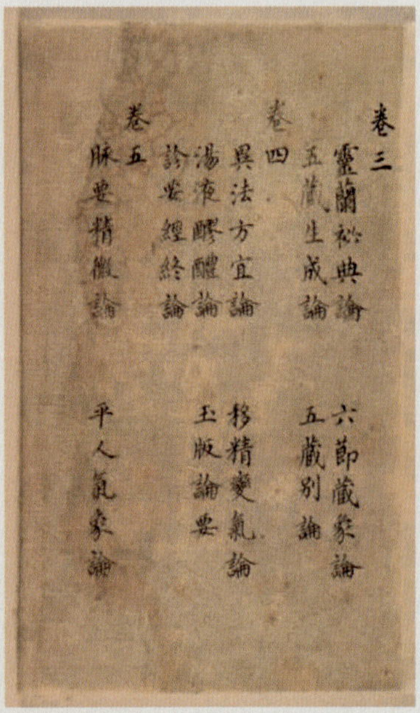
卷三
靈蘭秘典論　六節藏象論
五藏生成論　五藏別論
卷四
異法方宜論　移精變氣論
湯液醪醴論　玉版論要
診要經終論
卷五
脈要精微論　平人氣象論

刘完素一生著述颇多，主要有《宣明论方》《素问玄机原病式》等。他反对前人只注重搜集医药方剂、忽视医学理论研究的倾向，开创了金元医学争鸣的先河，对张从正、李东垣、朱丹溪等后世医家都产生了重要影响。

刘完素学医

相传，刘完素的高超医术来自一位奇人。一天，刘完素在不经意间遇到一位身怀绝技的异士，这位异士叫陈先生。陈先生并未教导刘完素医术，只是拿酒给他喝。刘完素喝得酩酊大醉，等他醒来之后就通晓了医术，像是有名师传授一般。事实上，刘完素的医术并非天授，而是他多年辛勤研习所得。

钧窑天蓝釉八角龙把杯

张从正与攻下派

正当刘完素的寒凉之学盛行之际，有位名叫张从正的医家之子降生于睢州考城（今河南兰考）。张从正从小就随父亲学习医术，酷爱读书。他性格豪放，不拘小节，在中原一带很有名望。

金宣宗兴定年间（1217—1222），张从正被召入太医院，但不久之后就请辞归家。返乡之后，他时常与好友麻知几、常仲明结伴出游，讨论精深微妙的医理。

当时，大多数医生认为人体患病是因为正气衰弱（身体机能下降），因此主张以温补药物治病。而张从正却认为疾病主要是因邪气而产生的，倡导祛邪之道。他继承了刘完素的医学思想，主张通过催吐、通便、排汗等手法来进行治疗，祛邪扶正，先攻后补，在当时显得颇为独特。后世因为张从正善用攻下之法，因此将追随他的学者称为“攻下派”。张从正还提倡根据人的心理进行治疗，留下了大量心理治疗的案例。

张从正总结自己多年的从医经验和医学理论，编撰了《儒门事亲》一书。据记载，张从正还著有《三复指迷》《张氏经验方》《汗吐下法》等医书，可惜都未能留存于世。

李东垣洁身自好

据说，李东垣从小就和别的孩子不同，他行事稳重，洁身自好，与人交往从无戏言。有一次，李东垣的朋友想捉弄他，私下设了个酒席，故意让歌女调笑他，有的歌女还拉扯他的衣服。李东垣大声怒骂，并把外衣解下烧掉，其洁身自好的品格由此可见一斑。

金代犀牛望月玉饰

李东垣与补土派

李东垣原名李杲（gǎo），出身于真定（今河北正定）的一户名门望族之家。他晚年自号东垣老人，因此后世多称他为李东垣。

李东垣的学医经历和刘完素有些相似。二十多岁时，他的母亲王氏为庸医所害，不幸去世。李东垣非常伤心，发誓说：“如果能遇到良医，我一定勉力学习，来弥补不懂医学的过失。”当时易州（治今河北易县）张元素的医术闻名天下，李东垣耗费千金，拜他为师。经过刻苦学习，他尽得老师的真传，名声甚至超过了老师。

磁州窑“张家造”春水图瓷枕

李东垣在济源做官时，那里的百姓染上了疫病，医生们查遍医书也没找到救治方法。李东垣听闻后废寝忘食地探寻病因，创制新方，患者服用了他开的药，纷纷有所好转，都以为这药方是仙人所传，可见他医术之高。

行医之余，李东垣还著书立说，创立了以“内伤脾胃”学说为基础的补土理论，被后世尊称为“补土派”之祖。他根据老师张元素的扶养胃气之说，结合多年行医经验，提出了“内伤脾胃，百病由生”的观点。他所创的补中益气汤、升阳益胃汤等著名药方，至今仍在广泛应用。

李东垣的医学著述颇丰，主要有《内外伤辨惑论》《脾胃论》《兰室秘藏》等。他的脾胃学说促进了中医学的发展。

朱丹溪与滋补派

金元四大家中，朱丹溪是出生最晚的一个。元至元十八年（1281年），朱丹溪出生于婺州义乌（今属浙江）。他原名震亨，因朱家世代居住于丹溪，所以世人尊称他为“丹溪翁”。

朱丹溪自幼聪明好学，原本打算通过科举进入仕途，可是在他三十岁那年，母亲身患疾病，许多医生都对此束手无策，于是他下定决心自学医术，医好母亲。

当时的医生大多偏爱温热香燥的药方，朱丹溪四处求学，希望能纠正时弊。他遇到了刘完素的再传弟子罗知悌，于是拜罗知悌为师。罗知悌不仅得刘完素的真传，而且对李东垣等人的学说也颇为精通。他将刘完素、李东垣的学说一一传授给了朱丹溪。而朱丹溪则在前人基础上形成了自己的医理学说，主张用滋阴降火的方法治疗疾病、保养身体，因此被后世尊称为“滋阴派”的创始人。由他创制的滋补药方，如大补阴丸、虎潜丸等沿用至今。

朱丹溪笔耕不辍，著有《格致余论》《局方发挥》《本草衍义补遗》等传世著作。他的弟子很多，为其整理了《丹溪心法》《丹溪治法心药》《金匮钩玄》等医书。

金元医学四大家的学说，标志着我国中医发展的一个新阶段。他们的学术创新、理论争鸣，大大丰富了中医理论，也促进了临床医学的发展和进步，对后世中医学说的发展产生了深远的影响。（王超群）

《证类本草》

全称《经史证类备急本草》，北宋唐慎微撰。共载药1748种，其中新增药物476种，每药均有附图，并附载古今方剂3000余个。本书代表了宋代药物学的最高成就，对后世影响深远，李时珍《本草纲目》就是以此书为蓝本的。

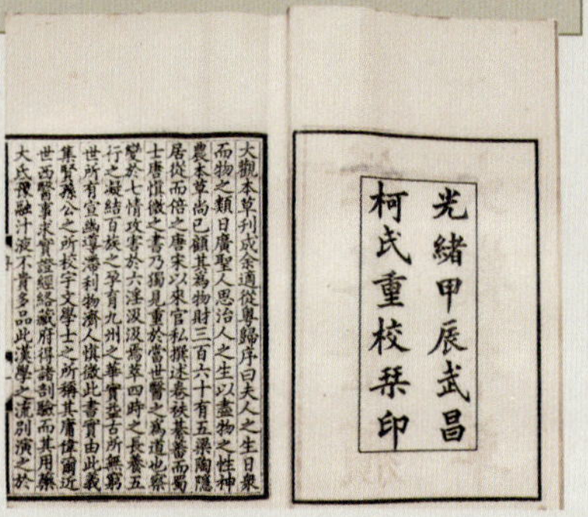

《证类本草》书影

元景德镇窑青白釉佛像

> 儒之门户分于宋，医之门户分于金元。
> ——《四库全书总目提要》

[元] 王冕《月下梅花图》

“一代天骄”成吉思汗

13世纪，蒙古汗国在北方草原崛起，后来发展成为横跨亚欧的大帝国，这是人类历史上最强大的帝国之一。它的缔造者正是被尊为“成吉思汗”的铁木真。千百年来，他传奇的人生一直为人们所热议。

义父与安答

宋金对峙之际，北方草原群雄逐鹿，活跃着乞颜部、乃蛮部、克烈部、篾儿乞部、鞑靼部等强大的蒙古部落，此外还有几十个小部落和氏族。他们之间的关系异常复杂，或为仇敌，或为盟友，相互攻伐不已。

铁木真来自蒙古乞颜部，他的父亲也速该是乞颜部的首领。据说铁木真出生时，正值也速该征讨鞑靼部凯旋，他俘获了一个名叫铁木真的勇士。蒙古人相信，在抓到敌对部落的勇士时，如果正好有婴儿出生，那么这个勇士的勇气就会转移到新生儿身上，于是也速该便给自己的儿子取名为铁木真。

大约在铁木真九岁那年，他的父亲也速该被鞑靼人杀害。也速该死后，泰赤乌部的首领塔里忽台掌握了乞颜部的大权（泰赤乌部与乞颜部有共同的祖先）。塔里忽台早就不满也速该生前的所作所为，便肆意报复铁木真一家，甚至想要处死铁木真。

成吉思汗画像

苍狼与白鹿的传说

传说在远古时，蒙古部落的祖先被敌人打败，只剩下两男两女幸存，他们逃到额尔古涅昆的山谷之中。后来，他们的子孙人丁兴旺起来，山谷已经不足以容纳他们，于是这些人就向草原移居。其中有个叫孛儿帖赤那（意思是苍狼）的首领，他的妻子叫豁埃马阑勒（意思是白鹿），他们迁到斡难河（今鄂嫩河）源头居住，成为蒙古人的祖先。学者认为，蒙古人的祖先是唐代时大兴安岭北部的蒙兀室韦人，这段传说反映了他们祖先从额尔古纳河西迁的历史。

元景德镇窑卵白釉印花孔雀牡丹纹福禄碗

为了寻求庇护，年少的铁木真投靠了克烈部首领脱斡邻勒（后来被金朝册封为王，因此也称王罕），拜他为义父。脱斡邻勒是也速该的结义兄弟，早前他在争夺克烈部首领之位时，曾得到也速该的大力帮助，现在铁木真有难求助于他，他自然义不容辞。

在此前后，铁木真还结识了一位挚友——札答阑部的札木合。铁木真与札木合性情相投，惺惺相惜，两人结为安答（义兄弟）。有了脱斡邻勒和札木合的帮助，铁木真开始收拢父亲原来的部众，逐渐积蓄力量。

统一草原

大约在铁木真十八岁的时候，篾儿乞部突然来袭，抢走了他的妻子和家人。篾儿乞部与铁木真的父亲也速该有夺妻之仇，铁木真的母亲诃额仑就是也速该从篾儿乞部强抢来的。铁木真自知无力单独对付篾儿乞部，便请求义父和札木合帮助。三方共同出兵攻打篾儿乞部，大获全胜。

这一战之后，铁木真不仅夺回了家人，还掳掠了大批财物和奴隶。由于铁木真待人宽厚，也速该原来的部属和一些其他部落的人纷纷前来投靠。1189年，大家共同推举铁木真为部落联盟的首领。此时蒙古高原逐步形成了铁木真、脱斡邻勒、札木合三足鼎立之势。

随着铁木真势力的日益壮大，他与札木合的关系也发生了微妙的变化，最终两人从生死相依的兄弟变成了势不两立的敌人。

1190年，札木合纠集了十三个部落向铁木真发起进攻，铁木真将部众分为十三翼迎敌，这就是著名的十三翼之战。结果铁木真不敌札木合，狼狈地逃到了斡难河（今鄂嫩河）畔的哲列捏山谷。万万没想到，由于札木合残杀了大量俘虏，引起部下不满，他们纷纷投奔铁木真。铁木真虽然打了败仗，却因宽容仁厚赢得了人心，反而实力大增。

金界壕遗址

为了防止蒙古人侵袭，金朝在北方边境修建了类似长城的军事防御工事，俗称成吉思汗边墙。图为今内蒙古境内的金界壕遗址。

元景德镇窑青白釉灯盏

1201年，泰赤乌部、鞑靼部、篾儿乞部等十一个部族推举札木合为“古儿汗”，再度发兵攻打铁木真。铁木真独木难支，便与他的义父王罕联合，共同迎敌。

经过惨烈的厮杀，铁木真最终获胜，一举解决了鞑靼部、篾儿乞部、泰赤乌部和札木合的札答阑部等多个前半生的劲敌。在处理鞑靼部俘虏时，铁木真记起父亲也速该临终时的遗言，命令将身高超过车轮的鞑靼士兵、男子通通都杀光，其手法之残忍震惊草原。

一山不容二虎，几年后，铁木真与义父王罕的亲密关系也走到了尽头。起先，王罕因铁木真势力

鞑靼

中国和欧洲历史上都有“鞑靼”这个称呼。欧洲人说的鞑靼，一般是指祖先来自亚洲的游牧民族，虽然他们可能和欧洲当地人融合，但还是保留了祖先的游牧习俗。而在中国，南宋赵珙在其著作《蒙鞑备录》中，将鞑靼分成了黑鞑靼、白鞑靼两类，黑鞑靼主要是蒙古人等漠北游牧民族，白鞑靼生活在漠南长城一带，长相和习俗都与黑鞑靼有所差异。

的迅速扩大而感到不安，派儿子桑昆进攻铁木真，铁木真大败。几个月后，铁木真恢复了实力，突然袭击了王罕驻地，双方大战三天三夜，最终王罕大败，逃到西边的乃蛮部，被乃蛮部哨兵杀死。至此，称雄一时的克烈部也宣告灭亡。

克烈部灭亡后，铁木真剩下的强敌就只有乃蛮部了。1204年，铁木真挥兵西进，一举消灭了乃蛮部，乃蛮部的太阳汗重伤而死。草原之上，铁木真再无敌手。

1206年春天，蒙古贵族们在斡难河源头召开“忽里勒台”（蒙古语，意思是大聚会），众人一致推举铁木真为大汗，称“成吉思汗”（蒙古语，“海洋”或者“强大”的意思）。成吉思汗正式建立蒙古汗国，元朝建立后被尊为元太祖。他颁布了通行草原的“扎撒”（蒙古语，意为法令），制定了千户制，一个充满朝气的强国在草原上冉冉升起。

无尽的征伐

在统一草原的过程中，成吉思汗打造了一支强悍的军队，麾下涌现出众多杰出的将领，包括木华黎、博尔朮、赤老温、博尔忽，这四人号称“四杰”；还有者勒蔑、速不台、忽必来、哲别，这四人号称“四犬”。常言道，手里有个锤子，看什么都是钉子。成吉思汗手下有一众虎狼之兵，他自然要寻找下一个征服目标。

成吉思汗首先将兵锋指向了金朝。早年间，蒙古曾屈从于金朝，每年向金纳贡。金章宗曾派卫王完颜永济来受贡，成吉思汗故意怠慢他。卫王很气愤，回去后就想请兵讨伐。恰巧金章宗去世，完颜永济即位，诏书发到蒙古，要求成吉思汗拜受。

也克蒙古兀鲁思

成吉思汗建立的蒙古汗国，用蒙古语音译过来就是“也克蒙古兀鲁思”。“也克”有大的意思，“兀鲁思”本义是人众，后来又有了国家的含义。成吉思汗建国之时，草原上的人丁不过一百多万，远远无法和金、宋相比，谁能想到，这个“也克蒙古兀鲁思”后来竟能发展为横跨亚欧、史上罕见的强大帝国。

完颜永济为人懦弱无能，忠奸不分，成吉思汗听说金朝的新皇帝是完颜永济，便吐了一口唾沫说：“我以为中原皇帝是天上人做的，没想到像完颜永济这样庸懦的人也配做皇帝！我为什么要拜他！”

成吉思汗六年（1211年），成吉思汗亲率大军伐金，双方在野狐岭（今河北张家口西北）展开大战，金朝四十万大军全军覆没，从此一蹶不振。此后几年，成吉思汗几乎每年都要派兵到金朝境内扫荡一番。为了远离蒙古的威胁，1214年（金贞祐二年），金宣宗迁都南京（今河南开封），金朝在黄河以北的土地陆续失守。

当时，中亚地区有一个强国叫花剌子模。成吉思汗十三年，成吉思汗曾派使团到达花剌子模，双方缔结了通商贸易协定。按协定，成吉思汗派出几百人的使臣与商队携带大批金银珠宝及商品前往通商。不料花剌子模的一名总督见财起意，屠杀了使臣和商队，夺取了这批货物。

蒙古商队被屠戮的消息传回草原，引起了轩然大波。第二年，成吉思汗发动大军，兵分四路向花剌子模发起全面进攻，几年之内，就彻底消灭了这个中亚强国。

征伐西夏是成吉思汗在世时的最后一役。蒙古建国后，成吉思汗曾多次发兵攻打西夏。后来西夏臣服于蒙古，年年向它纳贡。在西征花剌子模之前，成吉思汗曾要求西夏派兵协助，被西夏拒绝。灭掉花剌子模之后，成吉思汗以此为借口向西夏发起进攻。西夏誓死抵抗，战争打了一年多。正在双方相持不下的时候，成吉思汗二十二年，成吉思汗病重去世。蒙古方面秘不发丧，终于攻灭了西夏。

成吉思汗统一蒙古各部，在历史上起了积极的作用，攻金灭夏，客观上也促进了中国各民族间的交往，为元朝的建立奠定了基础。（何昭旭）

蒙古军队攻城的场景

此图选自14世纪伊利汗国出版的《史集》抄本。

雪域高原归附中央

成吉思汗死后，蒙古汗国继续扩张。也正是在蒙古人统治时期，青藏高原被正式纳入中央王朝的统治之下，开创了治理边疆地区的新篇章。在西藏归附的过程中，蒙古统治者与藏传佛教高僧在历史的风云际会中建立了深厚关系，这对西藏的地方治理和藏传佛教的发展产生了深远影响。

蒙藏相遇

正当草原上的蒙古崛起之际，辽阔的青藏高原却如同一盘散沙。

唐朝末年，强盛一时的吐蕃王朝陷入分裂。末代赞普（国王）达磨因禁绝佛教，被僧人刺杀。一时间，青藏高原上战火纷飞，将领之间相互征伐，奴隶起义不断。赞普后裔和世家贵族纷纷占据地盘，镇压起义，青藏高原出现了大大小小数十个地方割据势力。

割据分裂的状态持续了三百多年，在此期间，佛教从北路甘青地区和南路西藏阿里地区，传遍了青藏高原每个角落，逐渐得到复兴。佛教与藏地的宗教、文化传统相结合，发展出教派林立的本土化藏传佛教。各教派和地方割据势力结合，形成了大量政教合一的地方政治势力。

地处河西走廊的西夏，在文化、宗教、习俗等方面都和藏族颇为相近。后期的西夏王室尊崇藏传佛教，邀请了不少藏地僧人来西夏传法，与藏地一些教派建立了密切联系。成吉思汗攻打西夏的时候，蒙古军队一路南下，遇到了散居青海、甘肃等地的藏族部落，开启了蒙藏两族相互接触的历史。

成吉思汗死后，继承汗位的窝阔台（元朝建立后，尊为元太宗）封次子阔端于西夏之地。窝阔台汗七年（1235年），蒙古大军兵分两路攻宋，三皇子阔出、宗王口温不花率东路军攻取淮河流域，阔端率西路军攻蜀。

元景德镇窑青白釉贴花梅花纹双耳瓶

萨迦派

萨迦派是藏传佛教的重要派别之一，得名于西藏日喀则的萨迦县。萨迦派由自称吐蕃贵族昆氏后代的贡却杰波创立，萨班（原名公哥监藏）是其第四代传人。公哥监藏精通佛法，著述甚丰，被尊称为“班智达”（梵语，即精通各类佛教知识“五明”的大学者），因此他被称为萨迦班智达，简称萨班。萨迦派的主寺，是位于今西藏日喀则萨迦县的萨迦寺。萨迦寺始建于北宋年间，后来分为南、北两寺。

萨迦北寺

清代唐卡中描绘的萨班

阔端并没有急着南下攻宋，而是先夺取了秦州（治今甘肃天水）等地，招降当地藏族部落，并委任地方部落头人官职，令其管理藏族地方。窝阔台汗九年，阔端率军北返，驻扎在凉州（治今甘肃武威），他被窝阔台封为永昌王，在凉州设王府。

阔端派大将多达那波率军取道甘青入藏，一路打到逻些（今西藏拉萨）附近，烧毁了藏传佛教噶当派的热振寺。蒙古军队驻扎藏地，和藏地僧俗势力进行了广泛接触，了解到许多情况。

窝阔台汗十二年，窝阔台患病，阔端命多达那波撤回凉州。多达那波向阔端汇报了藏地的情况，他说："藏地僧人最多的是噶当派，最善于处理关系的是噶举派达隆法王，最德高望重的是止贡寺京俄大师，最通晓佛法的是萨迦班智达。"他建议从这几人中选一人商谈藏地归顺事宜。

凉州会盟

阔端采纳了多达那波的建议，决定和萨迦班智达（简称萨班）商谈归附事宜。收到诏书后，时年六十三岁的萨迦班智达带着侄子八思巴和恰那多吉，踏上了通往凉州的漫漫长路。

八思巴是萨迦派的宗教继承人，恰那多吉是萨迦家族的世俗继承人。萨班带上他俩，既是为了向藏地各方势力证明，此去凉州，绝不仅仅是为了萨迦派和萨迦家族，而是为了全藏前途着想。同时他也向阔端证明了自己的一片赤心，愿把萨迦派和萨迦家族的一切交给蒙古汗国。

萨班一行在行程中游走于前后藏各地方势力之间。当时有噶当派僧人不同意归顺蒙古汗国，萨班耐心说服，终于争取到藏地僧俗势力的广泛共识。他一路在各处寺庙讲经说法，宣传自己的

甘肃武威白塔寺

白塔寺始建于西夏，是一座藏传佛教寺院，著名的凉州会盟就发生在此处，后来萨班也是在白塔寺圆寂的。白塔寺后来毁于战乱和地震，图中为现代重建的白塔寺。

萨迦寺内的壁画，描绘了八思巴觐见忽必烈的场景

政治、宗教主张，取得了各方势力的支持。

萨班到达凉州后，并未立即见到阔端。原来，当时阔端正在蒙古汗国都城和林（今蒙古国鄂尔浑河上游的哈拉和林）参加推举蒙古大汗的忽里勒台。最终，贵由被推举为大汗（元朝建立后被尊为元定宗），阔端随后返回了凉州。

贵由汗二年（1247年）初，代表蒙古汗国的阔端和代表藏地的萨班在凉州举行了具有历史意义的会晤。阔端对萨班的诚心归顺感到非常高兴，双方进行了多次商谈，明确了藏地的和平归顺和统治方式，这便是著名的凉州会盟。

在凉州期间，萨班多次举行宗教法会，为阔端和僧俗百姓讲经说法，赢得了各族群众的广泛赞誉。他还利用高超的藏医医术治好了阔端的重病，阔端对他更为敬重。萨班在阔端的支持下扩建寺院，使藏传佛教在凉州一带广为传播。凉州会盟后，萨班将会谈的结果写成一封信，发给藏地和各地方首领，这就是著名的《萨班致番人书》。这封信的藏文原文完整地保存在《萨迦世系史》一书中。

元世祖皇后察必画像

忽必烈与八思巴

凉州会盟后，藏地各教派先后与蒙古王公接触，寻求支持。蒙哥即汗位后（元朝建立后被尊为元宪宗），一面清查藏地人口，加强管理，一面推行分封，明确各教派和地方势力的管辖范围。

在这些蒙古王公中，忽必烈是和藏族打交道最多，也是最关键的一位。

蒙哥汗命弟弟忽必烈掌管漠南汉地事务，南征伐宋。四川的南宋军民坚壁清野，奋力抵抗，蒙古大军的进军计划受挫。于是忽必烈奏请蒙哥汗，计划绕道藏族地区，攻取大理国（辖境相当今云南全境、四川西南部等地），对南宋采取迂回包抄的战略。

忽必烈的计划非常大胆，但要在没有后勤保障的条件下，穿越数千里自然条件恶劣、交通不便的藏区，谈何容易！因此，要想绕道藏区，就必须依靠已经和蒙古建立起关系的藏族首领的支持。在这种情况下，忽必烈派人去请在凉州的萨班到六盘山与他会面。

当使者赶到凉州时，萨班已经圆寂，八思巴继任了萨迦派教主之位，成为第五代传人。阔端回复忽必烈说："大师已圆寂，他有个叫八思巴的侄子，虽然只有十几岁，却精通佛法，请允许我送他前来复命。"随后，年仅十九岁的八思巴来到了六盘山。他对佛学的独到见解，让忽必烈大为赞叹。

然而，当时忽必烈正集中精力进攻大理，比起拜师学佛，他更希望八思巴能利用他在藏传佛教中的影响力，为蒙古大军提供方便。可是八思巴并不乐意为蒙古大军提供物资和人手，这令忽必烈非常恼怒。后来，在忽必烈王妃察必的斡旋下，忽必烈与八思巴逐渐建立起信任关系。

察必还接受了八思巴的"灌顶"（源自印度的藏传佛教仪式），觉得颇为受益。她劝忽必烈也受此仪轨，加深和八思巴的信任。但若要接受灌顶，就要尊八思巴为上师，对他处处尊崇。这对于心怀天下的忽必烈来说，如何能接受呢？

这时，还是察必出来打圆场。她提议，在听法人数较少时，让上师坐上座；面对官员和臣民时，还是请忽必烈坐上座。关于藏地的各项事务，务必咨询请示上师，其余大小事务，则全凭忽必烈决断。

王妃察必提出的方案，将八思巴的上师权力限制在可控范围内。蒙哥汗三年（1253年），八思巴为忽必烈进行了萨迦派喜金刚灌顶，明确建立了宗教上的师徒关系。此后，八思巴一直追随忽必烈，成为他的得力助手。

忽必烈是个视野开阔的蒙古贵

元耀州窑姜黄釉刻花莲花纹碗

唐卡

唐卡在藏语中是卷轴画的意思，是藏族特殊的绘画形式，被誉为藏族的"百科全书"。位于今内蒙古额济纳旗的黑水城遗址，是西夏及元代的城市遗址，在这里出土唐卡，体现了藏传佛教对西夏及元朝的影响。

内蒙古额济纳旗黑水城遗址出土的唐卡

族，他广纳天下英才，特别是起用了一大批汉族儒生谋臣，这让保守的蒙古贵族非常不满，也令蒙哥汗对他产生了猜忌。

《书史会要》书影

此书为元末明初陶宗仪编撰，其中记录了八思巴文字母对照表。

蒙哥汗八年（1256年），蒙哥汗亲率大军南下攻宋，他命幼弟阿里不哥留守漠北，以忽必烈有腿病为由，解除了他的兵权。蒙哥汗又派亲信严加审查忽必烈在陕西等地设置的官府和官员。一时间风声鹤唳，蒙古王室的权力斗争变得复杂起来。

危局之下，八思巴坚定地站在忽必烈一边，他用自己的佛学知识开导忽必烈，并亲赴五台山，为他举行祈福法会。最终，在八思巴和亲信大臣的劝说下，忽必烈决定向蒙哥汗展现诚意。他只带着二十个卫士，亲自奔赴大汗营帐，当面向蒙哥汗请罪，并表示已将家人送至和林为人质。蒙哥汗总算顾念兄弟之情，宽恕了忽必烈。

建制藏地

蒙哥汗在南下攻宋的征途中病逝，忽必烈即汗位。他尊八思巴为国师，命他总领全国佛教事务。中统五年（1264年），忽必烈击败阿里不哥，稳固了汗位。忽必烈封恰那多吉为白兰王，让他和哥哥八思巴一起返藏，处理藏地行政管理事务。同时设立总制院（后改为宣政院），掌管全国佛教事务以及藏地的行政事务，以八思巴为最高负责人。

总制院的设立，确立了藏地僧俗并举、政教合一的行政体制。八思巴兄弟返回藏地后，在萨斯迦（今西藏萨迦）建立起管理藏地的地方政府，并着手建立藏地行政体制。他们首先划分俗人民户（米德）和寺属民户（拉德），随后在此基础上划分了13个万户，确定各个万户的辖区，并建立管理机构，委任万户长和千户长。

八思巴设计的行政体制，结束了吐蕃王朝崩溃后藏地数百年的分裂局面。这一体制基本沿用到元朝灭亡。八思巴去世后，元朝又在藏地设立乌思、藏、纳里速古鲁孙等三路宣慰司都元帅府，负责监管13万户，管理朝廷在藏地的驻军和驿站等，进一步加强了对藏地的管理。此后，西藏地区一直受到元、明、清、民国和中华人民共和国中央政府的行政管辖。藏族和祖国各民族之间的交往、融合得到空前加强，共同书写了中华民族历史的辉煌篇章。

（廉湘民　杨力源）

元八思巴文虎符圆牌

八思巴字

随着蒙古政权统治范围的扩大，为了拼写治下各民族的不同语言，忽必烈命八思巴创造了一套新的拼音文字，也被称为“八思巴字”。八思巴字主要由藏文字母组成，也有一些梵文字母。它在元代颁布的诏书、法令等公文及碑刻、译经中曾被广泛使用。但是八思巴字在元朝灭亡后就被废止，目前只能在元代的文物和经卷上领略它方方正正的风采。

[元] 刘贯道《元世祖出猎图》（局部）

画中骑着黑马、身穿白裘的男子就是元世祖忽必烈。

忽必烈建立元朝

从开府金莲川，到迁都燕京，再到定国号为大元，元世祖忽必烈一步步地将政治中心由蒙古高原迁移到中原，以“乾元初始”的全新状态，终结了辽、宋以来数百年各民族政权并立的分裂局面，有力推动了民族大融合。

开府金莲川

成吉思汗建立的蒙古汗国，依靠强悍的军事力量，在短短五十多年的时间里，席卷了从中国华北到东欧的广袤土地。直到第四任大汗蒙哥去世，蒙古人持续多年的扩张势头才暂时停了下来。以忽必烈继位和元朝建立为标志，中国历史进入了一个新的阶段。

元世祖忽必烈画像

忽必烈是成吉思汗的嫡孙、蒙哥的同母弟弟。他的父亲拖雷和母亲唆鲁禾帖尼都是草原贵族中的开明人士，一向推崇汉文化。特别是唆鲁禾帖尼，她的封地就在真定一带，和当地汉人颇有渊源。

唆鲁禾帖尼经常请河北的僧道为自己和家人布道讲法。在这些应召者中，有不少是为了逃避战乱而混迹于僧道中的读书人。其中有个叫刘秉忠的，学识渊博，精通儒释道三家学说，对天下大事、历法律令都了如指掌。他被举荐到忽必烈母子身边后，颇受忽必烈的喜爱。

刘秉忠经常向忽必烈灌输“武力可以夺取天下，但不能保住天下”的道理。在刘秉忠的引荐和影响下，忽必烈身边慢慢聚集了一批有名的汉族知识分子。他们的学识、见解、谋略，他们所宣传的“得民心者得天下”和得天下后的“汉家威仪”等，对忽必烈具有极大的吸引力。

蒙哥继任蒙古汗国大汗后，任命忽必烈为漠南总管，总领蒙古草原以南以及河南、河北、山东、陕西一带。所谓“得汉地则得天下”，漠南是蒙古

漠南与漠北

广袤的戈壁人烟稀少，砾石遍布，将蒙古高原划分为漠南蒙古（即蒙古高原大沙漠以南地区，今中国内蒙古自治区）和漠北蒙古（蒙古高原大沙漠以北地区，今蒙古国）。自成吉思汗建立蒙古汗国起，历经四任大汗，漠北一直是蒙古的政治军事中心。而在蒙古灭金之后，漠南成为漠南蒙古和原金朝统治下的汉民族地区的统称。

元军士兵的铠甲和头盔

波斯抄本中的拖雷和唆鲁禾帖尼

也是他以后所有重要事业的发端。

迁都城，定天下

蒙哥汗九年（1259年），蒙哥死于征伐南宋的四川前线。此时，忽必烈刚率东路蒙古军抵达淮河一带，他不愿无功而返，仍指挥兵马强渡长江，围攻鄂州（治今湖北武汉武昌区）。这时，他听说留守漠北的弟弟阿里不哥正积极招兵买马，图谋汗位，于是迅速和南宋抗蒙统帅贾似道讲和，撤兵北返。

汗国的财税重地，忽必烈和他的谋士们都认为这将是他辉煌事业的开端。

受命伊始，忽必烈就决定将自己的办事机构从漠北尽数南迁。他选中了桓州金莲川（今内蒙古正蓝旗东），在这里营建开平城并设立幕府。金莲川靠近河北地区，在这里开府有利于吸引更多汉族知识分子为自己服务。此后，忽必烈得以在一个相对独立的环境中开展自己的事业。

开府金莲川的次年，忽必烈派幕府要员在河南、陕西等地设立行政机构，任用儒臣，整顿吏治；又在河北等地实行屯田，开辟荒地，发展生产；在京兆府（今陕西西安）设立交钞提举司，印发钱钞。通过这些举措，华北地区战乱后民生凋敝的残破景象大有改观，忽必烈爱护百姓、崇尚贤人的名声随之传播四方，深得人心。

开府金莲川，是忽必烈后来迁都燕京的前奏，

第二年，忽必烈在部分宗王的推举下，在开平府即汗位，称大蒙古国皇

元军的头盔

李璮之乱

数量不多的蒙古人之所以能席卷天下，灭亡金朝和南宋，离不开汉军世侯。蒙古统治者将北方势力较大的汉人武装头目任命为万户，汉军万户在履行贡赋、从征等义务的前提条件下，可自行管辖领土，世袭官职，谁打下的领土就归谁，如同独立军阀。

李璮（tǎn）便是这么一位汉军世侯，他是金朝末年山东军阀李全之子，继承了山东辖地，实力雄厚。忽必烈和阿里不哥内战期间，李璮趁机起事，想要联合南宋反叛蒙古。叛乱平息后，忽必烈出于对汉军世侯的忌惮，收回了世侯的兵权和世袭权力，在地方上实行军民分治。这些措施对元朝中央集权制度的确立产生了很大影响。

元朝的都城

元朝前后有过三座都城。第一座是位于内蒙古正蓝旗东闪电河北岸的开平府。中统元年（1260年）春，忽必烈即位于此。中统四年，忽必烈升开平府为上都，次年又升燕京为中都。至元九年（1272年），中都改称大都，成为元朝的都城。迁都大都后，忽必烈建立了两都巡幸制度，将上都作为避暑的夏都。每年二三月，元朝皇帝都会去上都避暑，等到八九月再返回大都。

大都位于今天的北京，是元朝最重要的一座都城。大都的营建以刘秉忠为总负责人，确定城市选址和规划，科学家郭守敬担任都水监，整治水利。历时二十年，大都终于建成，今日北京市中心的布局便沿袭自大都。《马可·波罗行记》中称大都为“汗八里”，意思是可汗的城市。

第三座都城中都，始建于元武宗至大年间（1308—1311），位于河北张北，其布局大致介于上都和大都之间。

另外，在忽必烈建立元朝之前，蒙古汗国第二任可汗窝阔台曾在今蒙古国中部鄂尔浑河上游的哈拉和林建立都城喀拉和林（简称“和林”）。忽必烈称汗后，这座草原上的故都逐渐荒废。

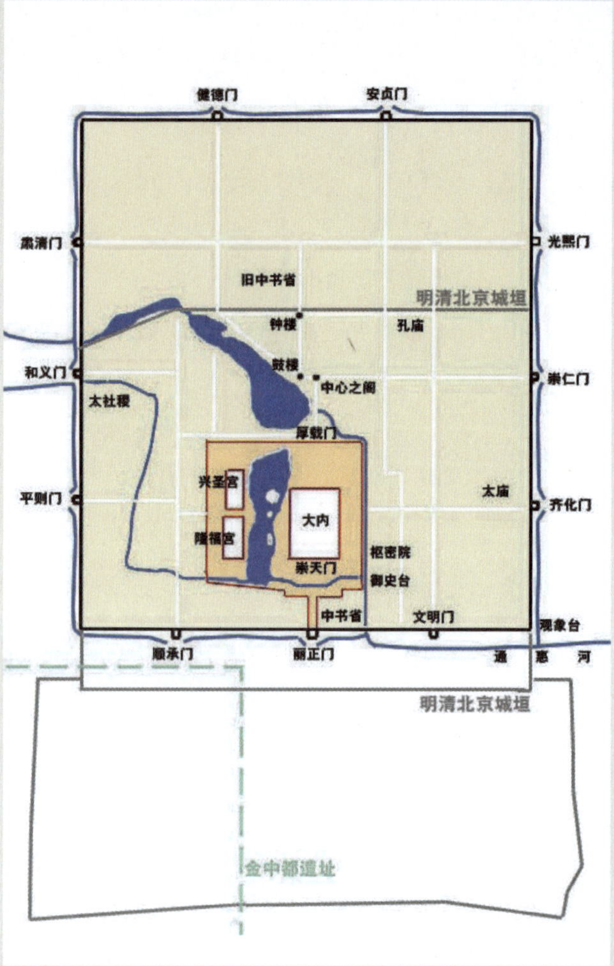

元大都布局图

帝，年号中统。与此同时，他的幼弟阿里不哥也在漠北的蒙古汗国都城和林称汗。双方为争夺汗位展开战争，打得难解难分。四年之后，忽必烈终于击败了阿里不哥。

中统五年八月，忽必烈改元至元，升燕京为中都，正式确立了燕京的政治中心地位。这一重大举措，标志着蒙古统治者将主要精力转向中国内部领土的统一，而非像原先那样向中亚、西亚和欧洲进行大规模军事远征。

至元八年（1271年），忽必烈采纳刘秉忠的建议，宣布定国号为“大元”，正式建立元朝。忽必烈就是元世祖。“大元”二字取自《易经》中的“大哉乾元”之义，昭示着忽必烈要以一种全新的姿态，以“乾元初始”的精神，完成统一中国的大业。

整顿好华北政局之后，忽必烈听取南宋降将刘整的建议，执行先取襄阳，之后沿长江而下，灭亡南宋的计划。至元十年，经过六年围攻，元军终于占领襄阳。这相当于打开了南宋的大门。元军沿长江南下，直驱南宋都城临安（今浙江杭州）。至元十三年，宋恭帝赵㬎（xiǎn）上表投降。三年后，元军在厓山海战中消灭了南宋残余势力，南宋丞相陆秀夫背着小皇帝赵昺（bǐng）跳海而亡。至此，元朝完成了全国的统一。

“行汉法”与民族融合

随着统治中心的南移和中原的统一，元世祖越发认同“居汉地，行汉法”的施政方略。在中原知识分子的参与下，元世祖借鉴金朝制度，确立了中央集权统治及相应的典章制度，同时充分保障了蒙古贵族的特权地位。他在中央设立中书省、枢密院、御史台、宣政院四大机构，分别负责政务、军事、监察、宗教和边疆事务，在地方上实行行省制度，将全国分为十个行省。行省制的确立意味着在中国实行了一千多年的郡—县二级制度演化为省—郡—县三级体制，这是中国行政制度的一大变革，对后世影响深远。

在实行行省制的同时，元世祖将都城附近的河北、山东、山西等地区作为特别区域，由中央直辖，称为“腹里”。作为行省制的补充，元朝在特殊地区设立安抚司、巡检司等机构，如在澎湖单独设立巡检司，管辖澎湖和琉球（台湾）。这是中国在台湾地区正式建立行政权力机构的开端，对巩固东南海疆具有重大意义。作为宣政院辖地，西藏也在元世祖时期成为中央政权直辖区域，正式纳入元朝的版图。

元团凤纹绣片

> **蒙古四大汗国**
>
> 成吉思汗西征后，把新征服的土地分给术赤、察合台、窝阔台三个儿子，形成了三个兀鲁思（即汗国），它们分别是钦察汗国、察合台汗国和窝阔台汗国。蒙哥在位时，又命令他的弟弟旭烈兀远征伊朗等地，旭烈兀建立了伊利汗国。这些汗国起初都归蒙古汗国统一管辖，蒙哥去世后，它们逐渐走上独立发展的道路。

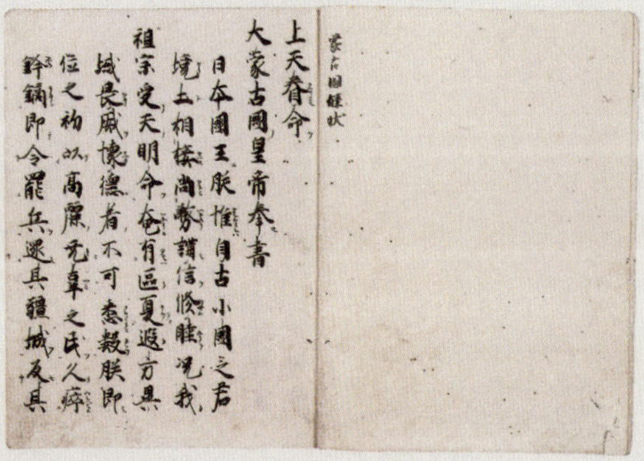
蒙古國牒狀
上天眷命
大蒙古國皇帝奉書
日本國王朕惟自古小國之君
境土相接尚務講信修睦況我
祖宗受天明命奄有區夏遐方異
域畏威懷德者不可悉數朕即
位之初以高麗無辜之民久瘁
鋒鏑即令罷兵還其疆域反其

忽必烈给日本的国书

这是至元三年忽必烈给日本的国书。在国书中，忽必烈自称“大蒙古国皇帝”。

元世祖反复强调恢复和发展以农桑为本的社会经济，这也是“居汉地，行汉法”的表现。为此，中央设立了司农司，禁止蒙古贵族破坏农田改为牧地，饱受战火摧残的中原农业经济得到了缓慢复苏。此外，在元世祖统治期间，政府还组织人手，疏通了杭州与大都之间的运河，在全国范围内设置了驿站，并开通大规模的海运，加强与外国的商业往来。政治、经济的繁荣，为元朝境内各民族的交流、学习和共同发展创造了良好条件。

自唐末以来，中国先后出现过五代十国的朝代更迭、辽宋西夏的鼎足而立、宋金和蒙宋的长期对峙，此外还有大理、吐蕃、高昌、西辽、黑汗等独立的地方政权，中华大地始终处于分裂的状态。两宋三百多年的统治只是一度解决了五代十国的分裂割据，却没有真正结束与周边民族政权间的对峙局面。忽必烈继承了成吉思汗的遗产，统一了中国，恢复并发展了汉唐以来中国多民族统一大国的面貌。这是成吉思汗、忽必烈，以及元朝为中华民族做出的重大贡献。（李　萌）

赛典赤抚治云南

忽必烈统治时期，出生于中亚的赛典赤受任主政云南。他推动机构改革，建立云南行省，彻底改变了此前云南地区的混乱局面，给云南各族人民带去了福祉。他为云南地区的发展和国家疆域的稳定做出了历史性的贡献。

临危受命，主政云南

蒙哥汗四年（1254年），为了迂回攻宋，扫除后顾之忧，蒙古军队攻灭了大理国。

蒙古人在原先大理国的地方建立了一套军政合一的体制，设置万户、千户、百户，战时作战，平时屯田养兵。统治权掌握在当地的蒙古军统帅、投降后的大理国段氏家族及各族首领手中，他们对各族人民横征暴敛，残酷压榨，激起了当地人民的反抗。

云南大理崇圣寺三塔

这三座塔中间最高的千寻塔为主塔，是密檐式空心砖塔，建于南诏晚期，旁边两座小塔建于五代时期。1978年和1980年人们重修三塔时，在塔中发现了680余件南诏、大理时期的文物，是迄今为止发现的南诏、大理文物中最丰富、最重要的一批。

南诏和大理

隋末唐初，云南洱海地区分布有六个势力最大的乌蛮部落，史称“六诏”（诏就是王的意思）。其中之一的蒙舍诏强大起来，统一了六诏，建立南诏。南诏先后依附唐朝和吐蕃，逐渐成为中国西南最强盛的政权，占据了今云南、贵州西南部等地。

唐末，南诏与唐王朝连年征战，日渐衰弱，被南诏大臣郑买嗣灭亡。后来，南诏时代的权臣段思平建立了大理国，基本继承了南诏的疆域，并与宋朝保持和平共处，直到被元军灭亡。

大理国信仰佛教，经济、文化都非常发达。当时，大理国的佛教和儒家信条几乎融为一体，人人皆崇尚佛法，佛家僧人也都诵读儒家经典。大理国的僧人可以通过科举成为官员，大理国的多位国王则先后禅位成为僧人。武侠小说《天龙八部》中的段誉，原型就是晚年出家为僧的大理国国王段正严，他活了九十多岁，是中国古代最长寿的统治者之一。

忽必烈即位后，为了稳定云南局势，他封第五子忽哥赤为云南王，命他前去镇守。当地的宗王、行政长官、军事统帅之间互相争权夺利，忽哥赤在位仅四年，就被政敌合谋设宴用毒酒杀害。云南再次出现了政治危机，元世祖不得已委任宗王秃鲁为云南王，但危机依然没有解除。

为了彻底解决云南的种种尖锐矛盾，元世祖经过深思熟虑，决定派赛典赤主政云南。赛典赤，全名赛典赤·赡思丁，出生于中亚不花剌（今乌兹别克斯坦布哈拉）的穆斯林贵族家庭。成吉思汗西征时，赛典赤率部归附，担任成吉思汗的帐前侍卫。之后他出任过多地主官，具有丰富的基层行政经验。

此时赛典赤已经六十三岁，离京之前，元世祖在召见他时说：“我曾亲自去过云南，由于任人失当，那里局势不稳，现在想要选一个谨慎能干的人去治理云南，没有人比你更适合了。”

当时的云南王秃鲁担心赛典赤到任后与他争夺权力，做好了与他争权的准备。赛典赤明白这一点，他在到达云南之前，先派长子到云南拜访秃鲁，表明自己并没有和他争权的打算，并表示秃鲁可以派人与自己讨论如何治理云南。于是秃鲁便派了几位近臣去见赛典赤，赛典赤盛情款待了他们，并委以官职，允许他们参与管理云南事务。赛典赤的所作所为彻底打消了秃鲁的顾虑，在日后的政事处理上，他都尊重赛典赤的意见。

行中书省

元世祖建国后，在中央设立中书省，为了管理广袤的疆域，又在全国各地设立了十个行中书省，作为中书省的派出机构，简称十行省。刚开始，行省主官都是由中书省的高级官员出任的，后来，行省逐渐成为常设的地方组织，设丞相、平章等官，总揽该地区政务。行省制度是我国行政制度的一大变革。明朝建立后，行省变革为承宣布政使司，习惯上仍称行省，并简称为省，沿用到今天，成为地方一级行政区的名称。

元代至元通行宝钞壹百文钞版

积极改革，创建行省

至元十一年（1274年），赛典赤到达云南。他十分重视民情，在与民众接触的过程中，深感云南赋税、徭役沉重，百姓生活非常困苦。这主要是政出多门所致，当务之急是完善管理机构，统一号令。于是他任命段实为大理路总管，收回段氏统辖万户以下官吏的权力，将其权力范围限定在大理地区。随后赛典赤又奏请元世祖，正式建立了云南行中书省（简称行省），将其作为全省最高军政机关，宗王仅对行省行使监督、建议及重大军事行动的指挥权，并将行政中心由大理迁到中庆路治所昆明县（今云南昆明）。

大理国大日遍照佛坐像

赛典赤在创建行省的同时，也对云南的地方行政进行了改革。至元十二年，经忽必烈批准，赛典赤分别改万户、千户、百户为路、府、州、县，由总管、知府、知州、知县等行政长官执掌，层层节制，把分散的权力集中到行省，一切政务归行省执掌。政令一律出于行省，加强了中央王朝对云南的集权统治。从此，云南的行政区划建制与中原地区接轨，被直接置于中央政府的管辖之下。南诏、大理地区五百多年的割据状态宣告结束，而赛典赤在云南设置的许多行政区域的名称也一直沿用至今。

《张胜温梵像卷》（局部）

此画是宋代大理国白族画家张胜温的名作，又名《张胜温画卷》，绘制于南宋淳熙七年（1180年）。画卷描绘了一系列佛教人物、故事，以及大理国王率领百官礼佛的壮观场面，全面反映了大理国时期的文化面貌，具有重要的艺术价值和历史研究价值。

正确处理民族关系

云南地形复杂，民族众多，过去的统治者都是以武力征服这些民族，导致当地百姓经常发生抗争，无法进行有效统治。赛典赤到云南后，认为武力征服不如德政安抚，他正确处理民族关系，逐步平定了云南各民族的反抗。

赛典赤主政云南期间，元江禾泥（今哈尼族）的萝槃王抗拒行省制度，发起叛乱。赛典赤面带愁容率军出征，随从劝慰他不必忧虑。他说："我不害怕打仗，而是害怕将士们阵亡，担心打仗使得地方老百姓不得安宁。"

当部队开到萝槃城下，赛典赤派人劝降萝槃王。萝槃王口头答应，但阳奉阴违，并没有按照约定时间投降。赛典赤的部将主张强攻，赛典赤不同意，他再次遣使向萝槃王晓以利害。萝槃王无动于衷，将士们纷纷向赛典赤请战，还有部分前线将士开始强行进攻。赛典赤非常生气，他对诸将说："皇上命我安抚云南，并没有让我杀人啊！没有将令而擅自动武的，按军法当斩。"他当即下令处置了违反军令的军官。

元彩绘蒙古人驭马俑

萝槃王听说此事后，感慨道："赛典赤如此宽宏大度，我若继续抗命，是不识时务啊！"他随后开城归顺。其他民族的百姓听闻此事，也纷纷诚心归顺。

赛典赤在推进云南行省建设时，从云南多民族的实际出发，注重委任各地民族首领担任世袭长官。在行省和宣慰司的高级官吏中，除了中央政府根据需要任免调遣的"流官"以外，他都奏明朝廷，选任了不少当地的土官、首领。

治理滇池，发展民生

云南昆明东南的滇池，又称昆明湖，是当地非常重要的水源。赛典赤主政云南之初，滇池水量不稳，有时湖面缩小，水位下降，有时又泛滥成灾，严重影响附近居民的生产生活。

赛典赤通过实地考察，查明滇池水患是因为上游盘龙江与出水口螳螂川河道自然淤塞造成的。他认为治理滇池的根

本是拓宽出水口，疏通螳螂川河道，使滇池的出入水量保持平衡，于是派三儿子与熟悉水利的官员治理滇池。他们组织百姓疏浚河道，同时在盘龙江上游修筑松花坝水库，拦洪蓄水，在出水口筑闸以控制滇池水位，这样就减少了夏秋季节滇池泛滥对沿岸百姓的威胁。

主政云南期间，赛典赤还积极清查户口，设立多处屯田区，积极引进中原地区优良的稻、桑、麻品种及先进的种植技术；降低赋税，促进工商业发展；修筑道路，设置驿站，繁荣商旅。虽然赛典赤是穆斯林，但他顺应当地文化，在云南建立了第一座孔庙，有力促进了云南文教事业的发展。

至元十六年，赛典赤因劳累过度死于任上。后人对赛典赤评价很高，认为他治理云南的六年，让云南焕然一新。赛典赤对国家的统一和云南社会经济的发展做出了重大贡献，真正做到了造福一方。

赛典赤去世后，云南百姓十分悲痛。元世祖下诏云南行省的后继者要恪守赛典赤制定的规范，不得擅自更改，并追封他为咸阳王，将他葬于昆明城外。赛典赤的墓地保存至今，为了纪念赛典赤，昆明人民还修建了咸阳王庙、报功祠和忠爱坊等。（杨力源）

土官和流官

秦汉时期，为了招抚笼络边远地区的民族，朝廷采取“以夷制夷”的方式，在基本保持当地社会组织和管理方式的前提下，通过一定的经济和物质利益，在民族地区设立了一系列特殊行政单位，这便是所谓的“羁縻政策”。元朝时，羁縻政策发展为土官制度，中央政府完善了各项规定，任用当地土著首领为世袭官吏，称为“土官”，到明朝中后期也称“土司”。这一措施进一步加强了中央政府对民族地区的控制。和世袭土著首领“土官”相对的，则是由中央任命、任期有限的“流官”。

云南昆明赛典赤·赡思丁墓

郭守敬修渠编历

郭守敬是元代著名的科学家，他不但编订了计时精确、通行数百年的《授时历》，还兴修完善了许多水利工程。他用自己的科学才能，服务于国计民生，并成为后世效仿的楷模和榜样。

少年好学初显才

郭守敬是邢台人，他的祖父郭荣是一位学识渊博的学者。郭守敬从小就在祖父身边耳濡目染，学习了各类知识。郭荣的好朋友刘秉忠是忽必烈的重要幕僚，后来刘秉忠因为父亲去世，回乡守孝三年。在这期间，少年郭守敬跟着刘秉忠及其身边的学者朋友学习，在天文、算学、历法等方面有了很大的长进。

郭守敬从小就有很强的动手能力，喜欢钻研探索。十五六岁的时候，郭守敬偶然看到一幅拓印有宋代计时仪器“莲花漏”的图样。当时，莲花漏的制作方法已经失传，郭守敬凭着自身所学，探明莲花漏的原理，把这件失传的仪器复原了出来。

郭守敬成年后，受家乡地方官员邀请，参与修整河道的工程。当时，邢台城北有三条河道，历经战乱，年久堵塞，严重影响当地的交通运输和农业生产。郭守敬接受任务之后，通过现场调查，很快就制订了细致的修整规划。他指挥、调集400多人，仅用40天时间就疏通了河道。河水被顺畅地引向下游，既方便了交通，也为农田灌溉提供了便利。

郭守敬雕像

郭守敬初露头角就获得了成功，这次水利工程的成果还被当时的大文学家元好问记录在《邢州新石桥记》一文中。

历之本在于测验，而测验之器莫先仪表。

——［元］郭守敬

步入仕途修河渠

中统元年（1260年），刘秉忠的好友张文谦升任中书左丞，他邀请郭守敬与他一起赴任，在任职之地修复农业水利工程。几年后，张文谦向忽必烈推荐了郭守敬，之后郭守敬便一直担任主管水利的官职。

至元元年（1264年），忽必烈派郭守敬考察西夏故地的河渠。这里属于河套平原西部，曾是重要的农耕区，但因为连年战争的破坏，河渠破败失修，土地荒废。郭守敬对这里的河渠进行修整，修复旧渠，开挖新渠，一年之内便让河渠恢复通畅。农田得到灌溉，良田遍野，郭守敬受到当地百姓的爱戴。

第二年，郭守敬返回京城，被忽必烈任命为

莲花漏

莲花漏是由北宋学者燕肃发明的刻漏计时仪器。它利用多级漏壶和虹吸效应，大大提升了计时精度，能够将一天的计时误差控制在几十秒之内，是当时最准确的计时仪器之一。莲花漏设计精巧，计时准确，制作简单，便于推广，很快风行全国。

都水少监，掌管全国的河渠水利工程。返京途中，郭守敬仍不忘继续考察，积累了许多第一手资料。

太史造仪编历法

随着元世祖忽必烈统一中国，郭守敬年轻时的天文爱好也派上了用场。至元十三年，元世祖下令成立太史局，专门负责编修新历的工作。郭守敬因为通晓天文，也被抽调过去从事历法编修工作。

当时的天文仪器大多是金朝遗留下来的，有些甚至是金军攻下北宋都城后抢来的，不但年久失修，也不适合在纬度更高的大都使用。于是郭守敬陆续设计了十几种天文仪器，其中既有简仪、仰仪、候极仪等观测用的仪器，也有浑天仪、日月食仪等演示天象的仪器，能够提供远比过去精确的观测结果。

制造新仪器的同时，郭守敬和太史局的其他官员开始着手进行天文观测。郭守敬并不满足于单一地点的观测数据，他说服元世祖，在元朝全境建立了27个观测点，用来精确测量日月食的时刻，了解各地昼夜长短差异，为编制历法提供更充分的数据参考。这是中国古代乃至世界范围内一次规模空前的天文测量活动，因其观测点遍布各地，历史上称其为“四海测验”。

至元十七年，新历法终于修成，元世祖将其命名为“授时历”。这是中国古代最精确、最先进的传统历法。郭守敬推算出一回归年为365.2425天，即365天5小时49分12秒，与地球绕太阳公转一周的实际时间只差26秒。这一结果和现在世界上通用的《格列高利历》的周期一样，但《授时历》要早300多年。从次年开始，《授时历》正式使用，一直用到元朝灭亡。明代的《大统历》实际仍然采用《授时历》的内容，因此《授时历》实际使用了360年。这是中国古代通行时间最久的历法，由此可见《授时历》在数百年应用中的准确可靠性。

河南登封古观星台

郭守敬当年修造的大型圭表至今还保留在河南登封古观星台，这也是中国现存最早的古代天文台建筑之一。和传统的圭表相比，郭守敬修造的圭表体积更巨大，如此一来，圭表投射的日影变化将会更加明显，方便观测者读数。

通惠河成济漕运

至元二十八年，年届六旬的郭守敬受元世祖之命，解决通州到大都的漕运问题。当时，从南方通过京杭大运河运来的漕粮只能在通州码头卸货，再通过陆路转运到大都。虽然这段路途只有50多里，但它严重制约着漕粮的运输效率。

简仪模型

早在两千多年前，中国古人就发明了用来观测天象的浑仪。浑仪的结构比较复杂，也容易出现机械故障，因此郭守敬简化了浑仪的结构，发明了结构简单、使用方便的简仪。

郭守敬经过仔细勘测，在大都西北发现了水流量充沛的白浮泉。按照郭守敬的设计，先将白浮泉水向西引流到瓮山泊（今颐和园昆明湖），水源在此汇聚后，沿着通往大都的河道注入积水潭（今什刹海），再向南引流到金朝修建的运粮闸河，最后一路向东流向通州。这样就可以让河道始终高于大都，保持水流充沛，解决漕运问题。

至元三十年秋，这条全长82千米的人工运河终于竣工。通过这条运河，南方来的漕运船只可以直接汇聚到大都积水潭码头，大都因此出现了一派“舳舻蔽水”的繁荣景象。元世祖将这条运河命名为“通惠河”，它的修通不仅解决了元朝的漕粮运输问题，也大大促进了南北方的物质文化交流。（王　钊）

回归年

在地球人看来，一回归年中，太阳绕黄道运行了一圈，回到了最初的起点，这就是回归年名称中“回归”的由来。事实上，每个回归年的长度都是不同的，由于地球公转速度的变化，选取不同计时起点，得到的回归年长度也有所差异。我们今天所说的回归年长度，是以春分为基准，计算多个回归年长度的平均值。而在中国古代，回归年的计算起点是冬至。

明代吴仲所撰《通惠河志》中的“通惠河图”

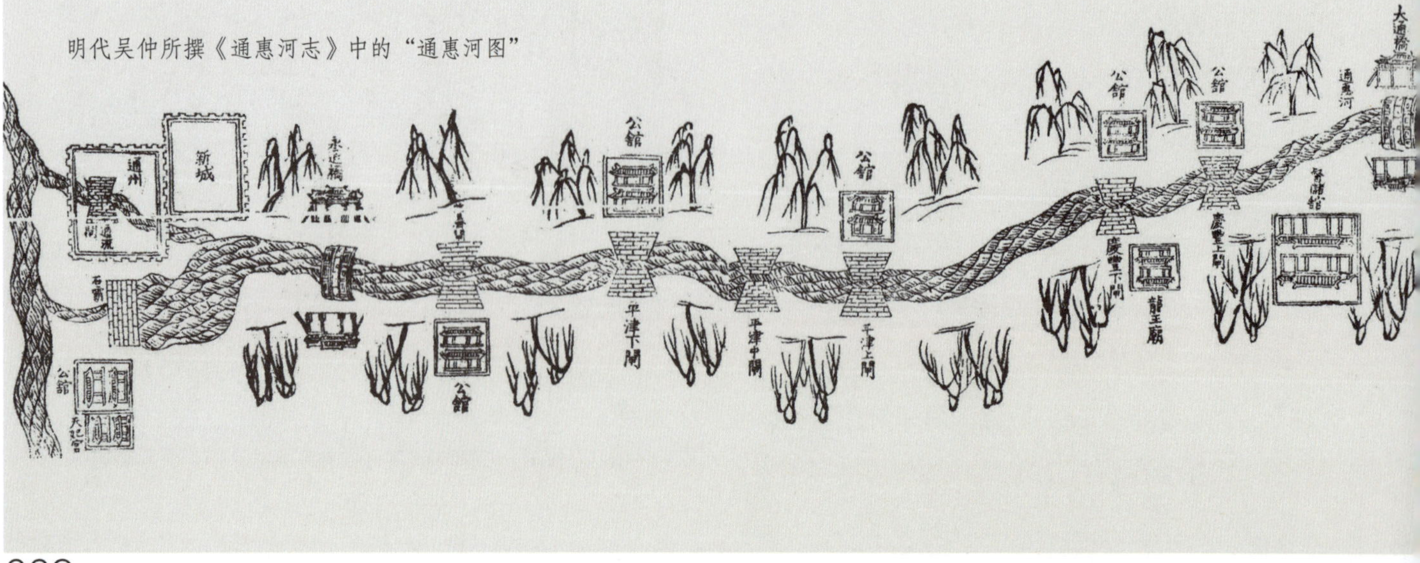

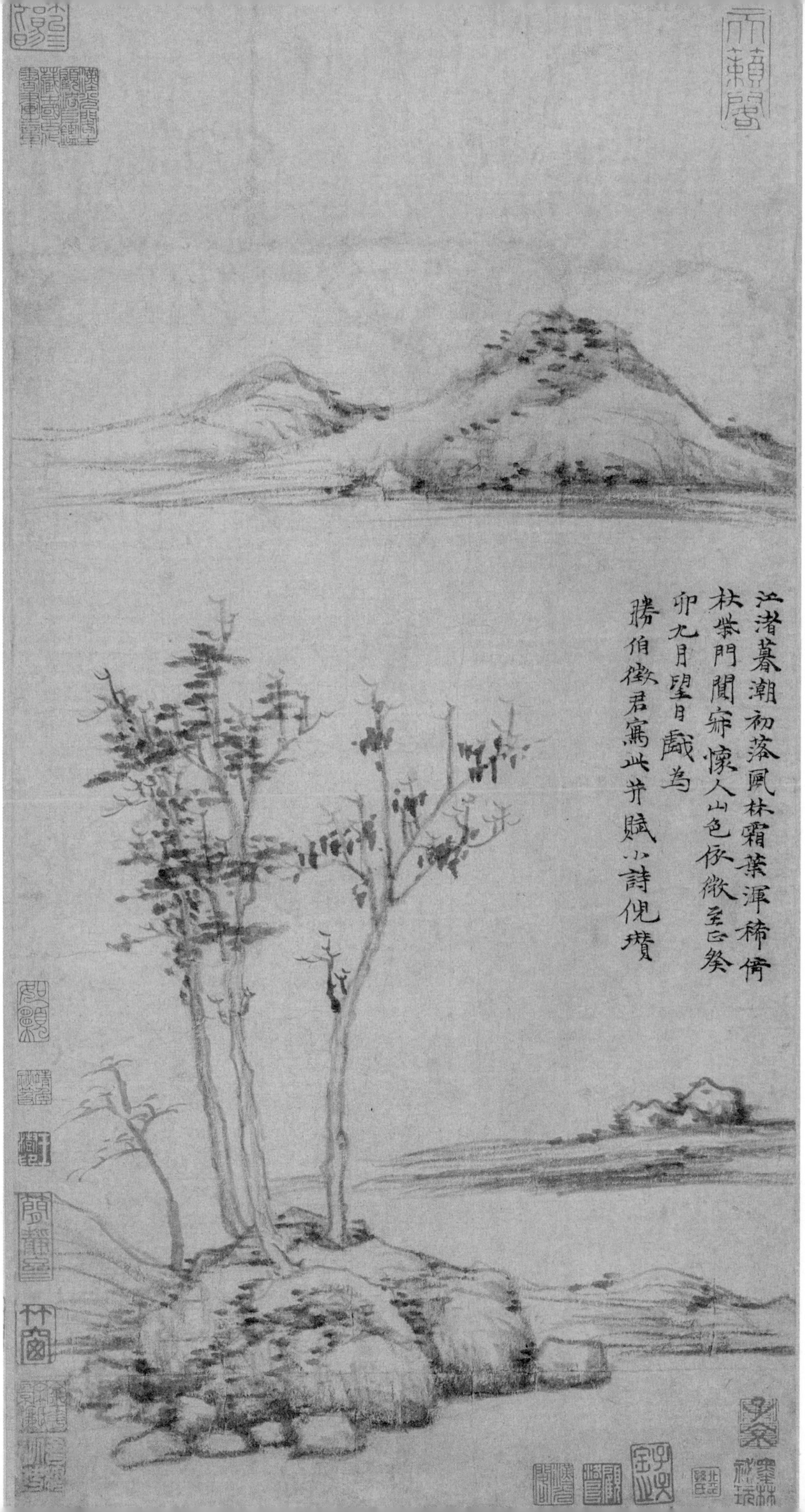

[元] 倪瓒
《渔庄秋霁图》

书画大家赵孟頫

蒙古人建立元朝之后，为了稳固政权、笼络民心，在南宋宗室中物色到了文艺全才赵孟頫，并加以重用。身为宋朝宗室的赵孟頫在元朝做官，心理异常矛盾，他将后半生的精力投入书法、绘画和文学创作之中，终成有元一代的书画大家。

宋朝宗室仕新元

至元二十三年（1286年），行台侍御史程钜夫奉元世祖之命到江南寻访贤良。在程钜夫物色的二十多人中，名列第一的是一位身份特殊的江南才俊。他善诗文、书法、绘画、音律，是一位非常难得的全能型文艺天才，他就是赵孟頫。

赵孟頫，字子昂，号松雪道人，湖州人。他是宋太祖赵匡胤的十一世孙、秦王赵德芳的嫡传子孙，地地道道的赵宋宗室，出身显赫。他被单独引见入宫，觐见元世祖，受到赏识，从此在元朝做官直至晚年，一直受到皇帝的宠遇。

赵孟頫自画像

在元朝入仕为官的赵孟頫，一方面受到元朝政府重视，仕途相对顺畅；但另一方面，他的心理却极度矛盾。身为南宋宗室，却为灭亡了宋朝的元朝政府效力，这与儒家的“忠君”思想大相违背。赵孟頫将心中的郁结通通排遣到书法、绘画、文学等创作中，异乎常人的天资和不懈的实践，使他成为有元一代无人可以比肩的书画巨擘。

不假丹青笔，何人写远愁？

——［元］赵孟頫

法集二王一代师

赵孟頫可称书法全能，楷、行、草、隶、篆等书体都很擅长。他继承了前人大家的众多优点，博采众长，创造出属于自己的书法风格。他的书法字体秀美遒劲，世称“赵体”。元代是一个书法复古的时代，赵孟頫是元人中唯一集晋唐书法之大成者。由于他在楷书方面的突出成就，后人将他与唐代的欧阳询、颜真卿和柳公权并称“楷书四大家”。

赵孟頫的行书也很出名，他在王羲之的《兰亭集序》上用功最深。因为东晋王羲之和王献之的墨迹没有传世，所以赵孟頫的行书就成为后人学习二王书法的入门之选。他还工于篆刻，并以“元朱文”著称。

赵孟頫对书法的贡献不仅表现在作品上，他还在书法理论方面颇有见解。比如，他提出了学习书法的两大要素：一个是笔法，另一个是字形，两者缺一不可。如果笔法不精，字形再精准也不好看；反过来，如果字形不过关，笔法再熟也不精到。后来，他又提出了被后世书法界奉为经典的理论：“结字因时相传，用笔千古不易。”大意是说，字形会随着时代的变迁而变化，但用笔，自古至今都是一样的。

元朱文

元朱文是一种区别于汉代白文印章的朱文印章流派。朱文就是阳文，指碑碣、印章的文字刻铸成凸状。用这种刻法刻出的印章，盖到纸上之后的效果是黑（红）字白地。

元朱文是红字白地，它的风格特点是小篆入印、静雅秀逸、篆刻工稳。虽然叫元朱文，实际上它起源于宋代，元代时，因吾丘衍、赵孟頫等人的印章风格发展成熟而得名。

赵孟頫元朱文印章

自左至右依次为水精宫道人、赵孟頫印、松雪斋。

多体皆擅的书法造诣，使赵孟頫成为元代书坛的领袖。同时代的书法名家，如鲜于枢、邓文原、揭傒斯等都与赵孟頫是好友。鲜于枢、邓文原与赵孟頫在书法上齐名，被称为“元初三大书法家”。谦虚好学而多友，也是赵孟頫成为一代书法大家的原因之一。

除了书法，赵孟頫在绘画上的功夫也很全面。他吸收了南北绘画的优点，既能画笔法工整细致的工笔画，也能画笔法奔放、表达意境的写意画，对山水、人物、花鸟、马兽等题材都很擅长。他将工笔与写意的风格融汇统一起来，开创了元代绘画深厚含蓄的画风。

在绘画理论上，赵孟頫别出心裁，提出“作画贵有古意”，使北宋以来工艳琐细的画风向质朴

[元] 赵孟頫《秀石疏林图》

书画同源

中国传统绘画与书法关系密切，尤其是在笔墨的运用上，有着相近的规律。唐代艺术理论家张彦远在《历代名画记》中，首次阐述了书画同源的问题，而赵孟頫也在自己的画作《秀石疏林图》上题说："石如飞白木如籀，写竹还应八法通。若也有人能会此，须知书画本来同。"直接表达了书画同源，书法与绘画笔法相通的看法。

自然的风格转变；又提出了"云山为师"的主张，强调画家实践功夫与写实技巧的重要性。

赵孟頫在唐代王维"以诗入画"观念的基础上，提出了"书画同法，以书入画"的观点，认为书法和绘画的原理、法则是一致的，书法的技巧可以运用到绘画中去。比如，书法中的飞白法，是一种枯笔露白的技法，如果用来画石头，可以增加石头的质感；用书法中大篆的笔法画枯树，枯树的遒劲和苍老就能更好地表现出来；若用楷书的笔法画竹子，就能避免琐碎的感觉……他的这些理论，对后世的中国画产生了很深的影响，这是他在绘画领域的另一重大贡献。

翰墨丹青三代人

除了书画，赵孟頫的诗文也很出色，元仁宗甚至把赵孟頫比作唐代的李白和宋代的苏轼，可见他在元朝的文学艺术地位之高。他的妻子管道昇，儿子赵雍、赵奕的书画也很好，元仁宗曾把他们的书法作品用玉轴装帧起来，盖上御印，藏在秘书监，并说："要使后世知道我朝有一家夫妻、父子都是书法大家，也是一大奇事。"

不过，这句话说早了，在赵孟頫的影响下，除了妻子管道昇，儿子赵雍、赵奕外，他的女儿赵由皙和孙子赵麟、赵凤，外甥崔彦辅，外孙王蒙，孙女婿崔复都擅长书画。尤其是赵孟頫的外孙王蒙，绘画成就更是了得，是"元四家"之一。一家三代皆擅长书画，这在整个中国书画史上也是不多见的。

很多人折服于赵孟頫的书画诗文，却不知他的管理才能也很出众。赵孟頫曾任同知济南路总管府事，他到任后大力兴学，做出了可观的政绩。三十年后，济南路（治今山东济南）出了不少优秀人才，天下闻名。（杨加深）

赵孟頫行草书法《庶子泉石篆诗册》

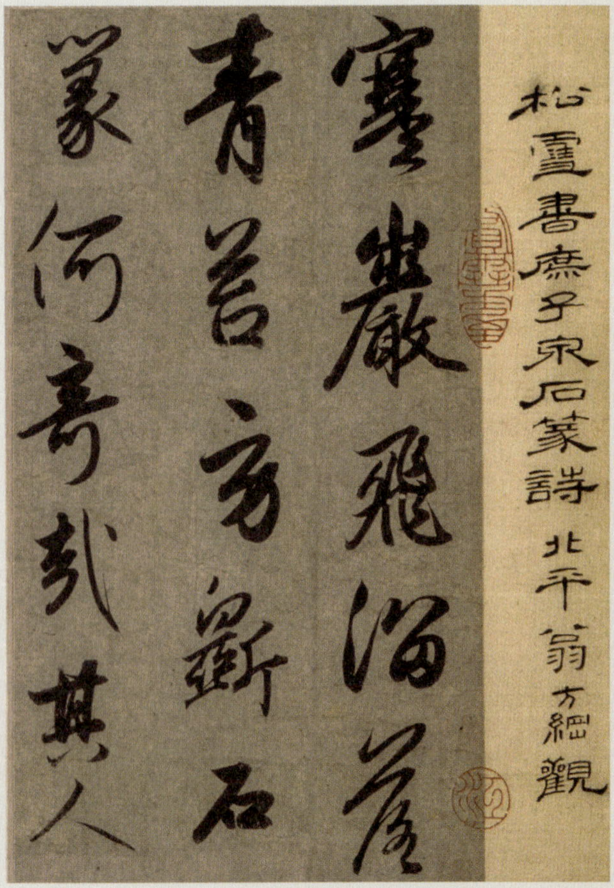

马可·波罗游中国

蒙古人建立了地跨亚欧、疆域辽阔的庞大帝国。为了巩固统治，方便交通，蒙古统治者修建了完善的驿站和道路，极大地加速了亚欧大陆的文化交流。许多西方旅行者来到中国境内，其中最著名的，便是威尼斯商人马可·波罗。

万里迢迢来中国

13世纪中叶，马可·波罗出身于威尼斯共和国（旧时意大利北部的城市共和国）的一个商人家庭。当时，威尼斯垄断了欧洲和地中海东岸的贸易，是整个欧洲最富庶的国家之一。马可·波罗的父亲和叔叔就是庞大的威尼斯商人群体中的一员。

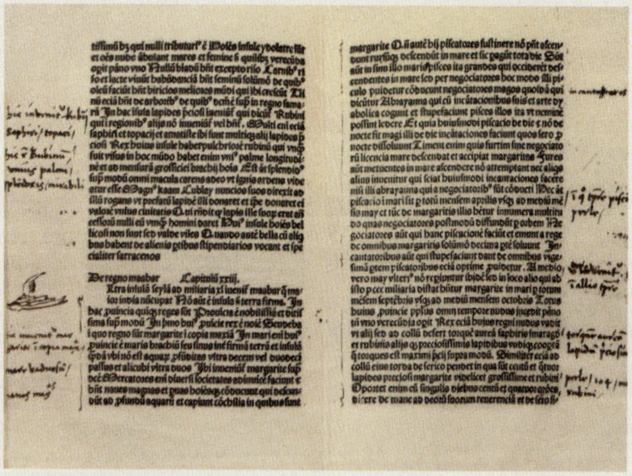
De regno maabar Capitulũ xxiij.

《马可·波罗行纪》书影，旁边有航海家哥伦布的笔记

马可·波罗所生活的年代，正是世界历史中所谓的“蒙古和平”时代。蒙古人东征西讨，扫清了亚欧大陆的国界壁垒，为这片大陆带来了近两百年的和平。当时有句谚语：“一个手拿金块的少女可以安全地从帝国的一端旅行到另一端。”得益于蒙古人的驻军、便捷的驿站以及统一的关税制度，亚欧大陆两端的交通变得前所未有的便捷。马可·波罗的父亲和叔叔都积极参与到亚欧大陆的长距离贸易之中，获益颇丰。

马可·波罗是哪里人

传统说法认为，马可·波罗出生于今意大利威尼斯，但也有资料显示，马可·波罗其实来自克罗地亚沿海的科尔丘拉岛。这座岛上至今还留存着据说是马可·波罗故居的古建筑。在中世纪，科尔丘拉岛是威尼斯共和国的一部分。不管怎样，马可·波罗来自当时的商业强国威尼斯，这是没有争议的。

意大利热那亚执政官官墙上绘有马可·波罗头像的马赛克

马可·波罗小时候，他的父亲和叔叔到东方经商，正巧碰上了元世祖的使者。了解到元朝的情况后，他们对中国产生了浓厚的兴趣，于是跟随使者一路长途跋涉，来到中国，拜见了元世祖。

元世祖向他们详细询问了西方各国的情况，派使臣与他们一起出使罗马，并写了一封信，请他们转交给罗马教皇。父亲和叔叔回到故乡后，经常给小马可·波罗讲他们在东方的见闻。

“蒙古和平”时代的旅行家

与马可·波罗同时，有许多旅行家穿行于亚欧大陆两端，如从大都出发，前往欧洲的列班·扫马，从泉州出发，足迹遍及亚洲、非洲、大洋洲的汪大渊，以及从北非出发，途经钦察汗国、德里苏丹国来到中国的伊本·拔图塔等。其中伊本·拔图塔的旅行经历最为丰富，他是当时旅途距离最长的旅行家。他们留下的游记至今仍是我们了解这一时期世界历史的珍贵资料。

阿拉伯旅行家
伊本·拔图塔和导游

至元八年（1271年），马可·波罗的父亲和叔叔拿着新任教皇给元朝皇帝的回信和礼品，带着十七岁的马可·波罗和教皇派的教士等人，一起出发前往中国。一行人从威尼斯出发，穿越了地中海和黑海，经过两河流域来到中东古城巴格达。这时，教皇派来的两名教士感到路途太过艰难，便打了退堂鼓，不愿再继续前行。

从巴格达往东，到波斯湾出海口霍尔木兹，就可以乘船直接驶往中国了。此时放弃的话就太可惜了，马可·波罗和父亲、叔叔一起，坚定信心，决定继续走下去。然而旅途不会一帆风顺，在一个小镇上过夜时，马可·波罗一行人被强盗洗劫一空，还被强盗关了起来。半夜里，马可·波罗和父亲逃了出来，他们想办法救出了叔叔，可别的旅伴却不知所终。

他们三人义无反顾地继续前行，千辛万苦来到霍尔木兹，足足等了两个月，都没有等到去中国的船只，只好改走陆路。他们沿着古老的“丝绸之路”，穿过中亚，翻过帕米尔高原，终于在至元十二年夏天来到了元朝的上都。

十七年中国行

时隔十年，马可·波罗的父亲和叔叔终于带回了教皇的回信和礼物，元世祖非常高兴。他很赏识马可·波罗这个胆大心细的年轻人，特意请他们进宫讲述沿途见闻，并带着他们一起前往大都。

作为一个商人，马可·波罗对大都繁荣的经济大为称奇，大都的街道、商店、商品……还有元朝发行的纸钞，这些都让马可·波罗惊呆了。在当时的欧洲，连纸张都不多见，更不用说用纸制作的钱币了。

伊利汗国阿鲁浑汗写给教皇尼古拉斯四世的信

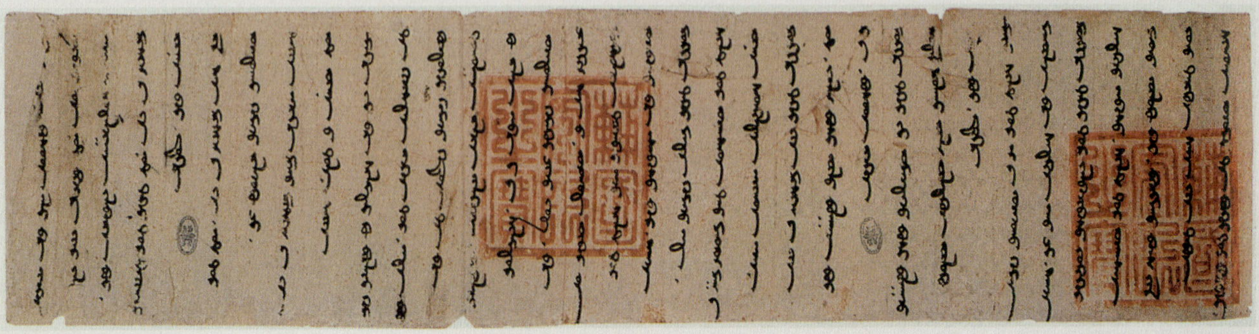

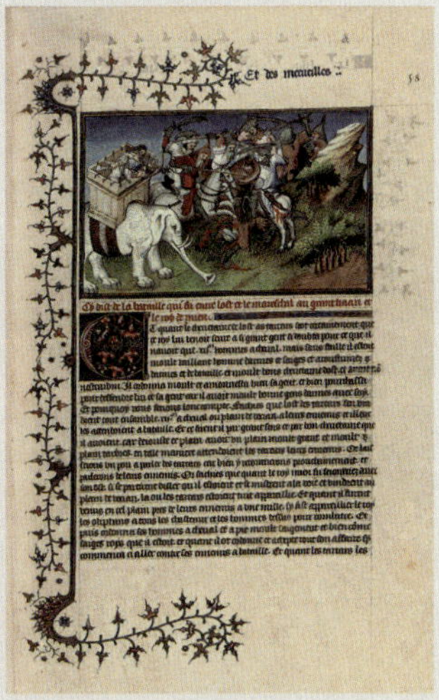

元朝与缅甸蒲甘王朝战争场景

此图选自13世纪末的《马可·波罗行纪》抄本。

在中国期间，马可·波罗的足迹遍及各地，他还在扬州做过三年官。元世祖很器重他，命他到各省巡视，还派他出使东南亚各地。每到一处，马可·波罗总会详细考察当地的风俗、地理，回到大都后再向元世祖汇报。

狱友撰写《马可·波罗行纪》

马可·波罗在中国住了十七年，他非常想念家乡，多次向元世祖辞行，都没被批准。后来，伊利汗国的汗王派使臣向元朝皇室求婚，元世祖命马可·波罗和他的父亲、叔叔护送公主阔阔真出嫁。他们从泉州出发，经海路前往波斯的伊利汗国。马可·波罗一行人于至元二十九年年初离开中国，经苏门答腊、印度等地到达波斯。几年后，马可·波罗终于回到了他的家乡威尼斯。

后来，威尼斯和热那亚两大商业强国发生战争，马可·波罗参战，不幸被俘。他在狱中跟别人分享了自己的东方见闻，同监狱的比萨人鲁思梯谦记下了马可·波罗的故事，这便是举世闻名的《马可·波罗行纪》。

在游记里，马可·波罗描述了一个美丽、富饶的东方国家——中国。马可·波罗形容大都是一座方形的城市，有一道高高的土墙围绕全城。城墙开设有十二座大门，每个城门上方都有一座壮丽的楼阁。整个城区规划得像个棋盘，设计十分精美，非言语所能形容。他还在游记中用详细的笔墨介绍了卢沟桥的规模和样式，因为他的介绍，西方人称卢沟桥为“马可·波罗桥”。

这本书大大开阔了欧洲人的视野，激发了他们对东方的向往。著名航海家哥伦布是《马可·波罗行纪》的热心读者，他阅读并批注的《马可·波罗行纪》，至今还保存在里斯本的博物馆里。一些欧洲地理学家甚至还根据《马可·波罗行纪》画出了早期的“世界地图”。可以说，《马可·波罗行纪》是推动哥伦布以及西方探险家向世界各地进发的动力之一。（李照明）

马可·波罗来过中国吗

历史上，人们对《马可·波罗行纪》的真实性一直存在争议，争议的焦点就在于马可·波罗本人到底有没有来过中国。

怀疑者的理由是，中国有着深厚的历史传统，马可·波罗自称在中国生活了十七年，但是中国的官方历史中，并没有出现过关于马可·波罗的记载。马可·波罗说他在扬州做过三年官，扬州地方志中也没有相关记载。

另外，在《马可·波罗行纪》中，很多关于中国的地名和器物名都来自波斯语的音译，而不是汉语或蒙古语的音译。因此，有学者推论马可·波罗可能并没有到过中国，而是在波斯经商时，从波斯商人那儿听到了许多关于中国的事情。

穿着游牧民族服装的马可·波罗

山西芮城永乐宫元代壁画（局部）

王祯编修《农书》

元代农学家王祯通过自己的农业实践和资料搜集，完成了集大成的综合性农业著作《农书》。这部巨著结合了中国南北方的农业生产经验，全面记录了当时的农业技术，对后世的农业发展和农书写作影响巨大。此外他还设计了转轮排字架，改良了活字印刷术。

为官各地记农桑

中国古代各朝的统治者都非常重视农业，以农业为立国之本，因为它不仅关系到百姓的温饱，更牵动着政局的稳定。历代入仕的读书人往往也很关注农业生产实践，更有一些有远见的官员在任职期间留心各地农业技术，日积月累地将这些知识收集整理起来。

元代的王祯就是这样一位留心农事的地方官员。他出生于山东东平，年轻时曾在大都为官，足迹遍及北方各地。后来，他在安徽旌德和江西永丰担任地方官，在此期间对南方各地的农业发展状况进行了细致的调查。

有了这些南北方农业调查的实践经验后，王祯在旌德县任上就开始着手研究、整理这些资料。历时数年，一直到元大德四年（1300年）前后，终于完成了《农书》一书的编撰。

《农书》中描绘的水轮

水轮以水为动力，可以带动石磨、风箱等。

四大农书

王祯的《农书》，被誉为中国古代“四大农书”之一，其他三部分别是西汉氾胜之的《氾胜之书》、北齐贾思勰的《齐民要术》、明代徐光启的《农政全书》。

《农书》体例有巨细

《农书》是一部包罗万象的综合性农业指导书，全书共计13.6万字，插图306幅，整部书大致可分为三部分，分别是《农桑通诀》《百谷谱》和《农器图谱》。

《农桑通诀》是农学总论，分别介绍了农业种植的天时、地利，作物的灌溉、栽培和收获，以及桑蚕和禽畜的养殖等。尤其可贵的是，王祯在这部分专门设置了“粪壤”专论，首次详细讨论了如何增加土地肥力，并总结出多种制作农家肥的方法。这种土地增肥法既有利于维护生态环境，也能够提升农业种植的可持续性，是中国精耕细作农业的最大特色之一。

《百谷谱》搜集了当时南北方栽培的各种粮食、蔬菜、水果和经济作物，书中分别论述了各种作物的基本情况、栽培方法、使用途径。《百谷谱》中的不少作物信息和栽培方法都援引自之前的农书，但也有许多作者记录的最新信息。比如，书中“旱稻”条记载的“占城稻”，就是在宋元时期推广种植的新品种。

中国各地的农业条件差别很大，千百年来，人们因地制宜，发展出了各种农具。传统书籍中对农具的介绍很少，各种先进设施经常面临刚发明就失传或推广困难的问题。王祯在考察各地农业时意识到了这一问题，因此对各种先进农具和设施极为关注，他在《农器图谱》中详细记载了二十大类与农业生产相关的器具和设施，这部分篇幅占到了《农书》的五分之四，是全书最主要的部分。

《农书》中描绘的各种水磨

为了克服语言描述不清的困难，王祯在《农器图谱》中提高了插图的比例，保证每种农具或设施都至少有一幅插图。书中记录了许多当时最先进的农具和设施，如宋元时期耕犁由直辕变为曲辕、犁铧的改进、南方水田耕种使用的新型农具“耖（chào）”、新型灌溉设施“高转筒车”、粮食加工设施“水击面罗”等，成为中国已知最早的文图结合的农具史料。明代徐光启的《农政全书》和清代官修的《授时通考》都从《农器图谱》中征引摘录了大量图像和文字。

南北农业相比照

在王祯之前流传的农书，受限于作者的考察范围，以及当时农业的发展情况，大多只介绍黄河流域的经验技术。《农书》则大不相同，它包罗了南北方的农业成就，还有许多将南北方农业技术互相比较的例子。

比如，书中指出了南北方收割粟米方式的差异：南方收粟用粟鋻（jiān）摘穗，北方用镰刀割穗；摘桑叶，北方砍枝条而很少直接上树摘桑叶，南方则相反。王祯认为年年砍枝，树木容易早衰；总是摘叶，枝条容易荒芜，所以要将采叶和砍枝相结合，这样才利于维持桑树产量稳定。

以上这些对南北方农业技术的比较，一方面源于作者在南北方的考察实践，更重要的是王祯有一颗思辨之心。他将南北方农业进行对比研究，在比对中展现各自的优缺点，为之后各地的人们依照本地区特点开展农业生产提供了必要的参考。人们在阅读此书时可以扬长避短，从而最大化发挥这部农书的指导价值。

《农书》中描绘的水排

水排可以通过水力鼓动风箱，用来冶炼金属。

转轮排字效率高

王祯不仅是杰出的农学家，还是优秀的机械设计制造家，他对木活字印刷的广泛运用做出了可贵的贡献。当时已有木活字，在筹备印制《农书》时，为了提高工人检字排版的效率，王祯发明了一种转轮排字架。他让工人将活字分别排放在两个可以转动的大轮盘上，一个轮盘称“韵轮”，按字韵排字，另一个称为“杂字轮”，排放一般的杂字和使用频率较高的字。工作时，一个人读取所需木活字上的号码，另一个人坐在两轮之间，转动轮盘，拣取所需要的活字，这样就缩短了排版所需的时间，进一步提高了活字印刷的效率。

大德二年（1298年），王祯用这个新方法印制了《大德旌德县志》，不到一个月的时间就印制了近百本，印刷速度大大提高。他把这个方法写成《造活字印书法》一文，并绘制了“活字版韵轮图”，附在《农书》之后，记录了他对活字储存、拣选的改进方法。这是王祯继毕昇的胶泥活字版之后，对印刷技术做出的又一个重大改进，他的《造活字印书法》也成为中国印刷史上的珍贵文献。（王　钊）

《农桑辑要》

《农桑辑要》是元代官方颁布的一部综合性农书，成书于至元十年（1273年），是我国现存最早的官修农书。这部书内容多辑录自《氾胜之书》《齐民要术》，以及宋以来的多种农书，许多已佚失农书中的宝贵资料因此得以流传。它对元代初年农业的恢复起到了很大作用。“植棉数君子”中的孟祺、畅师文、苗好谦等人是《农桑辑要》的重要编修者。

《农书》中描绘的织机

元代的植棉与织棉

棉衣、棉被几乎每个人都用过，但是在中国古代，普通大众的衣服大多是用麻布缝制的。直到元代，在“植棉数君子”“松江黄婆婆”等人的推广下，棉花种植和棉纺织技术得以普及，人们才能穿上舒服的棉衣，盖上保暖的棉被。

由边疆传入内地的棉花

棉花原产于热带和亚热带地区，当它传入中国时，最先到达岭南、西北等边疆地区。我国古代利用棉花的历史很悠久，两汉时期，今海南、广东、广西等地就有了植棉和织棉的记载，当时棉布已经可以织得很宽，被称为“广幅布”。南北朝时期，新疆的棉花在文献中被称为“白叠子”，织出的棉布“甚软白”。可以说，中国最早的一批棉花种植与棉纺织高手，来自边疆各民族。

尽管如此，在元代以前，棉布在中国并不常见，当时的衣被大多是用麻布或丝绸制作的。宋末元初，棉花分南北两路逐步传入中原。南路由今海南、闽广经长江流域向北传播，北路由今新疆经甘肃、陕西传至华北各地。到了元明之际，棉花终于在全国范围内普及开来。

在棉花从边疆传入中原的过程中，边疆各族人民起了很大作用。例如，元初畏兀儿人燕立帖木儿，在陕西西乡县担任基层官吏时，走村过户，宣传植棉，在西乡县普及了棉花种植。《农桑衣食撮要》的作者鲁明善也是畏兀儿人，这位棉花专家用几句话讲清楚了棉花从种植到收获每个环节的要领：（种棉花时）先把种子用水

棉花

陆地棉和海岛棉

棉花的种类很多，有亚洲棉、草棉、陆地棉、海岛棉等。陆地棉原产于美洲，清代末年传入中国，如今全世界棉花产量的90%以上都是陆地棉。海岛棉纤维长、强度高，品质优良，也原产于美洲。知名的埃及长绒棉、新疆长绒棉，都属于海岛棉。

明代松江生产的蓝印花布

浸泡片刻，再从水中捞出，用土灰搅拌均匀。等到种子发芽了，在施了粪肥的土地上每隔一尺挖一个小窝，一窝放五至七颗发芽的种子。等棉苗长出来，若太稠密就除去几株，每窝里只留两三株长得旺盛的棉苗。然后频繁地锄地，并时常掐去苗尖，不要让棉苗长得太高。如果棉苗长得太高，就不结棉铃了。这样到八月间就可以收获棉花。

“植棉数君子”

新事物的普及不是一蹴而就的，棉花的推广种植也同样如此。刚开始，有许多人反对推广种植棉花，有人认为北方水土不宜种植棉花，还有人荒唐地断言：棉花来自海南、广西等瘴疠之地，带有瘴疠之气，怎么能大范围推广呢？但最终，棉花还是在各地农民的种植实践中普及开来。再加上部分政府官员的大力推广，元代的棉花种植技术有了显著提高，其中，“植棉数君子”的贡献很大。

明代学者徐光启在他编写的《农政全书》中记载，元代陕西在推广棉花种植时，很多州县以水土不合适为理由推诿。当时在孟祺、苗好谦、畅师文、王祯等“数君子”的努力下，棉花种植才逐渐得以普及。徐光启感慨地说：“如今，全国各地都享受到了棉花带来的好处，这才知道数君子当年的坚持有多么重要！”

“植棉数君子”都是著名的农学家，他们对棉花种植非常有研究。例如，

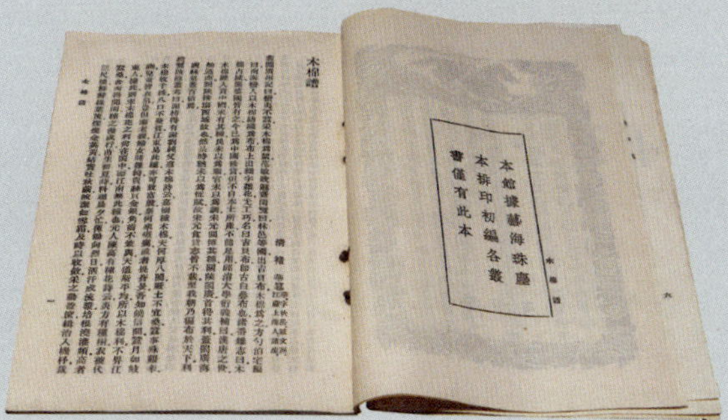

《木棉谱》书影

清代褚华撰。此书汇总了中国古代关于种植棉花的历史文献，详细介绍了棉花从播种到采摘的整套栽培技术。

王祯在他编撰的《农书》中，详尽记载了植棉和织棉技术，还配了浅显易懂的图示；孟祺、苗好谦、畅师文在《农桑辑要》中，详细总结了棉花从下种、浇水、间苗、打心到摘棉的系统技术。其中的“打心”是指在棉苗生长过程中及时去掉主干和侧枝上的顶芽，防止棉花疯长枝叶而不开花结棉。至今，打心仍然是棉花种植中的关键。

松江黄婆婆

随着棉花种植的推广普及，元代棉花纺织技术也不断提高。出生于松江府乌泥泾（今上海徐汇区）的黄道婆，就是位杰出的棉纺织专家。

黄道婆年轻时，流落到海南谋生。海南的棉纺织技术一直都比较发达，早在汉代，当地人就能织出很宽的棉布。南宋时期，海南的棉布，如黎幕、黎单、花被、缦单等都很有名。

黄道婆在海南生活了很多年，学会了当地的棉纺织技术。元贞年间（1295—1297），她从海南回到松江乌泥泾。当时松江一带的棉纺织技术还比较落后，没有好用的生产工具，人们处理棉桃籽还是用手剥，弹拨棉花用的还是细弱的“线弦竹弧”……黄道婆从海南带回了高效的纺织技术，跟木工师傅一起反复试验，改造出轧花车、弹棉椎弓、纺车等纺织工具，大大提高了纺纱效率，节省了人力。她还把在海南学来的更复杂的织布方法，如错纱、配色、综线、提花等，传授给乌泥泾的乡亲们。

明代松江棉布

元明时期，江南是中国纺织业最发达的地区之一，图为明代松江生产的白布、紫花布、高丽布。

崖州

历史上的“崖州”，一是指今海南三亚，二是指海南岛，意思是天涯海角之州。北宋时期，三亚地区曾被短暂命名为“崖州”，之后改名叫“吉阳军”。直到明清时期，三亚一带才被长久命名为“崖州”。因此，元朝诗文中的“崖州”，基本都是指海南岛。

元代文人曾这样记载黄道婆的贡献："崖州布被五色缫，组雾紃（xún）云粲花草。片帆鲸海得风归，千轴乌泾夺天造。"前两句是说海南岛棉布色彩丰富、图案漂亮，后两句则歌颂了黄道婆从海南岛回到家乡，为乌泥泾带来巧夺天工的织棉技术。

在黄道婆的影响下，乌泥泾很快就生产出质量上乘、花色美丽的乌泥泾被，赢得了"一被天下"的美誉，成为行销全国的知名产品。松江府也涌现出一千多家织棉户，成为当时全国最大的棉布生产中心。

当地百姓感激黄道婆的技艺和恩德，专门修建了"黄道婆寺"，民间也一直流传着这样的童谣：

黄婆婆，黄婆婆，
教我纱，教我布，
两只筒子两匹布。

歌谣里的"黄婆婆"，也许是指黄道婆，也许是指千千万万像黄道婆一样的织棉女性，又或者是二者综合而成的行业女神，就像远古的嫘祖被供奉为种桑养蚕的行业女神一样。元代之前，人们的衣服、被褥等，使用的主要是丝织品和麻布，源自桑麻。棉花的普及和推广，为中国人的衣、被提供了一种新的材料。棉花既可织布，又可填絮保暖，种植和纺织成本也远低于桑麻，因而极大改善了中国人，尤其是普通百姓的生活。棉布取代麻布、丝绸，成为最重要的衣被原料，这是中国衣被史上的一次巨大转折，被称为"桑棉之变"，也叫"麻棉之变"。（李　萌）

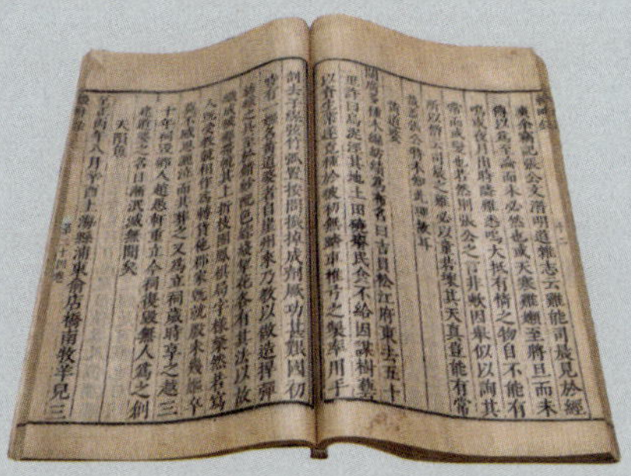

《南村辍耕录》书影

元代陶宗仪撰。这是较早介绍黄道婆事迹的文献之一。

上海徐汇华泾镇黄道婆墓

［元］赵孟頫《浴马图》（局部）

元曲四大家

唐有唐诗，宋有宋词，到了元代，元曲成为当时最盛行、最具代表性的文学形式。著名的“元曲四大家”留下了许多脍炙人口的戏曲名篇，至今为人们所津津乐道。

元曲“天下流行”

元代文人地位不高，诗词不如唐宋那么兴盛，失落的文人们将目光转向民间，记录下百姓的生活，推动了元代杂剧和散曲的发展，人们将这两者统称为元曲。因杂剧的成就更高，因此有时也将元杂剧称为元曲。

杂剧是元代最有成就的艺术形式，它是在宋杂剧、金院本和诸宫调的基础上吸收了多种词曲技艺发展而成的。元杂剧的剧本一般每本分为四折，每折用同一宫调的若干曲牌组成套曲，必要时可加楔子。角色有末、旦、净、杂等。元杂剧内容生动，题材多样，堪称当时社会的一面镜子。

元杂剧最初流行在以大都为中心的华北地区，到了元代中期，已经成为“天下流行”的全国性剧种。上至王公贵族，下至平民百姓，观赏杂剧成了人们日常生活的一种习惯。

散曲则是在宋金时期富有地方色彩的民谣、俚曲基础上发展而来的。和诗、词类似，散曲也可用于抒情、写景、叙事，但它没有说白和动作提示，便于清唱，有别于剧曲。散曲可分为单只的小令和成套的套曲。和诗、词相比，散曲的形式比较自由，更贴合口语，却也不失严谨和押韵。

元代前期，散曲作家们大多活跃于大都，从达官显贵到教坊艺人，作家身份的差异，使散曲呈现出丰富多彩的局面。到了元代后期，散曲的中心逐渐转移至杭州，出现了一批专攻散曲创作的作家。

元曲四大家的不同说法

元、明、清的评论家对元曲四大家的看法不一致，但关汉卿、白朴、马致远总是名列其中，争议点在于是否将《西厢记》的作者王实甫列入其中，替换掉郑光祖。另外，也有将王实甫和乔吉都列入其中，称“元曲六大家”的。

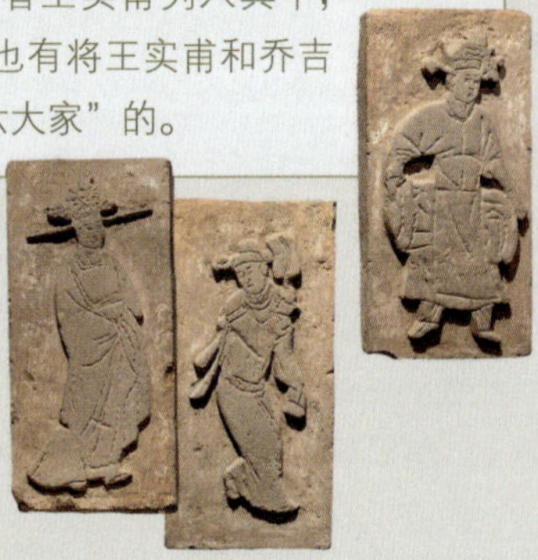

北宋杂剧人物砖雕

《西厢记》彩色插图

此图选自明代出版家闵齐伋刻印本。

古代刻本中的《梧桐雨》插画

元代留下姓名的数百位作家中，人们常把关汉卿、马致远、郑光祖、白朴放在一起，称为“元曲四大家”，他们分别代表了元代不同时期、不同流派杂剧创作的最高成就。

咏今怀古的白朴

元曲四大家中，最年长的是白朴。白朴字仁甫，号兰谷先生，金正大三年（1226年）生于南京开封府（今河南开封）。他的父亲、伯父都是金朝的进士，在金朝为官，并以诗名闻世。白朴的父亲与元好问是世交好友，两家人常以诗文唱和，往来甚密。

生活在这样的家庭，白朴从小耳濡目染，受到了良好的教育。他本该读书问学，博取功名，然而，他生活的年代恰逢金元易代，元灭南宋，统一中国。七岁那年，白朴亲身经历了蒙古军队对开封的围攻杀戮，短时间内，他遭遇了国破家亡、父母离散的人生巨变。在父辈的影响下，白朴形成了纵情山水、放浪形骸的人生态度，终生没有入仕。尽管他怀恋前朝，常因朝代更替、土地荒芜而悲伤感怀，但新时代的新生活也让白朴的内心波澜起伏，促使他摆脱旧观念，走上了反传统的道路。

白朴雕像

白朴既擅长杂剧，也精于填词，在词曲之间游刃有余。他的代表作《梧桐雨》，取材自唐玄宗与杨贵妃的故事。全剧层次井然、词句隽永、诗意浓厚，对清代剧作家洪昇的《长生殿》影响很大。此外，他还留下了《墙头马上》《天籁集》等传世作品。

“曲圣”关汉卿

关汉卿，号已斋叟，与白朴是同时代人。关于关汉卿的生平，我们所知不多，只知道他是大都人，很可能在元代太医院当过太医。据时人记载，关汉卿生得风流倜傥，为人幽默机智，博学多才，精通各种民间技艺和舞台艺术，有时还亲自登台演戏，是当时杂剧界的领袖人物。

关汉卿被许多评论家推为元曲四大家之冠。据史料记载，关汉卿编有杂剧67种，现存18种，其中以《窦娥冤》最为出名。《窦娥冤》讲述了窦娥不幸与冤屈的一生，表现了窦娥即使变成鬼魂也不屈不挠、坚持伸冤的精神，问世以来便深受民众的喜爱，更被誉为元代四大悲剧之首。

除了《窦娥冤》之外，关汉卿的知名作品还有《救风尘》《拜月亭》《望江亭》等，脍炙人口。

关汉卿的剧作题材多样，从社会现实到历史故事无所不包，显示了他对社会生活、世间百态敏锐的观察力。他的剧作充满了对底层百姓命运的关怀和同情，尤其是对底层妇女的关注和同情，

元杂剧名句

地也，你不分好歹何为地？天也，你错勘贤愚妄做天！哎，只落得两泪涟涟。

——关汉卿《窦娥冤》

恨无穷，愁无限，争奈仓卒之际，避不得蓦岭登山。銮驾迁，成都盼，更那堪浐水西飞雁，一声声送上雕鞍。伤心故园，西风渭水，落日长安。

——白朴《梧桐雨》

说什么大王、不当、恋王嫱，兀良，怎禁他临去也回头望！那堪这散风雪旌节影悠扬，动关山鼓角声悲壮。

——马致远《汉宫秋》

碧云天，黄花地，西风紧，北雁南飞。晓来谁染霜林醉？总是离人泪。

——王实甫《西厢记》

雕檐外红日低，画栋畔彩云飞。十二栏干，栏干在天外倚。我这里望中原，思故里，不由我感叹酸嘶，（带云）看了这秋江呵，越搅的我这一片乡心碎。

——郑光祖《王粲登楼》

清代画家绘制的《窦娥冤》插画

这也是关汉卿杂剧的显著特点。在他流传下来的18种杂剧中，“旦本”戏就占了12种。他笔下那些被侮辱、被损害的女性人物，以自己的勇敢、智慧进行顽强的反抗和斗争。关汉卿的杂剧深刻揭露了社会现实，对黑暗、丑陋的社会现象进行了辛辣的讽刺和批判，曲词浑朴自然、凝练生动，被视为元代前期杂剧本色派的典范。

关汉卿在塑造人物形象、处理戏剧冲突、运用戏曲语言等方面都具有很高的艺术成就，他的作品具有强烈的现实性，弥漫着昂扬的斗争精神。正如他在自述性质的散曲《南吕一枝花 · 不伏老》中说的那样：“我是个蒸不烂、煮不熟、捶不扁、炒不爆，响当当一粒铜豌豆。”这位多才多艺的平民戏剧家充满韧性战斗精神，为元杂剧的发展、繁荣打下了坚实的基础，是当之无愧的“曲圣”。

“曲状元”马致远

马致远也是大都人，出生在金朝灭亡之后。他年轻时热衷于求取功名，曾向太子真金献诗。真金去世后，马致远前往江浙一带做官，官场的黑暗以及他的汉人身份，使他的仕途非常不顺。于是他决定离开官场，退隐田园，追随自己仰慕的陶渊明，寻找心目中的自由世界。他自号“东篱”，便取自陶渊明的诗句“采菊东篱下”。

马致远最出色的杂剧作品是《汉宫秋》。这部剧取材于王昭君出塞和亲的故事，成功塑造了王昭君的爱国者形象。受当时北方流行的全真教影响，马致远还写了几部神仙道化剧，对元明杂剧颇有影响。

马致远在散曲上的成就为元代之冠，他被明

马致远故居

代杂剧家贾仲明誉为“曲状元”。他的散曲汲取了诗、词及民间歌谣的长处，声调和谐优美，语言清新，既展现了放达超脱的隐士形象，又有文人怀才不遇的感慨，提升了曲的格调，开辟了不同于诗、词的真率醇厚的意境。

老骥伏枥郑光祖

郑光祖是元曲四大家中最晚出生的，他是平阳襄陵（今山西襄汾西北）人。郑光祖早年主要研习儒家学说，后来到杭州当小吏，一直生活在南方。他为人耿直，不擅长和官场人物交往。可想而知，他的仕途并不顺利。

郑光祖所生活的杭州，自古以来就是繁华之地，这里风景优美，歌舞升平，引来许多文人聚集。机缘巧合下，他投身于杂剧创作事业，创作了许多影响深远的优秀作品。郑光祖的作品广泛传播，当时参演杂剧的演员们都尊称他为郑老先生。

郑光祖的杂剧创作受王实甫影响较深，他的代表作《倩女离魂》取材于唐代小说《离魂记》，塑造了一个敢于追求爱情、反抗封建礼教的女性形象。除了多部杂剧作品外，郑光祖还留有一些散曲和套曲作品，辞藻华丽，颇受赞誉。钟嗣成在《录鬼簿》中给予郑光祖极高的评价。

元曲四大家以杰出的艺术创造，深刻反映了元代的社会现实，表达了人们向往盛世、渴望英雄的时代要求，同时也展现了读书人寻求出路和青年男女渴望自主婚姻的愿望，闪现出耀眼的思想光辉。他们独特的艺术风格和高超的艺术成就，代表了元代不同时期、不同流派杂剧创作的杰出成就，共同造就了元杂剧在文学史上的重要地位，他们也因此成为元杂剧的代表性剧作家。

（袁碧荣）

清代皮影戏《西厢记》中的人物形象

王实甫

王实甫是大都人，我们对他的生平了解不多，只知道他大约和马致远、郑光祖生活于同一时代。王实甫的代表作是《西厢记》，里面的故事来源于唐代元稹的传奇小说《莺莺传》。《西厢记》描绘了少女崔莺莺和书生张生的爱情故事，剧中主人公崔莺莺性格鲜明，勇敢追求爱情，不惧封建礼教的束缚。王实甫在《西厢记》中提出了“愿天下有情人终成眷属”的美好愿景，这部剧在当时就很有影响，被时人誉为“杂剧之冠”，元明两代的许多作家都对《西厢记》推崇有加。

元末红巾军起义

元朝末年，皇帝昏聩，政治腐败，苛捐杂税名目繁多，统治阶级过着奢靡的生活，百姓的日子却困苦不堪。人祸未已，又逢天灾。天灾人祸之下，韩山童、刘福通首举义旗，以头上裹着的红头巾为标志，发起了波澜壮阔的红巾军起义，拉开了元朝灭亡的序幕。

挑动黄河天下反

至正四年（1344年）夏天，河南、淮北等地普降暴雨，连着下了20多天，致使黄河决堤。河南、山东等地的大片土地、房屋被淹，数以万计的民众流离失所。

黄河决堤，朝廷不能不管，丞相脱脱决定实施一场大规模的黄河治理工程。至正十一年，他任命水利专家贾鲁担任工程总指挥，征调了十多万民工修筑黄河堤坝。治理黄河本是件利国利民的好事，但正是这件事，成为元末农民大起义的导火索。

这一切都是由于官员腐败导致的。朝廷拨下来的治河工程款以及民工的伙食费，大多被贪官污吏克扣下来，民工们只能长期在饥饿的状态下从事劳动。督河官吏还对民工任意体罚，许多人体力不支，直接死在了工地上。

元代剔红仕女婴戏图漆盘

黄河改道

黄河是中国人的母亲河，但它也是一条反复无常的大河，历来就有“三年两决口，百年一改道”之说。从春秋、战国至今，黄河仅大的改道就有26次，下游决口近1600次。而且每次黄河的改道、决口，往往都会引发一系列影响深远的历史事件。

就在这时，两句神秘的话在工地上悄悄流传开来：“石人一只眼，挑动（开挖）黄河天下反。”尽管大家都不知道这句话具体是什么意思，也不知道是从哪儿传出来的，但它模模糊糊地道出了人们的心声：活不下去就造反！

韩山童与刘福通

这句话是韩山童和刘福通两人编造出来的。韩山童出生于河北栾城一个信仰白莲教的家庭。在老家时他就一边务农，一边传教，经常宣扬一些类似弥勒佛下凡拯救苍生的言论，早就想反抗元朝的黑暗统治。韩山童在传教过程中，认识了来自颍州（治今安徽阜阳）巨富之家的刘福通。钦差大臣贾鲁以修河为名，毁掉了刘家的祖宅。刘福通不满官府对百姓的残暴统治，现在又添上家仇，他也决心造反。

韩山童、刘福通看到督河官吏如此腐败，修河民工又极其困苦，认为这是起兵造反的好机会，便编造了“石人一只眼”的预言。黄河工地上的民工听了这些宣传，再回想自己的处境，群情激愤，不安分的情绪在人群中悄悄蔓延。

等到时机差不多成熟了，韩山童、刘福通派人偷偷雕刻了一个独眼石人，在石人背后又刻上“莫道石人一只眼，此物一出天下反”的句子。他们将石人埋在了将要施工的地段，没过多久，石人果然被人挖出。人们看到石人，很自然地联想起“石人一只眼”的传闻，惊诧不已，纷纷奔走相告：“这是天意，真是天意呀！该反了！该反了！”

至正十一年五月，韩山童、刘福通等人召集数千教徒，聚集在颍上县，他们宰杀了白马、黑牛祭天告地，歃血为盟，准备起义。为了宣扬起义的正统性，起义军在文告中宣称韩山童是宋徽宗的八世孙，应当继承宋朝的皇位，刘福通是宋朝大将刘光世的后代，应该辅佐宋朝皇帝的子孙恢复天下。

但不幸的是，韩山童的行动被官军发觉，正当他们聚集在一起宣誓起义时，官军突然前来镇压。韩山童在官兵的围剿中被捕，惨遭杀害，他的妻子杨氏带着儿子韩林儿逃了出去。刘福通等人则经过苦战，一举攻克颍州。因为起义军头裹红巾，这支起义的队伍又被称为红巾军。

［宋］张激《白莲社图》（局部）

此画描绘了东晋高僧慧远与文人学士在庐山东林寺结盟白莲社的故事。惠远被后世净土宗尊为初祖，后世信徒以此为楷模，逐渐发展为白莲教。

四等人制

元朝时，蒙古统治者为了维护统治，保持自己的特权地位，将全国人口分为蒙古、色目、汉人、南人四等，对其权利、义务等方面做出各种不平等规定。四等人中地位最高的是蒙古人；第二等是色目人，意思就是各色各目之人，包括西域和中国西北各族，如哈剌鲁、钦察、唐兀、阿速、畏兀儿、回回等；第三等是汉人，指北方黄河流域及以北的居民，包括汉、契丹、女真、高丽等族；第四等是南人，指南方长江流域以南的宋人，即南宋境内各族。四等人制度的实行，激化了元朝的社会矛盾，加速了元朝的灭亡。

元代铁制头盔

建立韩宋政权

刘福通来到颍州城后，并没有放弃斗争，他收拢了白莲教徒、修河民工及无家可归的流民，继续扛起反元大旗，并将颍州城作为根据地。各地百姓和豪强纷纷前来依附，短短几个月时间，起义军就迅速占领了河南一带的十多个城市。

刘福通起义后，湖北的徐寿辉、汉水流域的王权（布王三）和孟海马、江淮地区的郭子兴、徐州附近的李二（芝麻李）等纷纷效仿，他们也拉起起义的队伍，都自称红巾军。

面对迅速壮大的红巾军，元朝统治者惊慌失措，匆忙派阿速军前往围剿。阿速军成立于元初，由色目人组成，他们人高马大，装备精良，是元军的精锐。但是在元朝末年，阿速军已经腐朽不堪，与红巾军一交手，他们就立刻溃败下来，只有几个残兵侥幸逃走。

元朝统治者没料到“乌合之众”的红巾军这么能打，又一次集结了近三十万大军，希望毕其功于一役。这次的统帅是丞相脱脱的弟弟也先帖木儿。也先帖木儿是文官出身，没打过仗，接到这个棘手的任务，只能硬着头皮上。

也先帖木儿将营盘扎在汝宁（治今河南汝南）的沙河岸旁，不敢与红巾军交战。他天天躲在军营里求神问卜，把胜利的希望寄托在“神灵”的指示上。刘福通的红巾军远远观察了一个多月，不明白也先帖木儿在搞什么名堂。一天夜里，刘福通派出小股部队搞了次突袭。没想到元军当场炸了营，自相残杀起来。也先帖木儿以为发生了兵变，急忙骑上一匹快马溜之大吉，三十万元军就此覆灭。

红巾军与元军来来回回打了两三年仗，渐渐有了自己稳定的地盘。至正十五年二月，刘福通找到韩山童的儿子韩林儿，将他立为皇帝，在亳州建都，国号宋，年号龙凤。因为白莲教信奉光明之王，所以这位新皇帝又称“小明王”，实际的军政大权则掌握在刘福通手里。

盛极而衰

建立政权之后，刘福通想要彻底推翻元朝，至正十七年，他派出三路大军同时北伐。西路由李武、崔德等将领率领，沿商州（今陕西商洛）、武关进军，目标直指关中；中路由关先生（关铎）、破头潘（潘诚）等将领率领，绕道山西攻河

北，对大都形成夹击之势；东路由毛贵率领，进伐山东、河北，目标也是大都。

次年五月，刘福通攻破汴梁（今河南开封），韩宋政权迁都于此。此时北伐军虽然还没攻克大都，但已经占领了东自山东、西至甘肃、北达辽阳、南抵江淮的一大片领土，韩宋政权达到鼎盛。

红巾军接连攻城略地，内部出现了骄傲自满的情绪。就在此时，刘福通遇到了他一生中最大的敌人——察罕帖木儿。察罕帖木儿是色目人，出身于官宦之家。元军被打残后，察罕帖木儿组织地方武装保卫元政权。在察罕帖木儿和元朝各路军阀的阻击下，刘福通派出的三路北伐军相继失败，形势急转直下。

至正十九年，察罕帖木儿率军进攻韩宋政权的首都汴梁，把汴梁围得水泄不通。红巾军屡次出战均告失败，几个月后，汴梁城中粮草殆尽，终于被攻破。刘福通与数百骑战士护送韩林儿逃到安丰（今安徽寿县南），从此孤守一隅，再无进展。

四年后，割据江苏的张士诚派人攻打安丰。刘福通无力支撑，只得向当时名义上归属韩宋政权的朱元璋求援。朱元璋派兵解围，把刘福通与韩林儿接走，此时两人已丧失所有兵权，成为傀儡。攻灭元朝、重整山河的历史任务也转移到了朱元璋身上。（何昭旭）

图书在版编目（CIP）数据

新时代版上下五千年．宋辽夏金元 / 张海鹏总主编．上海：少年儿童出版社，2024. -- ISBN 978-7-5589-1977-0

Ⅰ. K209

中国国家版本馆 CIP 数据核字第 20244V1Z90 号

新时代版

上下五千年·宋辽夏金元

张海鹏　总主编

王育济　于化民　执行主编

责任编辑 曹　燕　王弃惑　美术编辑 施喆菁　陈艳萍

责任校对 黄　岚　技术编辑 陈钦春

出版发行 上海少年儿童出版社有限公司

地址 上海市闵行区号景路 159 弄 B 座 5-6 层　邮编 201101

印刷 上海中华印刷有限公司

开本 889 × 1092　1/16　印张 16.75　字数 349 千字

2024 年 7 月第 1 版　　2024 年 7 月第 1 次印刷

ISBN 978-7-5589-1977-0 / G · 3800

定价 90.00 元